正确地说，货币不是商业中的一个主题，而是协助人与人之间的物品交易的工具。它不是交易的任何车轮，而是协助车轮转动得比较畅顺的滑润油。

——大卫·休谟，一七五二

给 中国的同学们

货币战略论

从价格理论看中国经验

张五常经典作品系列

张五常 著

中信出版集团·北京

图书在版编目（CIP）数据

货币战略论 / 张五常著. -- 2 版. -- 北京：中信出版社，2017.12（2025.7重印）
ISBN 978-7-5086-5003-6

Ⅰ. ①货… Ⅱ. ①张… Ⅲ. ①货币政策－研究－中国 Ⅳ. ① F822.0

中国版本图书馆 CIP 数据核字 (2016) 第 231998 号

货币战略论

著　　者：张五常
出版发行：中信出版集团股份有限公司
　　　　　（北京市朝阳区东三环北路 27 号嘉铭中心　邮编　100020）
承　印　者：北京盛通印刷股份有限公司

开　　本：880mm×1230mm　1/32　　印　张：16　　字　数：202 千字
版　　次：2017 年 12 月第 2 版　　　　印　次：2025 年 7 月第 8 次印刷
书　　号：ISBN 978-7-5086-5003-6
定　　价：58.00 元

版权所有·侵权必究
如有印刷、装订问题，本公司负责调换。
服务热线：400-600-8099
投稿邮箱：author@citicpub.com

目录

序 15

I 多币多率的时代

1 格氏定律与价格分歧——评一国二币 25

2 外汇管制的谬误 31

3 一币二率的困扰 39

4 要一步解决汇率困扰 47

5 外资的中国观——并论汇管的影响 53

6 外汇管制可以休矣！ 61

7 联系汇率的困扰 73

8 中国的通货膨胀 89

9 荒谬的"定律"——兼与林行止商榷 99

II 从多风多雨到初见太阳

10 权力引起的通货膨胀 105

11 中国的金融改革	109
12 风雨时代的钞票	115
13 人民币需要贬值吗？	119
14 以中国青年为本位的金融制度	123
15 令人羡慕的困境——朱镕基退休有感	129
16 不要让人民币自由浮动！	133
17 良币会把劣币逐出市场——谈离岸中心的关键	137
18 人民币的争议	141

Ⅲ 货币下锚说

19 货币不可以没有锚	147
20 怎样处理人民币才对？	151
21 一篮子物品的选择	165
22 浮动人民币的新观点	169
23 宏观调控的谬误	173
24 换锚不要再等了	179
25 何谓浮动汇率？	183

IV 压力升级说

26 货币政策与失业问题 　　　　　　　　　189

27 人民币怎样了？ 　　　　　　　　　　　　193

28 要解决双轨一价！ 　　　　　　　　　　　197

29 人民币又怎样了？ 　　　　　　　　　　　201

30 弹性系数与贸易逆差 　　　　　　　　　205

31 人民币升值会增加美国就业吗？ 　　　　209

32 周小川的职责与格林斯潘不同 　　　　　213

33 一篮子货币与一篮子物品的比较 　　　　217

34 人民币受到的压力 　　　　　　　　　　221

35 经济红灯终于亮了！ 　　　　　　　　　225

36 不要忘记货币的基本用途 　　　　　　　229

37 要求人民币升值深不可测 　　　　　　　233

V 货币多面观

38 从格老政绩看美国的货币制度 　　　　　239

39 币量理论知易行难 　　　　　　　　　　243

40 不要选增加央行权力的货币制度　　247

41 人民币再考虑　　251

42 货币问题的三个浅见　　255

43 以外币为锚永远是次选　　259

44 从炒货币说一篮子物品　　263

45 一篮子物品的组合与操作　　267

46 人民币思维的回顾　　271

47 人民币观的总结与补充　　275

VI 政治与货币

48 参议员弄巧反拙　　281

49 日本的可怕故事　　285

50 人民币的历程　　289

51 是港元转钩人民币的时候了　　295

52 曾荫权的坚持是劣着　　299

53 汇管有无与脉搏倒跳　　303

54 人民币的"困境"要解决　　307

55 中国的货币制度与人民币的兴起　　311

56 若要马儿好，让马儿吃草
　　——从通胀说一篮子物品　　319

57 人民币的困境　　323

58 中国的通货膨胀　　343

59 从世界大变看中国通胀　　349

VII 金融危机与货币政策

60 北京要立刻撤销宏观调控！　　357

61 地球风暴与神州困境　　361

62 人民币与中国工业　　367

63 乱花钱必闯大祸　　373

64 人民币要以实物为锚　　379

65 复姜建强同学　　385

66 救金融之灾有三派之别　　389

67 人民币汇率的科学观　　395

68 美国救灾会搞出高通胀吗？　　401

69 再论人民币下锚的几个重点	405
70 人民币的故事——与贝克尔商榷	411
71 无锚货币与金融之灾	417
72 伯南克别无选择；温家宝大可煞掣	423
73 汤姆逊的金融灾难分析	429

Ⅷ 人民币国际化的考虑

74 金融中心上海将远胜香港	435
75 金融中心：北京还在等什么？	441
76 复杂的问题要简单地处理——语周小川先生	449
77 从萨缪尔森与他的中国观说起	453
78 从日本的经验看地球一体化的不幸形势	457
79 美国的近况与伯南克的货币观	463
80 美国金融难关已过乎？	469
81 中国的宏观调控	475
82 通胀何害？	481
83 从金融危机看人民币困境	487

84 人民币：再与大师们商榷　　　　　　　　497
85 货币分析余波未了　　　　　　　　　　505

序

朋友及读者要求我把二十多年来以中文写下的关于货币的文章结集成书，有好几年了。提出这要求的愈来愈多，我也认为应该这样处理，只是事前没有想到是那么庞大、艰巨的工程。先由朋友选出有关货币的文章，"边际"上，他们的选择互有出入。花千树的叶海旋接手，采用"有杀错、冇放过"的原则，凡有提及货币的先选出来，约二百篇，再由我删减。我花了几个星期反复考虑，最后选出八十五篇，其中不少话题重复，但顺着发表日期的先后次序读下去，因为连贯性好，读来有一气呵成、洋洋大观之感。要说的是其中十六篇在《多难登临录》出现过，为了整体的完整可读不能不这样做。会要求出版商尽量定低价，为捧场客争取消费者盈余也。

其实，如果我按选出的八十五篇的内容重新写一本关于货币的书，三分之一的篇幅足够。然而，以重新写书的方法处理，读者无从跟进我在这题材上的思想发展。这发展的过程重要，因为每一篇都是基于当时观察到的真实世界的现象而下笔分析。第一篇发表是一九八五年一月十七日，至今期长刚好四分之一个世纪。观察的地方主要是中国内地，继而香港，再继而西方。后者我隔岸观火，猜测的成分比较多。二十多年来，中国（包括香港）的货币及有关的现象，不断地跟进的经济学者只我一个。可以说，我是处于一个独特的位置看货币，得到的启发是美国的朋友没有机会获得的。我坚信经济科学跟自然科学一样，理论的发展要靠真实的现象观察的提点，从而推出可以被事实验证的假说。毫无事实根据的经济理论是纸上谈兵，找到用场的概率甚微。西方货币理论的发展，无疑是经济学中最重视实据的学问。然而，只观察西方，忽略了变化万千的中国，是严重缺失了。虽然大家坚信，作为一门科学，经济学的理论可以用诸四海而皆准，但从年多来的国际金融危机可见，西方的货币理论大有不足之处。我从中国的经验思考，用上西方的理论思维，得到的货币观这里那里跟昔日的师友之见有颇大的分离。

有两项处理要澄清。其一，如上文所述，文章的先后安排按发表的日期次序，但内容一律不改，就是"前思"与"后想"不同也一律保留。思想有变是学问之道，读者跟着走会较为容易明白为什么我会有今天的想法，同意或不同意总会多一点说服力。说内容不改，文字上这里那里是修了一下的，尤其是八十年代的文字，今天读来沙石不少。不细读这些旧文，我不会知道自己的中文进步了那么多。虽然当年有舒巷城替我修改文字，但今天叶海旋说我八十年代写的有点像英文。是奇怪的现象。我自觉中、英二文的水平一样，但从来没有出现过二者水平是同期一样的。今天多用中文下笔，英文立刻出现沙石，昔日是倒转过来。中、英二文一起兼精谈何容易哉？

第二项要处理的，是在不同的文章中，话题不少重复了。这是头痛问题。一篇文章好一部分以前说过，但有一些是新想到的，怎么办？删去以前说过的，读者可能记不起而读不懂新的想法。可以删去的"重复"而不会影响文章的可读性，我都删了，但合共起来删去的不多。为何重复那么多我清楚：我说来说去读者也不明白。好比我建议的用一篮子可以在市场直接成交的物价指数为货币之锚，我认为浅而重要，但读者老是不明白——就是经济学水平大有可观的朋友也不明白。重复到他们明白时，他们叫好叫妙，说浅、浅、浅，但我是略为转换角度地重复了多次！

这本奇特的关于货币的文章结集，取名《货币战略论》，是由叶海旋拍板定下来的。这书名取自二〇〇三年三、四月间我发表了五期的《汇率战略论》（编按：本书没有收录），改两个字。后来萧满章替此集加了一个副题：《从价格理论看中国经验》。加得好，因为实情确如是。

多年以来，我用"微观"的价格理论来分析"宏观"现象，推断的准确远胜漠视微观的宏观推断。二十多年前我开始分析货币问题，用的当然又是自己熟习的价格理论。然而，到今天写此"序"时我才察觉到，分析货币的价格理论的出发点我竟然从来没有细说。可能因为自己认为这出发点是那么浅，无意识地假设读者知道。这里说说吧。

从价格理论看货币的出发点是这样的。如果一个社会毫无交易费用，物品换物品的市场半点沙石也没有，货币不会出现。在这样的社会中，每个成员都会按着物品换物品的相对价格及比较优势定理的指引来专业产出，然后贸易交换。人与人之间如是，产出单位之间如是，国与国之间也如是。一国之内的贸易与国际贸易的原则一样，没有交易费用，不需要货币，国内与国外的贸易皆以物品换物品从事，除掉运输费用一律畅通无阻，是多么美好的世界。

费雪的伟大论著——《利息理论》——也没有交易费用，于是没有货币。但为了方便解释，费前辈用上一个计算单位，这单位用什么算都可以，不需要货币，社会于是算得出收入，算得出财富，也算得出利息。作为当时天下的货币理论的第一把手，费雪的利息理论是没有货币的。

货币的起因，是社会有交易费用，物品换物品的沙石太多。因为交易费用的存在而出现的货币也是一个计算单位，协助交易的计算与财富累积的计算。然而，以货币作为计算单位，跟费前辈用作解释的计算单位是不同的。他的利息理论的计算单位只是用作示范，口讲无凭，不会吵到官府那里去。货币也是计算单位，但不是口讲无凭的那一种。是的，作为计算单位货币可以吵到法庭，或吵到官府去。这样看，计算之外，货币是合约。是的，一纸钞票或一纸支票，皆合约也。美钞印上 This note is legal tender for all debts，港钞上印上 Promises to pay the bearer on demand，都是合约之词。人民币呢？没有这样说，但说明是中国人民银行，是合约式的保证，应该是昔日中国的钱庄或银号的传统了。

从合约的角度看货币是重要的，而这样看，通胀或通缩的出现算是毁约——无疑是，绝对是——可惜因为种种这里不能细说的原因，政府发行的货币合约没有明确的负责人，官司打不起，惹来的是市民投诉与政治行为，增加了社会费用。我们听到的要求稳定物价的声浪其实是要求守约。

回头说那重要的按着比较优势定理而专业产出，然后在市场交易，货币的引进是为了减少交易费用带来的沙石，目的当然是要发挥专业产出的功能可以带来的社会收益。单从一个国家看，只要货币作为合约有效，币值稳定，货币可以协助的功能就发挥到尽头了。因为种种这本结集会谈到的原因，不是那么容易做得好。这是为什么货币的处理要讲战略的一个原因。

更头痛的是伸展到国际贸易与国际投资这些方面去。因为种种原因，国与国之间各有各的不同货币，有不同的经济与政治的局限约束，货币与货币之间的汇率处理所惹来的争议，是我这一代记忆所及的近于无日无之的麻烦。数之不尽的政客，为了争取自己的权力，喜欢在国际汇率、国际贸易、国际投资等方面争取。经济学者之见很少受到尊重。政治所及，货币的战略论就变得复杂起来了。

我当然站在中国这一边。这可不是因为我是中国人，而是在经济上，我认识的西方学者都站在中国这一边。理由简单：中国发展起来，以廉价的优质产品推向国际，对先进之邦而言，其好处不可能不远高于其坏处。倒转过来，我不会反对老外之邦把他们的高档产品贱价地倾销到中国来——免费赠送更好。

是复杂的世界，货币的国际战略当然也复杂起来。复杂的问题要简单地处理——这是多年来我深信的。《货币战略论》提出的分析与建议是简单的，虽然翻来覆去的分析，表面看有其复杂性。我的主张是北京的朋友不要多管外间的政治言论及压力，要集中于搞好自己的经济与民生，要用自己的方法稳定人民币的币值。贸易国际化有利，金融国际化也有利，于是要减少关税，也要把有实力而又稳定的人民币推向国际。西方的君子们要采取什么惩罚政策，或什么政治报复，一律不要管。有谁知道怎样管才对呢？何况从历史的经验看，受损较大的永远是提出"保护"的那一方。原则上，国与国之间的不同货币的汇率要反映着彼此的比较成本优势，但因为有政治因素的左右，重要的比较优势定理可以因为有不同货币的存在而被违反了。

　　按文章发表的先后次序编排，但有八十五篇那么多，要分组，怎么办？跟叶海旋商讨良久，决定先后次序不变，而分组也按发表时日的先后，各有各的名目。虽然组与组之间的题材有重复之处，但世事如棋局局新，以时日的先后分组也竟然顺理成书。可谓神助！

张五常

二○○九年十二月

货币战略论
从价格理论看中国经验

I 多币多率的时代

1

格氏定律与价格分歧——评一国二币

一九八五年一月十七日

（五常按：一九八〇年四月，中国推出外汇券，为外来游客到较高档次的消费场所专用，而本土的市民是不准到这些场所消费的。这用场过了不久就改变了。风风雨雨十多年，外汇券要到一九九四才取缔。）

我们知道中国有两种货币：人民币和外汇券。根据几星期前的行情，港币兑换人民币的公价是每一百元换三十五元；港币兑换外汇券的公价也一样。但在"灰"色的市场里（即不被严禁的黑市），兑换率是一百港币换六十三人民币。换言之，在中国，港币的灰色市价是比公价高出百分之八十。

混乱市场胜没有市场

从香港或外地到中国内地的人，或要跟中国贸易而不以外币议价的，正途上他们要照公价以外币兑换人民币或外汇券。因为外汇券可以带出境，而在离境前又可将外汇券以公价换回外币，所以到中国消费的人，若依公价兑换，都选外汇券。因为外汇券可照公价换回外币，此券的灰色市价就比人民币高出不少。在内地购物，除了在某些特区可以直接使用港币，一般的物价是以人民币为单位的。假若你是外来的中国人，卖物者难以鉴定你是何方神圣，人民币他们会照收。就算他们知道你是外来的，要求你付外汇券，但你坚持付人民币，大多数也能照价成交。当然，假若你见买物处有人龙，或见多人抢购，你只要拿出外汇券，在空中晃几下，就如有神助。

在行人较少的地方，或在自由市场内，用外汇券购物是可以大幅度地压价的。跟街头小贩买荔枝，用外汇券可以照价买多一倍。但外来客坐计程车，到达目的地，难以讨价还价，没有人民币在身，就要照价付外汇券。司机规定要将外汇券交回公司，而他们所交出的外汇券如果少过一个定额就会被罚（例如罚补轮胎），然而，私藏外汇券而去赚灰色市场的兑换率，是这些司机的一项主要收入。据我个人估计，他们这一份"额外"收入比薪金还要高。难怪有些司机是乐意被公司罚补轮胎的。也难怪这些司机对外来客不仅是礼貌周到，而他们工作的勤奋，比起香港以"搏命"闻名的计程车司机，有过之而无不及！

有些地方，例如在广州的中国大酒店或白天鹅宾馆，灰色的市场就变为白色了。为了争取"本地人"的生意，这些地方的某些饮食部，接受人民币，但价格的单位是外汇券，所以付人民币的是要照价加三至加五不等。当然，比起灰色市价的加八，付人民币还是远为相宜。

从上述的例子中，我们可见中国政府没有大事压制"非法"市场的存在；而将灰色改为白色的双重价格安排，在某些场所是许可的。单看这些混乱情况，我们体会到中国的经济开放不是纸上谈兵。尽管我们久不久读到"炒黑市"或"取暴利"的人被逮捕的消息，我们知道在中国的制度下，用武力或其他"改造"的手段来压制"非法"的市场交易，其约束力可以惊人。黑市的普及是开放的效果。混乱的市场比没有市场自由得多，对经济增长有大助。大事压制黑市是走回头路。让市场有更多的自由，黑市就会自动地消失了。到了那一天，一国二币的制度不会存在。

格氏定律大有问题

经济学有一个大名鼎鼎的定律，叫作"格氏定律"（Gresham's Law，其实不是格氏始创的）。这个定律说，假若一个社会有两种货币，而这两种货币又有优、劣之分，那么劣货币（价值较低的）会将优货币（价值较高的）驱逐出市场，以致无人使用。这定律是基于两种货币有着公价兑换率，使两种货币的价值失去了均衡点。在这情况下，到市场购物，每个人都会抢着使用价值较低的劣货币，所以优货币就不会在市场流通了。按照定义，人民币是劣货币，而外汇券是优货币；依照定律，外汇券是不会在市场流通的。但为什么外汇券能在中国的市场存在呢？格氏显然是错了！错在哪里呢？这是个有趣而重要的问题，答案不简单。

让我首先指出格氏是忘记了一件事。在有优、劣两种货币的制度下，买物者当然是要用劣货币，但卖物者肯不肯收劣货币，格氏是没有考虑到的。当然，卖家是要争取优货币的，但买家不肯付，怎么办？一个解决的办法，就是同样的物品分开以优、劣二币定出不同的价格，达到了市场的均衡点，那么买卖双方对任何一种货币都没有异议。这是间接地将两种货币自由兑换，公价有等于无，货币也就没有优、劣之分了。在某程度上，中国大酒店及白天鹅宾馆所用的二币二价，正是这种办法。

在其他的市场上——例如蔬菜市场或计程车——定价是只用一种货币做单位，那么外汇券（优币）又怎会存在呢？第一步的答案是：中国政府规定外来客用外汇券——即优币，本地人用人民币——即劣币。进一步的答案是：外来客在入境时经正途照公价兑换了外汇券后，他们之中有些不懂得（或不敢）到灰色市场去将外汇券换取"加八"的人民币，所以要用外汇券。讯息费用或交易费用的存在，隔绝了外来游客使用劣币的门径，推翻了著名的格氏定律！换言之，格氏定律的成立，要基于某些讯息费用或某些交易费用不存在。在格氏时代（十六世纪中期）的英国，外来游客少而政府也没有规定某些人要使用新铸的金币。所以在当时，旧而有瑕疵的劣币就把新的逐出市场了。

再进一步推理，问题并不仅是有没有外来客这样简单。正如上文所述，用优币的人可以将物价压低，而用劣币的人可能要加价。讨价还价的行为自古皆然，而有了这些行为，用任何一币也没有分别。所以我不相信格氏定律是有事实支持的。

价格分歧不一定多赚外汇

今天在中国，外来游客以公价兑换了外汇券后，不懂得利用灰色市场，在购物时也不懂得讨价还价，蠢到死，照定价付出外汇券，他们购物的真实价格就要比本地人所付的高得多。那是说，有了优、劣二币的存在，二币二价是同价，而二币一价是价格分歧（price discrimination）！后者也是经济学上的一个大有名堂的热门题目。

为什么中国要保持优、劣二币这个制度呢？我的答案是，政府希望能利用价格分歧，使外来客在购物或享受服务时，要付出比本地人较高的价格，从而赚取较多的外汇。几年前，这答案难以确定。这是因为在那时，外来客及本地人的消费地方分得很清楚。例如友谊商店或某些餐馆内水准较高的部分，本地人是不能涉足的。较好的消费场所被界定为外来客专用，导致不同国籍的消费者所能购买的物品或享受截然不同。较优质的物品及服务价格较高，价格分歧就很难确定了。那几年，我的印象是中国政府要禁止本地人购买较高级的物品，而当时禁止本地人收购外币，也给我一个要禁止本地人托外来者购买高级物品的感觉。

现在的情况有了显著的改进。本地人可随意坐计程车，可在友谊商店购物，也可坐在饭店最佳的一角。然而，因为有优、劣二币的存在，同样的物品或同样的服务，外来客付优币，价格分歧就变得明显了。要将二币分优劣，政府一定要在某程度上禁止二币以市价自由兑换，外汇管制于是难免。从其他国家的经验中，我们知道外汇管制的存在不一定是因为有两种货币的制度，也不一定是为了推行价格分歧。但若政府要以二币一价的办法来推行价格分歧，外汇管制却是需要的。

我们要问，现在因为二币一价而形成的价格分歧，是否能带来较多的外汇呢？答案是不一定。外来客付较高价能否给中国多赚外汇，要看需求的价格弹性系数（price elasticity of demand）。较低的价钱可能赚取更多的外汇。另一方面，在一国二币的制度中，有四个效果我们可以肯定。

第一，以二币推行价格分歧有一般性。某些物品及服务会因而多赚外汇，但某些物品及服务却会因而赚少了。虽然我们不知道二者的总和是较多或是较少，但若要以价格分歧来赚取较多的外汇，一般而言是下策。

第二，因为价格分歧的存在（除二币以外，外籍游客的旅游价比港澳人士为高），好些外来客望门兴叹而不入。认为旅游中国物价太高的人不计其数。外来客访中国，有着重要的传达讯息的作用。因此，就算是价格分歧能赚取较多外汇，可能得不偿失。一国二币与中国目前坚持的开放政策是有矛盾的。

第三，假若一国二币真的能多赚外汇，这"多赚"显然是很少很少的。要多赚外汇的主要办法，是增加出口。但现有的外汇管制及二币所带来的混乱，大幅度地增加了外贸的交易费用（任何跟中国贸易的人都有同感），这是会削弱出口的。

第四，要促进经济发展，外汇管制有百害而无一利。要保持二币的制度，外汇管制难以解除。换言之，以二币的办法来推行价格分歧，一个无可避免间接不良效果，就是加强了外汇管制的顽固性。

根据以上所提出的四点，我们的结论是：一国二币是下策。现在中国又打算在经济特区发行另一种货币。一波未平，一波又起。我们从事经济研究的，就算是被好奇心所驱使，很想见识一下一国三币的情况，也不能不指出在目前因改革而引起的混乱情况中，凡事宜尽量简化。

2

外汇管制的谬误

一九八五年一月二十四日

谬误是要付代价的。概念或观点上的谬误，可能导致很大的代价。令人感叹的，是导致大代价的谬误，往往浅显之极。在中国，跟在其他经济落后的国家一样，外汇管制是有着一些故老相传的肤浅谬误。

十八世纪初期，欧洲的重商主义者（mercantilist）主张对外贸易要有盈余，因为这会引进黄金。但出口的目的是为了要享受进口物品。贸易有盈余是出口总值比进口的大——外人享受自己产品的总值大过自己享受外人的产品——岂不是吃了亏？虽然盈余可以积蓄黄金，可为将来进口之用，但黄金既不能生息，也不一定会升值，所以在斯密（A. Smith, 1723-1790）后的百多年中，重商主义的观念就逐渐被识者遗弃了。

金本位瓦解的后果

二战之前，很多国家的对外贸易以黄金为本位，因为很多国家的货币是用着金本位制。在这情况下，若黄金大量外流，对国家的货币制度会有不良影响，重商主义的观点驱之不去，不难明白。到了一九四四年，以凯恩斯为首的西方国家的财经专家在美国布雷顿森林开会，翌年签署了《布雷顿森林协议》（Bretton Woods Agreements Act），是间接地用金本位。不管什么形式，金本位只要存在，外贸盈余的争取总有点道理。有些国家，因为自己的中央银行滥印钞票，搞起通胀，黄金外流。管制外汇是一个以砍头来治头痛的办法。在无可奈何的情况下，不少落后国家因为黄金外流而实施外汇管制。落后国家之所以继续落后，这管制是一个原因。

一九七一年，《布雷顿森林协议》终于经不起压力而瓦解。因为金本位被废除了，更多国家的政府难以自制，大幅度地增加货币量，引起了十多年的举世通胀。这趋势近几年有好转，虽然这好转不一定能持久。以金本位来安定物价，有好处也有弊端。常被人忽略的一个主要弊端，就是在金本位下，物价一旦"安定"不了，引起黄金外流，外汇管制的机会就增大了。

年多前香港因九七问题而引起港元汇价的大幅度波动，于今思之，犹有余悸。香港政府最后采用的"联系汇率"，其实是以美元代黄金，将钞票以美元为本位（七二年之前港钞以英镑为本位）。这制度能成功的一个原因，是香港没有中央银行，让港币的供应在固定了的汇率下，按市场对外汇的需求增减而自动减增。可行，外汇管制是用不着的。

自《布雷顿森林协议》瓦解后，间接的金本位不再存在；没有了黄金外流的恐惧，外汇管制就少了一个大压力。有些以前没有外汇管制的国家，在脱离了金本位之后，就让汇率自由浮动。有些以前有管制的地方（如日本）就减少了管制，也让汇率自由浮动。有些地方（如台湾），因为官僚贪污，管制虽然减少了，仍具规模。更有些地方（如印度），贪污无日无之，外汇管制驱之不去。贪污是因管制而起，而管制也是因为贪污而增加了顽固性。

在评论中国的"一国二币"的文章内，我指出要保存现有的二币制度，外汇管制是需要的。不谈贪污，一国二币的制度也会加强外汇管制的顽固性。表面看是要外来客付较高价，多赚一些外汇，但效果却是引狼入室。外汇管制所带来的不良经济效果，罄竹难书，这里不详述。我们要问，除了利便贪污，除了一国二币有大可怀疑的表面"利益"以外，外汇管制有什么好处呢？我们的答案是，半点好处也没有！有的是一些肤浅的谬误。

汇管不能提升币值

有人认为如果中国一旦解除外汇管制，人民币的市值会大幅下降，对国家的面子有损害。但几个月前黑市汇率是一百港元换四十五人民币，几星期前是六十三，今天已是七十二了！几个月前我跟朋友打趣说，我又有一个"张氏定律"：人民币兑换港币的公价每跌一元，黑市就跌五元！其后几个月的转变，不幸被我言中。

三年前，弗里德曼访问中国之后，我去信向他请教了一个我解决不了的问题。我问："根据我的不完善分析，假若中国解除外汇管制，人民币的自由兑换的市价会比黑市价高，但这显然是跟书本的论点不同，为什么呢？"他回信说："这是因为在公价汇率下，中国仍有很多物品是较外地便宜；解除了管制，这些物品所含意着的高值汇率就会生效。"名家之见，果然不凡。

有人认为外汇管制可以协助政府积蓄外汇。姑勿论这积蓄是否明智，可肯定的，是若要积蓄，比外汇管制好的办法多得很。我们没有见过有人跑到银行里说："请你们禁止我提款，因为我会因而增加积蓄。"

另一个谬误，是认为外汇管制可以约束进口消费，因而鼓励国内的工业发展，或减少中国对外国的依赖。这些观点，不仅违反了经济规律，不明智，而就算要达到这些目的，直接以关税或限制进口数量，比外汇管制高明。

最无稽的谬误，莫如认为在外汇管制下，人民币的价值会较高，因而表达了经济的强盛（一说人民币比台币值钱，所以中国大陆的经济比台湾的好！）。姑勿论目前黑市汇率的尴尬情况，若中国真的要加强人民币的币值，将现在的一百元改为一元，还不容易吗？

在金本位制度下，以外汇管制来阻止黄金外流，虽是下策，但为了要"安定"币值，下策也是无可奈何。没有金本位或"外币"本位，中央银行自行约束货币量，是唯一可取的安定币值的办法。外汇管制要来做什么呢？除了利便贪污及以一国二币来推行价格分歧，我想不到外汇管制有强可成理的用途。说是要使外商付较高的物价，也是错得离谱。人民币的公价高、市价低，外商逼着以外币议价，利益何在？若要收高价，直接提升物价简单得多。

汇管不能减少外贸赤字

在五花八门的谬误中，最容易被人接受的，是外汇管制可以减少外贸赤字，因而给社会带来利益。问题是，没有外资进口，外贸怎可以有赤字呢？贸易赤字是因进口大过出口而起的，但若要进口，就非有出口不可。没有管制，不谈资金流动，赤字何来？正如在香港做生意，甚至每个人的日常生活，怎可以持久地入不敷出？若有人能持久地做到入不敷出——他的享受能持久地大过他的生产贡献——何乐不为？赤字何害之有？对外贸易不是政府财政，可以持久地赊借度日，先花未来钱。

假若我们考虑到资金的进出口，情况就不同了。举一个例。近几年来美元在国际上大幅度升值，使美国的外贸赤字激增。这庞大赤字怎可以存在呢？答案是，在同期间美国有庞大的外资进口，在高息下，在美国存款、买股票或债券。里根总统幕下的经济谋士担心的，不是赤字的本身，也不是外资进口，而是这些进了口的外资，大部分不是投资在地产或生意上，而是集中在可以赚取利息的财务投资。他们担心的重点，是这些外资可以急去。这些极易流动的外资一旦大量撤离，怎么办呢？

汇管阻吓外资进口

资金的进口，可以支持外贸赤字。除此之外，贸易赤字难以产生。中国若解除外汇管制，取缔一国二币，让汇率自由浮动，情况会怎样呢？答案是，人民币会有一次贬值（其下跌幅度会比黑市汇率小），其后中国政府若能约束货币的增长率，更大的贬值不会再发生。外贸是否会有大赤字，则要看外资的进口多少而定了。解除外管所能带来的经济效益是明显的。

在中国目前的情况下，要投资在中国财务上赚取利息的人，显然不多。争取这种外资，一个经济发展得有成就的国家才能做到，何况在有外汇管制的情况下，进了口的外资不一定能出口，有谁会对中国打主意？另一方面，因为中国百废待举，只要市场继续开放，利润比外地高，投资到中国设工厂或建酒店，虽有风险，也有所值。中国的执政者显然欢迎这种投资的，但除了要大事推行市场经济，引进外资起码还有五个困难。

第一，外汇管制是一个重大障碍。这一点，任何到中国投资的人都知道。

第二，中国的执政者受了马克思的影响，对市场运作的功能知得少。他们一方面谈合理价格，另一方面谈合理利润。他们认为外资到中国，能赚到与利息相若的利润，就算是公平合理。但他们忘记了做生意是很容易亏大本的。说相等于利息的利润"合理"，是指在竞争下的平均利润。生意既然可以亏大本，要引进外资，就必须给投资者一个可以赚大钱的机会。坚持"合理"利润，还有什么投资者会冒风险去下注？

第三，中国的执政者一方面欢迎外资，另一方面却反对外贸赤字！这是说不通的。在一般情况下，若资金是进口大过出口，外贸赤字就会产生。当然，中国政府跟一般自由市场的政府不同，喜欢由政府本身积蓄外汇。但积蓄了的钱还是要用的。有钱而不用，要钱来做什么？花钱不仅是为消费，也可以是为生产赚钱。换言之，要大量引进外资，外贸的赤字就不应反对了。

第四，在目前的中国，权利的界定仍然不够清楚。别的不谈，单是因为权利不清而引起的庞大交易费用，就足以使外资却步。在商讨投资时要跟谁谈判，要由谁批准，以及其他因为权利混淆而引起的各种疑问,曾与中国洽商投资的人,都有说不完的故事。

最后一个引进外资的困难,是中国不肯将土地出售。禁止将"国土"出让给外籍人士,也是基于一些故老相传的土地谬误,将来有机会我会再向读者解释。在引进外资的问题上,禁止土地出让或长期租出,会迫使外商跟中国合资或合作。然而,在投资上,合不合作是一个重要的选择。有权不合作(独资)是可以减少合作者的不合作行为。因此,不仅被迫与国家政府合作是一个投资的大障碍,就是被迫与其他私人合作也有问题。

在这篇文章里,我指出在没有金本位或"外币"本位的制度下,外汇管制没有任何说得通的经济理由。中国目前的"一国二币"制度是一个特别的支持外汇管制的因素。我曾指出,以"二币一价"的办法来施行价格分歧,所获甚少而代价甚大。难道中国的命运,真的要被某些故老相传但极为肤浅的谬误连累了?

3

一币二率的困扰

一九八五年三月十五日

　　在一月十七日至二月六日之间，我在《信报》发表了三篇关于外汇及价格管制的文章，而其中我最重视的是外汇管制。这些文章不容易读，但读者的反应热烈。从一国二币（人民币与外汇券）起，我谈及二币二价（是同价），二币一价（是价格分歧）及一币二率（人民币有官价及黑市两种汇率）。这些"一、二"，"二、二"，"二、一"的混淆，连我自己也要一心二用才能分清楚。

　　香港商人的斗志令人佩服。在目前的四种货币（二币加港元及美元）及有各种管制的情况下，他们还是前仆后继地跟内地做生意。别的姑且不谈，单是因为混乱而引起的交易费用，就足以建造成千上万的工厂。在这混乱的情况中，我们看到不少有趣的现象。例如跟内地做生意，赚到人民币怎么办？其中一个办法是在内地购货，运到香港廉价出售。这使一向跟内地做生意的"正规"商人，束手无策。又例如某些在经济特区的餐厅，把食品及服务分级，付外汇券及港币的得到优待——当然，有地位的干部付人民币也得到优待。

　　关于中国因为外汇管制及一国二币而引起的各种问题，有观察力的经济学者可写上几十篇文章。只是中国前途问题的一部分，这样写下去，我这系列文章就变得无限期了。所以到了二月十四日，我转了话题，发表了去年底已起了腹稿的《没有兄弟姊妹的社会》。二月十九日，两位商界知名人士跟我进午餐，问及中国一币二率的困扰及解救的办法。我作了简略的分析，但因为问题对中国的经济发展重要，答应了他们在这方面再多写一篇。

回答读者的问题

去年八月到今天，人民币的黑市汇率从每百元港币兑四十五元人民币下降至每百元兑八十五元——仅六个月，贬值几达一倍！美元在国际上的强劲是一个因素，但人民币的货币增长应该是主因。手头上没有可靠的人民币供应量资料，所以对它近来的急速贬值，难作有分量的解释。至于其他的问题，我倒可以肯定地作答。让我综合朋友及读者们的疑问，以问答方式解答如下：

问：人民币的官价与黑市汇率的差距，是一至二倍之间，比起苏联及东欧等国家的三至五倍，相形见绌，为什么苏联及东欧国家的一币二率少人注目，但中国的却成为大新闻呢？

答：苏联及东欧仍然闭关自守，而中国正在推行开放政策。经济开放有了苗头，国内国外的人就为了谋取私利而生产，为私利而合作，也为私利而贸易。汇率的不同，对营利的得失有决定性；高明的投资或贸易，可能因为汇率的差距而得不偿失。虽然外商可以用外币为议价单位，但成交双方各用各的汇率计算，今日算得准，难保明日不会一败涂地。换言之，经济开放，外来的贸易及到内地投资增加，成败得失，入肉攻心，岂有对黑市汇率不重视之理？

反观苏联及东欧等国家,外贸主要还是国营,更谈不上与外商合资或合作了。在这些不开放的共产国家里,不同汇率的差距再大,受直接影响的只是游客及走私商人。

问:目前的情况会持久吗?

答:混乱是不能持久的。今后两三年的发展,是中国前途的关键所在。他们会走较为"安定"的路,但这种路有好几条,走错了就难以再谈什么现代化。第一条是增加管制,压制贸易,使一币二率无足轻重。但这是走回头路,可能性极小。第二条是走印度的路,将管制权利界定,贪污丛生,官商横行。这是走歪路,可能性颇高。第三条路是解除外汇管制,取消一国二币,利用市场的自动调节来减少混乱。

问:在目前,中国会否选择解除外汇管制的路?

答:短期是不会的。他们目前正考虑第四条路——推出特区货币,或一国三币。单看报章上的报道,中国的执政者显然认为一国多制既可行,是渐进的方法,那么一国多币也应可行,也是渐进的方法。他们可能认为先将一种特区货币搞好,可以自由兑换,没有管制,然后将这种货币区域扩大,或使其他特区各有各的特币,就可减少混乱,促长市场。但他们可能忘记了只要人民币有外汇管制,不管特币搞得怎样好,地区与地区之间的交易就有问题。换言之,人民币的一币二率是不可以由特币解除的。特币搞得好,某些现有的混乱会减少,但某些现在仍未有的混乱却会产生,此消彼长,难有大改进。特币搞得不好,弄到一团糟,难以下台!发行货币不同儿戏,我认为在特区货币的问题上,中国要再慎重考虑,不要以为是"特别"的,是"中国式"的,就是好的。

问：台湾及日本不是有外汇管制吗？他们的外贸发展不是很好吗？

答：贸易开放与外汇管制背道而驰，要减少因冲突而引起的混乱，二者要去其一。我曾在《外汇管制的谬误》一文内指出，在有直接或间接的金本位制度下，外汇管制有少许用处。事实上，台湾及日本的经验也正好说明外汇管制的一无是处。这些地方的经济发展速度，因为减少管制而提升。假若台湾老早用上香港的制度，东南亚的经济领导地位就可能不是香港了。我曾在一次演讲中打趣说，香港的经济能在东南亚耀武扬威，是因为其他地区愚蠢之故！

问：香港没有外汇管制，却能将汇率固定了。中国内地能否照样固定汇率而又解除管制呢？

答：不能的。香港现行的不是固定汇率，而是以美元作为香港钞票的本位，使港币与美元挂钩，但港币对其他所有货币是自由浮动的。内地太大，在政治上难与美元或其他有分量的外币挂钩，而外汇的储备也不足以用作"本位"的单位，就是以黄金或石油做本位也是不足够的。看来中国若要解除外汇管制，人民币的币值保障就要靠中央银行（人民银行）的节制，使货币的供应量适可而止。

问：在欧美的先进国家，控制货币供应往往有着技术上的困难。中国的货币制度比较落后，控制货币不会是过于苛求吗？

答：正因为货币制度比较落后，控制币量就容易得多。目前国内用支票户口的很少，所以只要控制发行的钞票量，货币量大致上就被控制了。若中国广泛地推行用支票，他们宜先采用"十足储备制"（100% Reserve），等到经济有了安定而可观的进展再考虑更改。在这"十足储备制"下，控制币量易如反掌，半点技术困难也没有。

问：为什么那么多的落后国家或地区——甚至早期的台湾——却控制不了货币的发行量？

答：他们营私舞弊，以通胀的办法来征收重税。到今时今日，若中国的执政者对货币量的约束仍没有分寸，还搞什么现代化！

问：中国每年的货币增长率应是多少？

答：这就要看他们经济进展的速度而定了。假若他们能解除外汇管制，继续开放，鼓励私营企业，他们大可铤而走险，让货币供应每年增加百分之二十左右。

问：中国若取消外汇券，实行一国一币，但不解除外汇管制，行得通吗？

答：帮助很小，起不了大作用。一国二币是要靠外汇管制来支持的；取消一国二币，汇管的需要就减少了，但外汇管制一日存在，一币二率的困扰难以清除，经济开放就难有大成了。取消外汇管制，让汇率自由浮动，二币就变得是多余的；外汇券会自讨没趣地被取缔。

问：蒋文桂先生说中国目前是不会取消外汇管制的，因为中国人的收入还很低，时机未到，这看法对吗？

答：中国会否在不久的将来取消外汇管制，蒋先生当然是比我们局外人清楚。但时机未到的论调却是说不通的。香港战后一穷二白，没有外援，没有被战争破坏的房子很少，而跟着又有大量难民涌至，社会情况很混乱，但香港政府却没有考虑外汇管制。若香港政府当年用上蒋先生现在的观点，香港的经济哪会有今天？中国内地还是很穷是对的，但世界上从来没有因汇管而致富的国家。

问：假若中国解除外汇管制，让汇率自由浮动，人民会否因为抢购外国货而更加贫穷，而人民币的汇率会否更一泻千里？

答：第一，心有余而力不足，穷人怎可能多购外国货？第二，输入比中国便宜的产品，对中国的经济民生有利无害。第三，假若中国真的要压制进口，直接的进口管制要比外汇管制高明得多。第四，解除外汇管制后，只要中国能控制货币供应的增长，自由浮动的人民币汇率一定会较目前的黑市汇率强劲。这是因为中国有很多产品比外地的便宜，但目前的一国二币制度是压制了外人对这些产品的需求，使这些产品的价值不能充分地在外汇市场发挥功能。

问：阻碍中国解除外汇管制的因素是什么？

答：讯息是一个问题。另一个困难——跟任何价格管制一样——是得益团体的压力。在这些压力团体中，中国银行可能是最有分量的了。外汇管制的权力甚大；这权力价值连城；有这权力的人的图利机会屈指难算。历久以来，中国银行的权力是庞大的，而外汇管制是他们权力的主要所在，他们怎会轻易放弃？自中国推行经济开放以来，中国银行利用外汇管制的权力，垄断了外贸及外资的交易活动。这与经济开放是有冲突的。

无论中国将来走哪一条路，人民银行及中国银行所担任的角色都是重要的。若他们能专心于自己的任务——控制货币增长的任务——而放弃有利可图的权力,让贸易及投资的人去图利,中国的前途就会有一个新的里程碑。

结论是很明显的。中国要走经济开放的路,彻底地解除外汇管制是必须走的一步。无论是经济原理、普通常识,还是事实经验,都支持着这个结论。汇管早一天解除,大量浪费的日子就早一天结束。中国若能解除汇管,保持人民币每年的增长率在百分之二十以下,中国的外贸及外资的增长一定会远超以往几年的成就。

4

要一步解决汇率困扰

一九八五年三月二十九日

虽然我接二连三地写了几篇关于目前中国的一国二币及一币二率所引起的困扰的文章，各方面有兴趣人士的疑问还是源源不绝。一般的反应，皆认为目前的情况是非改不可的。大致上他们明白我的分析，但他们对我的建议——解除外汇管制及由中央银行约束人民币的增长率——认为是不够现实，过于苛求。他们认为要中国解除汇管简直异想天开，就算真的实施经济开放，也不会开放到连外汇也不管制。

他们反复地问，有什么折中的办法呢？解除汇管会否使人民币的币值不断下降？会不会引起更大的混乱？特区货币是否明智？中国禁止黑市买卖，行得通吗？最近推行的禁制令，不是走回头路是什么？对这些问题，我的答案都是否定的。

作为一个以实事求是为至上的经济学者，我当然知道我建议的解除外汇管制是富于想象力。但中国近几年来的经济政策，又何尝不是富于想象力呢？在中国的汇率困扰问题上，我反复推断了两个多月，总是想不出一些比较缓进而又可靠的办法。我可以说，中国的经济体制改进，比较容易改的大致上已改了；今后几年的改革要远比以往几年的困难。要有更大的改进,中国的执政者非推出一些更富"想象力"的大刀阔斧的政策不可。明显地以资产界定权利,推行法律代替纪律,容许物质与人力资产自由转让——都是例子。但这些改革费用不菲,要急也急不来。解除汇管需要的,只是一念之差。

再澄清八点

且让我在这里以总结的方式,把我的观点再说一次。

第一,中国若要走回头路,不是禁制黑市或惩罚一些谋取暴利的人那么简单。走回头路是再将大门关闭,再搞阶级斗争,重开大锅饭。据我的观察,这些跟现在的情况相去甚远。在推行经济开放的过程中,某程度的混乱是难以避免的。既有混乱,禁制是自然的反应。问题是,这些禁制有没有可取的效果?

第二,黑市的形成是价格或汇率管制的结果,与经济开放是有冲突的;禁制黑市更是与经济开放背道而驰。市场的发展要基于权利的界定,不能被一些没有清楚的权利界定的禁制所左右。在他们最近建议的禁制黑市的言论中,中国的执政者显得对市场没有深入的理解。

用武力去减少甚至杜绝外汇的黑市买卖,是可以的,但有什么益处呢?造成市场混乱的主因不是黑市买卖的本身,而是一币二率——黑市汇率的存在。杜绝外汇的黑市买卖,黑市汇率是不会消失的——这是价格原理的第二课——正如没有成交的股票,市价仍在。既有黑市汇率,其他有关的贸易市场就会有混乱。武力所能禁止的是黑市成交,不是黑市价格或汇率,这对经济半点益处也没有。正相反,黑市成交也是成交，对贸易的推进是有帮助的。禁制黑市只能禁有益的成交，禁不了一币二率所引起的混乱。

中国的执政者可能是误解了。他们可能把禁止黑市与禁止贩毒或禁止卖娼连在一起，在概念上有混淆。毒、娼被社会认为是不道德的行为。禁毒、禁娼的主要目的，就是禁止成交，价格禁不了无关重要。我们从来没有听过外汇或一般商品是不道德的东西，所以禁止成交有害无益。世界上从来没有以管制价格来促长社会经济的先例，虽然这些管制能令某些压力团体得益。

第三，中国的执政者又可能认为禁制黑市在共产政制下是有着很多成功的先例，他们现在大可故技重施。但彼一时也，此一时也；他们可能不知道市场一旦被推动了，就威不可挡。以国营生产，以大锅饭分配，价格管制易如反掌，而政府所定的价格也没有什么讯息传达的功能。但在近来渐有苗头的私营甚至官营的市场内，要管制黑市谈何容易？要成功地大事压制黑市汇率，就非走回头路不可。这包括要压制一切与汇率有关的私营或官营的贸易，再高举国营及大锅饭的"优越性"。

第四，在目前的情况下，一个干部被派去调查拘捕买卖黑市外汇的人，岂有不贪污之理？另一方面，以多种管制的办法来管制各种间接或直接与外汇有关的贸易，可以减少黑市外汇的盛行，但多种管制会引起多种贪污，市场也会有多种混乱。要在有多种管制的情况下减少混乱，界定贪污的权利是一个办法。这是印度走上的歪路，一无是处，但总可算是治乱的一种办法。

第五，汇率与货币制度息息相关，是应该相提而并论的。中国太大，外汇及黄金储备不足，是不能用金本位或外币本位来固定汇率的。货币的供应量也难以用"本位"制来加以约束。另一方面，一日有中央银行的存在，"本位"制汇率就难以持久。这是因为有了中央银行的干预，货币供应的增减就不能自动地跟着外汇的需求的减增而调整。在目前的情况下，中国是不能取缔中央银行的。

换言之，考虑了我们所知的所有货币制度，中国在目前唯一的选择就是没有"本位"的中央银行制。我在前文曾指出，在改革的过渡期中，采用十足储备的银行制似乎较为高明。但不管是哪一种，中央银行一日存在，以自制的方法来约束货币增长是唯一可以避免通胀及汇率贬值的办法。

第六，十多年前，不少有中央银行的国家曾经不用外汇管制而固定了汇率。但后来这些国家因为对货币的增长控制不当，经不起市场的压力，外汇及黄金储备减缩，久不久就来一次贬值。固定不了的"固定"对预期有不良影响，而政府本身亦难以下台（或非下台不可）。因此，没有汇管的中央固定汇率制是被遗弃了。另一方面，一日有严谨外汇管制的存在，黑市汇率无可避免。

第七，《一币二率的困扰》最初在《信报》发表时，编辑加上"应逐步解除外汇管制"这个小标题，与我的主张不符，可能因当时未加明言而生误导。我是反对"逐步"解除的。香港一九四七年施行新的租管法例，要逐步解除管制。三十八年后，这管制法例越改越长，今日仍然存在！逐步解除管制给压力团体很多机会。在重要的关键上，中国的改革要一步跨过去！

第八，特区货币是不能解决人民币一币二率的困扰的。只要人民币一日有外汇管制，人民币对外币及特币就各有各的二率。

特区货币搞得好，就会像澳门甚至香港的货币一样，这对特区的发展是有帮助的。但这对中国整体的发展就会有不良的影响了。这是因为特区不用人民币，跟母体在某程度上就少了沟通，而人民币与特币的黑市汇率是禁不了的。中国何必走东、西柏林的路？（几天前我跟宋恩荣吃午餐。他认为这可能是好主意，因为好的特币可助长特区对中国的示范作用。我以为内地若要看"示范单位"，到香港看看就足够了。）

假若特区货币搞得不好（这可能性是不低的），特币就会有它自己的黑市汇率。人民币及特币各有各的二率，相加起来就不止四率了（因为二币间必另有二率）。那岂不是更加一团糟？结论如下。

中国近几年推行的经济开放政策，有成就，是值得称赞的。这开放带来某程度的混乱，无可避免，不值得大惊小怪。但这"搞活经济"的政策，终究是明显地与多种管制起了冲突，导致很多复杂的问题。混乱是不能持久的。要减少混乱，走回头路是一条路，走界定贪污权利的歪路是一条路，走继续推广开放，解除管制，利用市场的自动调节来减少混乱，也是一条路。

哪一条路是中国的希望所在，我以为中国的执政者是知道的。但在选走继续开放的路途中，他们对自由市场认识不够，缺乏信心，他们于是试图以复杂的方法去处理复杂的问题。此法一行，走歪路的机会就大了。在处理复杂的外汇问题上，简单而有效的办法是控制货币增长，彻底地解除汇管，让汇率自由浮动。

5

外资的中国观——并论汇管的影响

一九八六年二月一日

（五常按：原文为英语，一九八六年二月一日在广州为引进外资的某会议宣读，读不到一半主事人停止了听筒传译！我早就有了准备，安排了汽车在场所门外等候，宣读后立刻离开。翌日香港《南华早报》刊登全文。过了几天，北京的经贸部托人带来一个口信，感谢我的批评，说他们既明白又同意。）

中国在经济及思想上的逐渐开放，转眼七年了。历史的经验告诉我们，一个经济制度的改革往往是一百几十年的事。中国在七年间达到今天的成就，令人刮目相看。将来的历史学者会把我们现在观察到的大书特书。

中国的制度改革是一个千载难逢的经验。对一个从事经济制度研究的人来说，这经验紧张刺激，也大有科学价值。所以在此时此地我乐于多写些文章，做一些分析，作一点见证。

我今天要谈的是外资或外商对与中国交易的观点——与其说是"观点"，倒不如让我毫不客气地说是"困难"。乐观的角度不是没有，外商的心中有着一个"每人一块钱"的假说。那是说，中国是一个逾十亿人口的国家，推行经济开放，假若每人多花一块钱消费，增加一块钱产出，或节省一块钱费用，其效果也十分惊人。因此，跟这个国家做生意，或到那里投资，赚大钱的机会存在。

然而，假说归假说，事实怎样大家明白。事实上，外商及外资在中国遇到很多困难，"损手"的例子多得很。近两三年来，以正途跟中国贸易的外商，能赚钱的是增加了，但亏本的更多。自开放以来，到中国投资的外商，能在"台面"赚钱的很少！这些经验带来的效果很明显。目前，外商与中国合资或合作的"意向书"数以千计，但绝大部分只闻楼梯响，不见人下来！就算签了合约，与真正的下注投资也相去甚远。所以当外商从老远跑来问我到中国投资是否明智，我不知从何说起。

到中国投资的十项困难

在商言商。赚不到钱或亏本，是不良的示范。但亏本的本身是效果而不是因素。换言之，外商对中国望门却步的底因并不是不良的示范，而是促成这些示范例子的因素。这些因素究竟是些什么呢？且让我试以"十"为一个整数，列出我认为比较重要的。

第一，中国还没有明确的法治，而在转变中她是向前走两步、向后退一步。这发展令人有高深莫测之感。今天看来是明智的投资，明天可能因为中国政策的转变而亏本。

第二，外商跟国内洽商要讲人事，要搞关系，甚至要论"爱国"。这使很多外地的商业专才，因为缺乏人事关系而不知所措。换言之，国内的机构还是国营，作决策者还是干部，因此，他们不能遵守"在商言商"的宗旨，使外商难以应付。

第三，中国仍在强调"多劳多得"和"合理利润"。中国的执政者显然还未明白做生意既然可以亏大本，外资一定要有赚大钱的机会才肯下注。反对外资赚大钱的意向会减低外商对比较有大风险的投资的兴趣，而这种投资对中国是非常重要的。

第四，在中国做生意的税项不仅是高，且是五花八门，复杂无比。虽然在四年多前我就推断了中国会施行税制，但想不到一开始就弄得这么复杂。高税会压制投资的意向，众所周知；比较为人忽略的是，复杂的税制会有同样的后果。

第五，进出口及其他管制不仅是多，是繁，也是多变。批文既费时失事，也导致贪污。据我所知，跟中国做生意的正当商人，对现有的各种管制大都摇头叹息。

第六，中国的土地还不能自由买卖或转让。土地没有转让权所能引起的各种不良经济效果姑且不谈，但对外资而言，不能自由买地或长期租地，他们往往被迫与中国合资或合作。独资的选择有困难，或难以将股权在市场自由出售，对外资的不良影响是显而易见的。

第七，中国的国家职工制度仍在。外资若雇用职工，被政府抽取的百分比高得惊人；若雇用合同工，福利的规定也令人头痛。未富有而先大谈福利，对劳资双方都没有好处。

第八，中国对市场的认识不够。执政者喜欢用自己的非商业眼光去判断哪一种行业是好是坏；干部对合约的本质含义极不清楚。另一方面，在资讯不足的情况下，外商，尤其是一些港商，往往浑水摸鱼，给内地的人不少坏印象。"皮包公司"的故事是多而真实的。

第九，中国对外资有很大的歧视。有些歧视是特别优惠，有些是不良的——例如在经济特区内的商店铺位，外资不能租用。真正的自由市场一向没有种族歧视，这是经济学上"市场"与"非市场"的一个重要分别。

最头痛是外汇管制

第十——这是我今天要特别讨论的——外汇管制。汇管对外资或外商有三种不良影响，而普通人只着重其中一种，其他两种是间接的，所以常被忽略了。

汇管对外资的第一种不良影响，老生常谈：钱放进了中国，有什么保障可以随时汇出国外？在国内赚了钱，又有什么保障可以随时带走？很明显，没有这些保障，外商到国内投资的意向就打了一个大折扣。假若凡汇外币出口都要批文，那么手续的费用、时间的损失、贪污的行为，以及信心的影响都不能轻视。

从台湾及其他有汇管的地区的经验中，我们知道除了解除汇管外，以上提及的第一种困难难以解决。例如，若政府明文规定某些款项或某些机构可兑外汇出境，做假账或托外资公司将钱汇出的行为就会产生。目前，中国的公民还未富有，所以这行为并不普遍，但假以时日，类似的私下交易是无可避免的。我很怀疑今天的台湾当局，痛定思痛（或撇开了从汇管所得的贪污利益），会衷心地觉得昔日的汇管是做对了的。事实上，台湾外资的增长，大都是近十年来汇管放宽了（但仍未彻底解除）才发生的。

汇管对外资的第二种不良影响不大明显，但却同样重要。这是有汇管就有黑市汇率的存在。有了公价汇率及黑市汇率的分歧，做生意的决策就困难了。成本以公价为高，以黑市为低；产品售价以公价为低，以黑市为高——何去何从，难以定夺。价钱与汇率是做生意作决策不可或缺的讯息指引。有着两个或几个不同汇率，投资者岂有不被弄得头昏眼花、举棋不定之理？

炒黑市是人之常情；说是非法也对。但这是谁之过？是"炒家"，还是政府？在目前的中国，要指出哪种行为算是"炒黑市"，哪种行为算是"合法"，并不容易。计程车及路旁小贩的收费办法是否"合法"姑且不谈，国营商店或大宾馆内的标价，又何尝不是往往以"黑市"汇率为依归？

这些情况给外资带来第三种不明显但极重要的不良影响。奉公守法的外商（或是不知门路的外商），会因为"守法"而被善用灰色市场的同行杀得片甲不留。炒黑市或从事"可能是非法"的活动有很大的竞争优势。年多以来，在香港街知巷闻的"水货"大行其道就是例子。以管制压制了明显的"水货"，不明显的仍在。在这种情况下，外国的大机构——那些"奉公守法"的机构——怎会不对中国望门兴叹？中国要引进的外资究竟是哪一种？

解决四法与利益四项

我今天被指定要讲的题目是关于中国的制度对外商的影响，尤其是外汇管制对外资的影响。我因此避开了分析汇管对中国本身发展的害处，也没有指出现有的各种支持汇管的神话的谬误。这些都是重要的问题，我曾屡次为文分析。这里我不妨简单地重述我一向对中国汇管的观点。

自一九七一年后，因为所有开放贸易的国家都脱离了

《布雷顿森林协议》的金本位制,汇管就再没有半点可取之处——在此之前,汇管可阻止黄金外流,协助支撑国家本身的货币制度。目前,中国的执政者仍然是有着几十年前的那一套观点,与现在的国际货币制度是脱了节的。

中国目前的最佳办法有四部分:(一)彻底解除外汇管制;(二)让汇率自由浮动——内地没有香港的"联系汇率"制度这个选择;(三)让人民银行控制人民币的增长率,使每年大约有百分之二十的增长;(四)为了要有精确的货币量控制,在最初的一段时期,中国应采用"十足储备"的银行制度。

只要中国能继续她的经济改革,以上提出的四点可保证:(甲)没有高的通胀率;(乙)汇率只有一次下降——但不会降至黑市水平——其后就不会不断下降;(丙)外资输入增加;(丁)目前没有国外需求的产品的出口会激增。

共存不如互利

在本文动笔之初,我决定以一个整数指出中国政策对外商及外资的不良影响,想不到这么容易就凑够了"数"。我没有集中在外汇管制的问题上,因为汇管与其他因素是息息相关的。归根究底,我所指出的十大因素——或我可能指出的更多不良因素——都是由一个因素促成的:中国还没有明确的私产制度。无论是汇管、人事关系、歧视外商、缺乏法制等等,都是在非私产或没有健全私产的制度下才会产生的。

大家都知道,中国的制度跟发达国家的制度在基本上是不同的。从严谨的经济学观点看,制度在基本上的不同是产权结构的不同。近两年来，不同经济制度的热门论题当然是"一国两制"。在这一个举世瞩目的论题上，大家集中的论点是一国两制能否共存而互相不变。这一点，我个人认为在原则上，以公司法的形式来划分两制是可行的。

但"一国两制"的辩论却忽略了较为重要的一面：两个不同制度之间的经济交易又怎样了？我可以说，无论是在理论或是在历史的经验中，不同产权制度的经济交易是不可能发扬光大的。成功的一国两制，以可以共存而互相不变为准则，并不等于经济制度的成功。后者不是基于互相共存，而是互相图利。

外商先吃眼前亏

关于外商对中国的看法，我想作一点补充。中国近几年的开放确实引起了不少外资的兴趣。但有些人问，既然目前外资在国内遇到诸多困难，为什么那么多外商还是前仆后继地到中国去？难道他们是真的不知死活，蠢到连这些困难也不知道？我的答案是：讯息不足的外商是有的，但为数是越来越少了。

几个月前，三家外国的大机构不约而同地告诉我，虽然他们心中都有那个"每人一块钱"的假说，他们知道要到中国投资赚钱，在目前谈何容易！但他们认为他们的兴趣不是现在的中国——现在投资要吃"眼前亏"是肯定的。像我一样，他们认为中国将来的制度不会是今天的制度——他们的希望是在中国的将来。说不定在若干年后，与中国交易有利可图。抱着这点希望，他们愿意先吃"眼前亏"，使他们到了有利可图之际不会排在人龙的尾后。

中国的执政者应该明白，人龙既可以速成，也可以急散。招之即来的是利；挥之使去的也是利。而利的希望，是基于中国制度的不断改进。

6

外汇管制可以休矣！

一九八六年九月十日

（五常按：北京的朋友告诉我，本来公布了一九八六年十一月停止使用的外汇券，因为这篇文章而决定保留。后来要到一九九四年初才取缔，到那时，外汇管制已大幅度地放宽了。二〇〇九年我还疾呼要解除汇管，骂的是不少沙石仍然存在。要是北京坚持八十年代的严厉汇管，中国的经济奇迹不会出现。）

大亚湾的风云掩盖了其他国内的重要消息。我去了美国个多月，回港后阅读报章，"大亚湾"三字触目皆是。心想，中国的经济发展又有什么神来之笔？一时间不易找到。可幸朋友给我剪存了一些有关中国经济的消息。中国的演变还是快得惊人：曾日月之几何，而几不可复识矣！

虽然几年来我屡次提出中国的产出机构应给员工发行股票，也要让股权自由转让，而数月前的国内言论，大致上还是反对这些经济现代化应有的安排。最近不仅发行股票的消息时有所闻，而在沈阳开业的证券交易市场，债券开始可以转让了。看来股权的转让指日可待。

利好消息人民币不升反跌

比证券市场更重要的，是千家驹及"有关部门"指出中国会在今年内停用外汇券的消息。今年四月，当姚依林宣称中国打算取消外汇券时，附带的消息是这取消需时五年或更长久的时间。殊不知到了七月五日，陈慕华公布人民币贬值百分之十六强的同时，情况急转直下，外汇券显然要寿终正寝了。到了八月二十七日，《文汇报》报道本年十月后不再发行外汇券，十一月之后停止使用。

虽然中国政府迄今尚未正式公布在短期内取消外汇券的决定，而千家驹又指出中国还没有详细地安排取消后的措施，但我认为这短期内取消的决定是真实的。我这个观察是基于几项有关的资料。在陈慕华公布人民币贬值后，该币的黑市汇率不起反跌，而外汇券的黑市市值却急速下降，有被抛售的迹象。到如今，外汇券黑市市值与人民币差不多；那是说，外汇券的黑市市值与外币的黑市市值的挂钩已大幅度地分离了。北京在七月间就传出国内有人以大量外汇券购物的消息；到了八月，某些交易拒收外汇券；在广州及其他城市有抢购黄金的热潮。这一切，显示出某些消息灵通的人知道短期内会取消外汇券，因而抢先在市场图利。

大约十个月前，人民币也曾有一次幅度颇大的贬值。但在当时，外汇券并没有被抛售。更重要的，是那次贬值之后，人民币的黑市汇率上升。这是自然的。人民币的公价贬值，该币的需求量增加，所以黑市就升值了。这一次（七月份）的贬值却有不同的效果。人民币公价贬值（由每一百港元兑四十强人民币贬至四十七强），该币的黑市汇值却立即下降（由每一百港元兑五十七人民币降至六十五）。这与一般经济学理论所推断的相反。为什么呢？

我的解释是：这是由于在七月公布人民币贬值的同时，

外汇券决定在短期内取消。正因为外汇券预期取消，所以代替外汇券的外币（这里指港币）的需求量就增加了。在"短线"期间，港钞在内地的供应弹性是不高的。港币兑人民币的黑市汇率也就因而升值——也即是人民币的黑市汇率下降了。

港币大量内流

近两年来，港币的钞票发行量激增，使港钞与港币总量的比例超出一向的比例。这个现象，香港有关的官员和我都认为是由于港钞内流内地所致。一个大略的估计，是近年可能有百分之二十的港钞进入了内地。假若这个估计是对的话，港钞的数额在内地可能接近三十七亿，这比内地专家的十亿估计高出很多（事实上，内地和香港双方都难有准确的估计）。我在上文所提出的因为取消外汇券而使内地对港币的需求增加的推论，可能要到明年才能证实——假若我是对的话，今年下半年的港钞在港币量中的百分比会增加。另一方面，假若中国决定在取消外汇券后港钞不准在内地任何地方使用，或甚至严禁内地人持有港钞，那么事情就更复杂了。一个可能是内地的港钞会涌回香港，促成短暂性的通胀（港币既与美元挂钩，长线而言，香港的通胀会与美国的相若）。但较大的可能是"严禁"不成，内地的港钞量会上升。

由取消外汇券的消息而引起外币需求增加，因而导致人民币黑市汇率下降——这推论是极其重要的。中国的执政者可能因人民币公价贬值，黑市汇率相应下跌，而认为这个"恶性循环"是无底深潭。他们更可能认为假若在目前解除外汇管制，人民币的汇值会不断下降。事实上，一些在香港大有名望的专家也持着类似的观点：假若中国取消外汇管制，人民币的国际币值会跌到焦头烂额，永不翻身。他们问，有谁会蠢到去买人民币？我的答案是：公价我不会买，但在没有汇管的市场下，我一定会毫不犹豫地购买我需用的人民币。没有汇管，只要人民币的发行量控制得宜，它的价值会比在有汇管下的黑市价值为高是必然的——这论点我曾屡次解释过。现在我提出的论点也同样重要：最近人民币的黑市汇值下降，不是因为人民币的公价贬值，而是因为外汇券将被取消。

外汇券的起因

今年四月间，北京传出了几年后会取消外汇券的消息，很多人问我关于这取消的效果。我当时的简略答复是：外汇券在黑色的外汇市场上盖上一层灰幕，若被取消了，非法或合法的交易就变得黑白分明；这会迫使中国的执政者采取行动，他们可能加强管制或减少（甚至解除）外汇管制。总之，由于非法的行为变得远为明显，管制的水平一定会因为取消外汇券而变动的。

但在四月间，取消外汇券还是遥远的事，所以当时我没有将这个有趣的"黑白分明"理论详加分析，也没有在加强或减少管制的可能性上作进一步的推断。近来形势急转，机会难逢，比较深入的分析是不应再等了。且让我先说说六年多来外汇券发展的大略。

一九七九年，中国开始将门户开放。那时，外资在中国不见经传，而中国的外贸还完全由国家操纵，乏善可陈——

市场还说不上是有苗头的。但因为门户开放，外来游客激增。中国当时的政策，是外籍人士在国内能买到的东西，本地人不一定被准许购买。不许本地人进入友谊商店是一个明显的例子。但本地人却可托外来人士购买那些"内禁品"。外汇券的起因，似乎就是为了要杜绝这种"非法"行为。外来人士入境后要用外币兑换外汇券，而"内禁品"则指明需用外汇券购买，本地人所持有的人民币就望"禁品"而无所用。

过了不久，本地人以人民币"非法"地兑换外汇券或外币的行为不胫而走。另一方面，到了一九八一年，中国的市场逐渐开放，本地人渐可进入友谊商店或其他专为外客而设的地方，"内禁品"就逐渐解禁了。跟着的发展是人民币对外汇券或外币的黑市汇率与公价汇率大幅度地分离；外商到国内投资日增，要做国内人的生意，人民币也就"加三"或"加五"地被外资机构接受了。一般的市场逐渐收取二币或多币，每币一价，但价的不同却是同价，因为不同物价是反映着公价与黑市汇率的不同。多币多价的存在反映出灰色的市场比黑色的自由，市场的发展也就一日千里。

保留外汇券作价格分歧

到了八二、八三年间，外汇券的存在已完全失去了先前阻止本地人购买"内禁品"的功效。据说一九八三年时，中国曾考虑过取消外汇券，但后来决定保留，理由是外汇券的存在可多为国家"创汇"。外汇券怎可多赚外汇呢？答案是：价格分歧。不懂得门路或"无知"的外籍人士，以公价兑换了外汇券，糊里糊涂地将外汇券一对一地付人民币的定价，这样，他们所付出的真实价钱当然要比付人民币的或"眼观六路"的港澳同胞的为高。事实上，价格分歧的政策不限于外汇券的存在。例如在目前，飞机票价格仍有三级：本地人、港澳同胞、外籍人士各各不同；旅游或在国内雇用工人的价格，外籍人士所付的还是较高。

我曾为文分析，以价格分歧的办法来赚取外汇是可能的，但这可能性不大。换言之，没有价格分歧而能赚取较多外汇的可能性较高。但这牵涉到几个需求弹性系数的问题，不是经济学的内行人难以明白。起码在表面上，外籍人士付较高的价格使人有"多赚钱"（多赚外汇）的错觉；到如今，这错觉还是驱之不去的。

照常理推测，外籍人士当然不会像港澳同胞那样明目张胆地买黑市人民币。这是他们要付较高的真实价格的原因之一。另一原因是，他们不知道（或不懂得）使用外汇券购物是可以比使用人民币更大幅度地压价。我曾详述过：二币二价是同价，二币一价是价格分歧。在中国，二币二价，或使用外汇券时大幅度地压价是合法的。购物时使用外汇券比使用人民币可付较低的价钱，是反映黑市汇率的存在。严格地说，二币二价与炒黑市汇率是相同的。但前者合法，后者却是非法！中国能容许前者的存在，究其原因，就是外汇券的存在将黑色市场改为灰色，将非法的交易合法化了。

黑白分明的理论

不仅外籍人士因为有了外汇券的存在而增加了"无知"，不仅外汇券的存在使非法变成合法，而且连本地人及港澳同胞，也因为外汇券的存在而增加了计算汇率的困难。先以外币兑换外汇券，再以外汇券讨价还价，什么是真正的汇率，要多算一番才知道。这些因素促使外汇券成为一纸"灰币"。废除了外汇券，非法与合法就会变得黑白分明。中国的执政者是不可以视若无睹的。

取消了外汇券，中国的外汇及其他有关的经济政策一定会跟着或同时更改。这些政策会怎样转变，主要的决定因素是在乎外币是否容许在国内自由流通。二者有重要的分别。

假若取消了外汇券后，中国容许外币自由流通（据说在深圳及珠海特区将可自由流通），那么人民币及外币的不同物价，就一定会反映黑市的汇率。政府若对此置之不理，公价汇率就变得纸上谈兵，汇率管制有等于无。只有极端"无知"的人才会以外币按公价汇率兑换人民币。在这样的情况下，毫无作用的外汇管制是难以持久的。

另一方面，容许外币流通及自由议价，其含意着的黑市汇率会因为没有外汇券的存在而变得极为明显。是否非法，见仁见智。但假若中国的执政者认为是非法而阻止自由议价的行为，这阻止就变成了价格管制。换言之，在容许外币流通的情况下，真正的外汇管制是需要价格管制来协助的。那是说，指明外币的物价而以公价汇率与人民币的物价挂钩，是价格管制；这样做，外汇管制就有了效能。

我们因此得到一个重要的结论：如果废除了外汇券后，外币可在国内流通的话，那么外汇管制若不取消，价格管制就会产生。然而，因为价格管制的不良效果明显，施行不易，而且与中国近几年来的政策背道而驰，可能性是不高的，我因此认为在取消外汇券后，只要中国能容许外币流通，外汇管制是难以持久的。

但假若中国不容许外币自由流通（据说特区之外的地区是会禁止的），情况就远为复杂了。在有汇管及公价汇率的情况下，炒黑市的行为会应运而生，甚至触目皆是。这些明显的非法行为，政府当然要大举压制。这一压制，就肯定会把近几年来在灰色汇率市场下所发展的外贸、旅游及外资引进搞垮，甚至于"兵败如山倒"。

不妨设想一下：外贸要以公价汇率成交，半点水货也没有，自由的个体或集体的竞争贸易又要回到为政府所操纵的局面；下放了的一点权力，自去年四月收回了一半，余下的一半也要被收回了，生产岂会不下降吗？外来游客要以公价兑换人民币，这不仅等于物价上升，而且用剩了的人民币是否可以换回外币出境呢？若不能按公价换回外币，那么，入境时兑换人民币当然少换为佳，但"换"不敷支时却又怎么样，岂不头痛万分？若政府准许把用剩的人民币以公价换回外币，那么好些外客都会报称只用了"小量"而剩了"很多"，因为国内的"朋友"会托他们以人民币换外币。

外资的困扰（或"外资"的优势）也是另成一家。外币不准在国内使用，外资（企业之类）是要收人民币的。但人民币到手后，怎样才能换取外币而汇到外地去呢？若禁止外汇出口，现存的外资血本无归，再没有新的外商会打中国的主意了。肯定的发展，就是中国内地会像十多年前的台湾或三十年前的日本那样，以诸多规例指定只有某些项目才可以公价兑换外币出境。这样一来，正规的外资头痛之极，而非正规的"外资"却大行其道，造假账，甚至专门以造假账的手段来经营外汇，作为生意的主力。干部贪污的行为，也就成行成市。

　　从以上的分析，我们可见取消了外汇券而不准外币在国内使用，非法的行为明显，而压制非法行为的不良效果也明显。结论是：中国若不跟着解除外汇管制，就会向回头路走一步。起码的策略，是以增加进出口管制的办法来支持汇率。但如此一来，赚取外汇的机会又减少了。所以在大致上我认为取消外汇券会增加解除汇管的压力的。

　　又假若在取消外汇券后，中国禁止外币在国内流通，但在特区却可自由使用（据说那是目前的政策倾向）。此法一行，深圳及珠海特区就变为"黑市"特区了。这对特区的经济是有帮助的。自一九八五年四月一日后，中国的外贸部收回一大部分深圳的外贸权，该区先前搞得头头是道的发展就一蹶不振。特许外币流通而增加黑市的成交量，对深圳是一种特效药。此药虽灵，倒不如让深圳自由外贸，以正途发展，则前途无限矣。

今时不同往日

　　一九八〇年四月外汇券发行之前，中国的外贸及外资引进乏善可陈。外汇券在初时的作用，可以说是外来客的特许购物、"饮食"证，对中国的经济是无足轻重的。但今非昔比：在诸多管制中，中国的外贸还是有了大幅度的增长，外资在中国还是有了立足之地。在这举世瞩目的发展过程中，外汇券有害地促成价格分歧，也在市场引起混乱。然而，更重要的是：它协助了灰色市场的全面发展，有利地推展了中国的外贸与外资引进。

　　今非昔比的外贸与外资量是极其重要的。一旦取消了外汇券，市场的非法与合法的"黑"、"白"分明，这大有苗头的"量"是不可以视若无睹的。将这"量"从"灰"转"黑"，中国就要走一大步回头路；从"灰"转"白"，外汇管制就站不住脚。中国的外贸和外资量以及要争取这些量的意向与其他共产国家不同。有了"量"而取消外汇券是一个极为重要的里程碑。我常说，有震动性的经济政策是中国的前途所在。因为外汇券的取消而迫使外汇管制的解除是中国之幸，也是世界之幸。

中国不需要外汇储备

陈慕华、姚依林等人强调外汇管制是不会解除的。千家驹也说解除汇管是三五十年后的事。（我很欣赏千先生的开放思想，但他的汇管观点我不苟同。）他们认为时机未到，中国还是太穷，外汇储备不足。这些老生常谈的观点是没有严谨的理论与实证支持的。世界上从来没有一个以汇管而发达的国家，也从来没有一个发达的国家有形式以外的真实的外汇管制。中国的执政者强调外贸与外资市场的重要，然而，一旦有汇管存在，这些市场就只能惨淡经营。要三五十年后才解除外汇管制，中国的经济现代化就言之尚早了。世界上有哪一个称得上是经济现代化的国家的货币不是国际化的？人民币要成为国际货币，解除汇管是唯一的途径。

我想"破"了脑袋，也想不通为什么中国需要有外汇储备，想不通为什么缺少外汇储备就要有外汇管制，更想不通为什么汇管能多赚外汇。一九七一年之前的国际货币制度，以黄金为本位，外汇储备是有用场的。像香港那样的弹丸之地，有政治动荡，亦有港币与美元挂钩的政策，外汇储备也有用场。当然,在贪污盛行的政制下,外汇储备可进官员的口袋,也被重视。但中国要外汇储备来做什么呢?政府若要使用外汇,以税收所得而在没有汇管的市场上购买外汇便可。只要中国能控制货币的增长,没有惊人的通胀,要买人民币的(即为中国供应外汇的)大不乏人。

当然,支持外汇管制的论调还有不少其他错误的观念;例如解除汇管会导致人民币汇值无穷尽地下降等等。关于汇管的多种谬误概念,我曾屡次为文分析。将来有机会我会再讨论的。

重要的是,解除汇管是推广外贸及吸引外资不可或缺的,而中国的经济现代化非此不行。汇管早一天解除,产出及交易费用的节省就每天以亿元计。在这方面下过实证研究功夫的经济学者都会同意这观点。而在今日的中国,概念上的谬误与因汇管而获特权的部门的障碍是明显的。

取消外汇券将会使市场的需要与现有的坚持之间的冲突白热化。孰胜孰负将会有一次决定性的考验。外汇券的存在使外贸及有关的市场能在灰幕下增长;但这灰幕也促长了外汇管制的顽固存在。取消了外汇券所导致的黑白分明,在市场还没有苗头之际,会引起加紧外汇及外贸管制的可能性甚高。但是,正如我在上文所说的,中国的市场今非昔比。因此我的结论是:有了今天的市场发展,如果在取消外汇券后中国坚持不肯走一大步回头路的话,外汇管制可以休矣!

7

联系汇率的困扰

一九八八年三月九日

（五常按：是时也，市场认为香港政府会将港币兑美元的汇率调升。）

关于香港的联系汇率及几个月来由那所谓"热钱"而引起的"负利率"建议，是香港经济上比较重要的问题了。政府若处理失当，其影响之坏，可能远超去年十月的股市暴跌。

老早就想在这个复杂的题材上动笔，但在一个青年会的聚会上说过了话，觉得要将有关的问题解释清楚，一篇文章不容易办到。其后在报章与杂志读到对这联汇制有很深误解的言论，不时出现，认为不够详尽也应该试作解释了。香港一般人不明白联系汇率是怎么一回事，会对这制度怀疑而促成了不良的效果。美国的政客不明白这个制度，乱说一通，要求港府将港元对美元升值，又令人头痛。

名不正则误导

一开头就有问题：一九八三年十月开始实施现在的"七点八挂钩"时，香港政府竟然称之为指导性汇率。殊不知"指导性"一词，是中国内地用以形容价格管制的！香港有许多人先后到过内地做生意，根据经验，他们一听到"指导性"三字,脑中就先入为主,以为香港所推行的是汇率管制了。是的,即使目前对该制度发表言论的人,十之七八都认为是一种管制。"指导性"虽然后来改称"联系",还是不妥:很多人以为"联系"是用以掩饰"管制"的。

适当的名称是"局部美元本位制"。要知道,我们现有的联系汇率制度,是香港一九七三年之前的制度(那时港元与英镑挂钩),而那制度是从有很久历史的黄金本位制度演变而来的。与黄金本位制度相比,香港现有的联汇有两点不同:其一,以美元代黄金;其二,本位的保障只限于钞票的发行量。更严格地说,香港的联汇不是一个汇率制度,而是一个货币制度!

需要没有中央银行

有趣的问题出现了。为什么黄金本位制度会经不起经济压力而被取缔,而大约只有货币量十分之一强(钞票量的比重)的美元本位制却屹立不倒呢?主要的答案是:香港没有中央银行。香港的货币量是跟市场的需求变动而自动增减的。港币以美元为本位"挂钩",市场若对美元看好,换取美元的量增加了,港币币量就会缩减;这缩减会使港元增值,直至那挂钩的汇率得到均衡为止。这是"中线"的调整办法。在"短线"上,港币量的缩减可能不够快,利率的变动就协助调整:短线利率上升,加速了港币的需求量减少。

我曾作过估计,如果市民对美元看好而抢购,只要被收购的美元不大量地撤离香港,而是在本地翻来覆去地协助港币量的减缩,那么上述的美元只不过等于港币钞票量的外汇储备,就足够好几次使港币的总量化为零了。那是说,只要美元不大量离开香港，无论市场怎样抢购，这美元本位制守得住。要是美元大量撤离香港，那就另作别论了。在一九八三年与八四年间，这新制实施后，市场曾经两次抢购美元，但因为"亲生子不如近身钱"，美元没有大量撤离香港，这本位（联汇）制便有惊无险。

反过来说，假若市民对港元看好而抢购，港币量就会增加，而这增加会使港币贬值，直至与美元挂钩的汇率得到均衡为止。在短线上，利率下降是协助港币量增加（增加港币的需求量）的一个办法；所以香港银行公会的利率协议，在一定程度上是会妨碍"联系"汇率的运作的。

假若香港有中央银行，目前的联汇制度就大有困难了。中央银行是为控制货币量而设的。控制的货币量一旦与挂了钩的汇率脱了节，失去了均衡，那么，这汇率如不更改，政府就需要有远为大量的外汇储备来做支持，或需要推行外汇管制，或限制进口，或津贴出口，或用以上几种办法的合并来应付。这样做，香港的经济就会兵败如山倒了。

当然，有些人认为中央银行可以很明智，懂得适当地将货币量调整来维持汇率的挂钩。但历史的经验（一九七一年之前的国际黄金本位经验），却证明这观点是过于乐观了。有了中央银行的设立，货币量的多少会有多方面的考虑，而压力团体的各种手段也不能视若无睹。

很多国家或地区，不设立或取消中央银行是政治上难以容许的。香港没有中央银行，令很多为中央银行而大伤脑筋的经济学者羡慕。弗里德曼就曾建议美国取消中央（联邦）银行，而曾于一九八三年参与香港的联系汇率决策的英国货币专家，也认为不设中央银行对联系汇率的维护，大有帮助。

反对联系汇率的理由

一九八三年九月，香港财政司彭励治在考虑施行现有的联系汇率制度时，我是反对的。这反对有两个理由。第一，较为不重要的，是假若市民将抢购所得的美元大量撤离香港，那么这制度就维护不了。我担心的是几个大富之家，以为有机可乘，联手与香港政府"大赌一手"，怎么办？事实上，我读过一篇文章，指出在南美洲的一个国家就曾发生类似事件，使政府狼狈不堪。在联系汇率制度实施的前几天，提倡该制的祈连活到港大的经济系讲话时，我的一位同事就指出这"大赌一手"的可能性。祈连活是无以为对的。我当时认为这可能性不大，因为就算有几个大富之家同意集资"大赌"，他们也不应该知道要将美元撤离香港这一着。

我的第二个反对联系汇率的理由，就比较重要了。一九八三年九月间，九七问题所引起的动荡很大，市场一片混乱而搞得人心惶惶。在那个情况下，香港各种资产的价值大幅度下降是无可避免的。我当时想，资产之中除了人才外，可分三大类：物业（地产与房产）、股票、货币。在那时，这三者的贬值是必然的。假若这三者一起贬值，它们就会分担了负荷；但假若其中之一种——港币——与美元挂了钩而不能随市贬值，那么资产贬值的压力就会集中在股价与物业这两类资产上。这两类资产的贬值，会因香港币值不能下降而有更大的跌幅（后来八四年的经验支持我的分析）。在这种情况下，香港的工商及地产行业就会受到较大的打击了。我又想起香港在一九六七年的暴动之后，经济——尤其是地产行业——一片萧条，而那时港元是与英镑挂钩的。以三种资产来分担了贬值的压力，总比这贬值集中在两种资产为佳。我现在还认为这观点是正确的。

在当时，我将这个分析跟彭励治和英国的两位有关的经济学者细说了。他们同意我的逻辑，但英国方面的看法是，除非有政治奇迹，香港的地产及股市无可救药。他们认为香港人是靠外贸而生存，港币若更大幅贬值，香港的经济不堪设想。既然三种资产不可能一起挽救，那么单救港币是上策。这是重点上的观点不同，我是不容易以逻辑的分析来反驳的。当然，中英草签后香港的地产及股市的发展，证明了他们当时所说的"政治奇迹"是出现了。

更改汇率的困难

在彭励治实施联系汇率的前几天，我跟他说："你知道这制度一旦施行，就差不多不可能在一九九七之前有所更改了。"这一点，他是同意的。我们讨论了在什么情况下可将汇率更改，但大家也觉得这情况不易存在——除非在施行这新制度后的一个短时期内，政治形势有急速的好转。几个月后，郭伯伟（夏鼎基之前的财政司）认为将港币升值是大好时机，但彭励治没有这样做，郭氏就认为此后机会不再。英雄所见，大致是相同的。

由于恐怕香港人不相信联系汇率可以坚守，在施行之初，彭励治就强调以后汇率若有更改，港币只会升值，不会贬值。其时风声鹤唳，这几句话是应该说的。可是想不到，因为这几句话，很多人就误以为香港政府会随时将港币升值，"种"下了今天联系汇率的困扰。

联系汇率不可随意更改，有几个理由。其中最明显的是：只要更改过一次，就会使人相信以后有再更改的可能性。市民一旦意识到政府曾在哪种情况下作过更改，在其后的类似情况下，人们就会预期更改的再来。这样，就鼓励了炒买炒卖的行为，使汇率失去了均衡。若汇率有过两三次的更改，那么整个联汇制就会被迫取缔了。在多年前的黄金本位制度下，不少国家由于中央银行所控制的货币量与金价脱了节，以更改汇率的办法来补救变得无济于事，结果是一些国家施行管制外汇，另一些管制进口，弄得一塌糊涂，最后还是脱离了本位制。

第二个同样重要的理由，是汇率更改之后，物价及工资是应该跟着调整的。然而，有些工资，尤其是政府公务员或教师的工资，显然难以向下调整。我们应该记得，自港元在八三年大幅度贬值后，不仅舶来品的价格在市场上急升，而我们由政府支付薪金的，也获得颇为大幅度的向上调整。假若现在香港政府将港元汇值提升，那么公务员和我（港大教师）都会欢天喜地了。

以我自己为例吧。一九八二年初接到港大的合约时，港元兑美元是五点三；年多后改为七点八，我就变得"哑子吃黄连"，有苦自知。经过后来几年的薪金调整，减除了通胀，我现在的薪金，若以美元计，跟八二年时差不多。假若政府现在将港币对美元升值，那我就无功受禄了。跟着的适当调整，是应将我的薪金减少的；但如果我和其他公务员及教师的薪金一起调整的话，他们又怎会不"保护"我呢？政府既不能减薪，那么财政问题又如何解决？物价会因港元升值而下降，政府的税收也就跟着下降或上升较慢；为了支付各项费用时，政府是要加税的，那么香港的经济又怎样了？

天下间没有免费午餐这回事。一些人可以从港元汇值调高而得益，另一些人就一定会因同样的变动而受损。一得一失，本来可以拉平，但因为公务员的工资难以缩减，政府的财政便会出现困难，而其他物价、工资、租值的调整，总会使社会增加费用。

一些人可能认为香港人在香港用钱，港币还是港币，将港元对美元升值，对本地的消费没有影响。然而，香港是世界上外贸比重最高的地方：它有哪几样消费品不是直接或间接进口的？凡是赚香港钱的人都会比生产出口的人有利得多。当然，港元对美元升值，得益最大的就是那些赚港元而又打算移民的人——我自己打算在不久的将来把孩子送到外国念书，所以也在得益者之列。可以说，移民潮愈甚，呼唤港元升值的声浪也会跟着愈高。

第三个理由，就是更改汇率之后，香港的货币量又要作一次大调整；调来调去，对经济整体没有好处。

取消联汇港币不一定升值

很多人认为假若取消了目前的联汇制，让港元对美元的汇率自由浮动，港元就会立刻大幅升值的——由于两年多来美元兑日元下跌了一半，很多人便有此想法。这观点是不对的。美元对日元及其他外币下降，港元随之以同样幅度下降，港币量就跟着增加，协助七点八挂钩的均衡。取消了联汇制，除了一些盲目的炒家会对港元看好之外，港元与美元的汇率会向哪方面走不得而知；而最可能的，是在短期内徘徊于七点八左右。

目前的七点八，显然是由于港币量的增加而近于均衡的。我主要的证据，是在今年一月间汇率是七点七六，到了二月初，美元在外围稍强，这汇率就回到七点八的价位了。一些不明这个联汇制度的人，见到近两年多来美元对日元、马克或台币有了大幅度的贬值，就这样想：若取消联汇制，港元兑美元就会在四、五之间。这是差之毫厘，谬以千里了。

取消了联系汇率，港元的国际汇值向哪方面走，要看香港的经济发展及外币的动向。有些人认为今后美元在外围会上升或下跌的信口开河，都是水晶球之见。如果市场真的预期美元在不久的将来会向那方面走，美元就会立刻向那方面变动了。我们很少见到那些大言炎炎的预测者，其家财富可敌国。不大下赌注的预测，无非是博点虚名，或说笑罢了。例如在目前，我自己是看好外围美元的，但却没有下注。试问，有谁会相信我？

与一篮子外币联系有困难

有些人不赞成取消联系汇率这个制度，也不赞成将汇率更改，不过，见美元几年来一蹶不振，就认为港元不应单与美元挂钩，而是应与一篮子的多种外币挂钩。美元近两年多来的不断下跌，对香港经济会引起不良的波动。

与一篮子外币联系的唯一有利因素，是适当的"一篮子"会使港元在国际上的汇值稳定，从而使香港的经济有比较稳定的发展。但要达到那一点，谈何容易？我可以指出三个困难。

第一，与一篮子外币挂钩有一些技术上的困难。例如，自一九七一年很多国家脱离了黄金本位之后，举世通胀，接踵而至，有不少经济学者就建议以一篮子货物为本位，但后因技术性的问题就不再作此议。话虽如此，这些技术困难可以解决，只不过费用会较高而已。

第二个困难，是要与之挂钩的一篮子若选得不对，挂钩后美元在外围大幅度地升值，那么港币在国际上岂不是又再要大跌一趟？换言之，选取篮子内的外币并不简单。这就引起第三个——最重要的——困难。

适当的"一篮子"的选择，是一个比重的问题，也就是一个指数（indexing）的问题。在原则上，最理想的篮子选择，就是篮子内不同外币的比重是应与香港对不同国家的外贸比重相若的。若非如此，"一篮子"的唯一优点就失去了。与香港外贸比重最大的国家，是美国及中国内地。美元不用再提，但港币又怎可以与人民币挂钩呢？这不是说人民币不重要（正相反，对于香港，人民币是极其重要的），然而，由于人民币有外汇管制，白市、黑市汇率各不相同，又怎样挂钩呢？倘若港元与黑市的人民币挂钩，北京会怎样想？倘若与官价的人民币挂钩，这又代表什么了？

那些极力主张港币与一篮子外币联系（挂钩）的人，竟然忽略了人民币，令人尴尬！

取消联汇制度的考虑

更改汇率或将港元与一篮子外币挂钩，在目前各有各的困难。可以考虑的是取消现有的联汇制，恢复夏鼎基时代的"自由浮动"制。不管祈连活及其他反对夏鼎基金融制度的人怎样说，该制度有其可取之处。单举一个证据就够了。由一九七六至一九八一年的六个年头，香港的经济发展是历史上难得一见的经济奇迹：在大量难民涌至的情况下，香港的经济增长竟然是世界之冠！要不是当时的货币制度有过人之处，这奇迹又怎会出现呢？

关于目前的与夏鼎基时代的制度，我们都有了经验，可以实事求是地权衡轻重，慎重考虑。我自己思前想后，认为在今后十年的政治过渡期间，现有的制度是稍胜一筹的。夏鼎基时代的制度比较灵活，可以经得起有极端性的政治动荡，在不安的政局冲击下，香港的汇率可以有很大的变动。我们不要忘记，一九八三年的中秋节期间，许涤新等高干到香港来说了几句话，港币兑美元在一天内跌了一元以上。在更大的政局冲击下，夏鼎基的制度还可以承担得起，但汇率的变动是足以使人触目惊心的。

现在的联汇制度，虽然算不上是一种管制（只不过是一种本位制），而在有极端性的政局冲击下可能一败涂地，不过在不大不小的政治动荡中，它也曾经受过考验。上帝对香港毕竟是仁慈的。几年前"九七"冲击，香港最后还是有惊无险。我认为在未来的十年间，政治的波动纵使还会出现，但中国内地是开放了，疯狂的时代已成陈迹——还会出现比八三年更大的政治动荡吗？其可能性是不大的。

当然，在现有的制度下，港元会因美元下跌而跟着下跌，或上升而跟着上升。这波动是一个代价；对香港来说，我们有理由相信这代价值得付出。这是因为目前的制度只要能够坚守，香港的货币究竟是港元还是美元是没有分别的。那是说，大致上，香港有关货币的金融不仅与美国的极其相似，而甚至可以说是同一回事。在长线而言，港币量的增减会跟着美国的走势而增减（虽然中国内地及移民潮的影响是特殊的），香港的通胀率更会跟着美国的变动；至于香港的利率——只要香港市民相信政府言而有信——会跟美国的一样。

是的，只要能坚守目前的联系汇率制度，在那重要的货币问题上，香港是坐上了美国的船；虽然出于被动，但省却不少足以令人头痛的决策。九七在望，香港及内地的政客风起云涌，压力团体有的是，而快要"割须弃袍"的港英，就算真的能鞠躬尽瘁，也不可能为香港作长远的筹谋。在货币政策上坐上了美国的船，香港在过渡期中不仅可以避去压力团体对货币政策的左右，而那些真心真意为香港前途设想的人，大可将他们的努力集中在货币之外的问题上。当然，美国的船不一定坐得安稳，但综观大势，它似乎是最可靠的选择了。

负利率有待商榷

我在上文提及，只要美元不大量撤离香港，因政局而抢购美元是不足以导致联系汇率的崩溃的。另一方面，假若市场因香港大有前途而对港元看好，这联汇制度是更没有问题了；要自己的货币贬值总要比升值容易。换言之，无论是经济或政治所引起的波动，大体上目前的联系汇率可以屹立不倒。

可是，最近问题出现了。大约由去年十二月起的几个星期内，不少人抢购港币，香港的存款利率下降至零仍然阻止不了这抢购潮。香港政府因而建议一种史无先例的政策：强制性的负利率。这问题很有趣：这次抢购港币的风潮不是由于香港的经济形势大好（香港股市的尴尬只不过是十月间的事），而是因为很多人认为香港政府一定言而无信，会在短期内将汇率更改，把港元升值。这真是一个难得一见的有趣而头痛的问题。头痛又怎样会有趣呢？且听我细说。

假若市场因为香港形势大好而抢购港元，港币量立刻增长，而这增长量的本身会减少港元对美元升值的压力，从而使七点八这个汇率在港币"够多"的情况下得到均衡。但假若市场是因为不相信政府不更改汇率而抢购港元，这些港币量的增长是"热钱"：假若市场对政府的不信任没有改变，或炒家们在利息上没有蚀得七零八落，那么港币量的增加是不会使港元贬值的。只要市场认为政府更改汇率的幅度及可能性所带来的利益，会高于利息的亏蚀，投机的人就会"寒鸦赴水"地购入港元而不放手了。另一方面，钱就是钱，政府是无从判断"冷"、"热"的。以负利率的政策将港元"吓跑"，冷、热不分，使港币量减少了，很可能弄巧反拙地增加港元升值的压力。那岂不是头痛之极，也有趣万分？

香港政府要下"负利率"这一着大有创见的棋，有两个理由。第一，他们认为利率可以不断地上升，但下降至零就不会再降了，因而升、降不对称；这样，在协助联系汇率制度的运作上，负利率是需要的。

这观点，谬误之处有二。其一，在自由市场内，负利率是可能出现的。一九三〇年代，美国就曾因物价通缩而出现过负利率；在五六十年代时，没有利息但却有手续费的存款，也算是负利率了。负利率之所以少见，不仅因为有通胀，而更因为迫不及待的消费及有利可图的投资，会使人们认为，早一天的钱在手比迟一天的好。这其中的理论与证据，费雪（I. Fisher）的巨著解释得很清楚。但为什么香港在今年一月间还没有负利率出现呢？我的答案是，虽然银行存款的利率是零，但从银行借钱的利率还是可观的：在汇率风声鹤唳之下，银行还是有大利可图，他们于是不愿意将存款吓跑了。我可以肯定，假若香港政府宣布在两个月之内七点八的汇率会改为六点八，负利率会在一天之内出现。换言之，市场决定利率：应正则正，应负则负，是用不着政府多费心思的。

这就使我想到政府的"正、负不对称"的第二个谬误了。香港所建议的负利率，不是协助市场，而是如假包换的利率管制！假若强制性的、"零下之三十厘"的利率不是管制，天下间就再没有管制这一回事！又因为利率会影响汇率，这样的负利率管制，可说是一种间接性的外汇管制。虽然市场逃避这管制的法门多的是，而要施行负利率的机会也不多，所以为祸不大，但作为一个以自由市场而知名于世的香港，有此"管制"又从何说起？郭伯伟跑到什么地方去了？

香港政府建议负利率的第二个理由，是希望负利率能将"热钱"吓跑。他们认为市民大可以在银行存美元，借港币，使日常所需用的港币没有影响。撇开上文所提及的"冷、热"难分的困难不谈，这样做是会增加费用的。然而，我们也得承认，用上这一着，政府是用心良苦的。假若政府是有决心不将汇率更改——我相信这个决心——那么在颇大利率差距的情况下，政府倒是强迫市民赚一点钱！困难是，市民不会因为负利率而相信政府不会更改汇率。如此一来，政府真的"好人难做"。另一方面，即使存款的市民被迫而赚了钱，但因为左存右借而增加了费用，对经济整体是没有好处的。

结论：既联之，则安之

我们不容易明白，为什么去年十二月间香港的市场突然认为政府会更改汇率（或不相信香港政府不更改）。那时我在美国，一位对香港经济行情很熟悉的朋友给我电话，说更改汇率差不多是肯定了的。空穴来风，连这个老香港的经济行家也吹倒了，市场的意向可想而知。莫名其妙，但风倒是真的。

最近的"热钱"风潮，有力地证明了一件我们一向心知肚明，但却又不容易拿得出铁一般证据的事实：民无信不立——市民对政府的信任是起着决定性的作用。香港政府坚持不会更改"联系"汇率，但市民总是不相信，因而导致联汇制的困扰，以及政府采取负利率这一着来应付。负利率是无可奈何的怪招，但很不幸，这是利率管制，无可避免地损害了香港自由市场的形象。我衷心希望这一着之差，不会造成一个管制市场价格（利率是一个重要的价格）的先例，以致在九七之后，政府可以借此而对其他价格左管右管了。北京的"指导性"价格是多么好听的形容词，但毕竟那里的人是因为政府的"指导"而买不到猪肉吃的！

人们因为不信任政府而抢购港元。处理的办法其实很容易：置之不闻、不理，也无需作任何澄清或解释。政府既然自知汇率不会更改，那就好比一个赌桌上的庄家做了手脚，预先知道每一张牌是怎样的。既然有这种便利，政府又何妨跟市民大赌一手——借港元，买美元，赚利率的差额——过过瘾，赚点钱来帮补政府的财政，或甚至取之于民，还之于民，减低税率来博一个皆大欢喜！政府若想少赚一点，就不妨公布下了赌注的金额，使那些不相信政府的炒家手足无措。当然,政府是不应该假造消息而从中取利的(这样做,市民就更不信任政府了),但只要更改汇率的空穴来风不是政府故意造出来的,那么政府下赌注,于情于理都没有不妥。

是的,不仅政府跟市民这样的"赌"可以增加市民对政府的"信心",而在抢购港元的问题上,只要置之不理、守口如瓶,市民因不信任政府而发生的事情,也就会逐渐平息下来。这是因为政府若不更改汇率,购入港元的人会受到惩罚,亏蚀了利息;过一些时日,痛定思痛,不相信政府的也会被经验说服而相信了吧?

由于不相信政府,采取"抢购"行动而受到市场的惩罚,是不幸中之大幸。但政府也应该从这一次经验中得到宝贵的启示:不相信政府,也可能得到市场的奖赏;若是如此,政府的存在就变成没有什么意义了!

我认为香港人不相信政府不更改汇率,不是由于最近发生了什么特别的情况。空穴来风,其源有自——是因为近几年来在香港前途的问题上,政府显然是将外交放在内政之上。无论是大亚湾、八八直选、民意汇集、挽救股市,以及什么绿皮书白皮书等等令人侧目的措施,使市民感到不舒服。不惯于搞统战而又邯郸学步地搞,怎能令人信服呢?

信心是日积月累的结果,而信心的消逝也不是朝夕之间的事。"殖民地"的一个特点(可能是一个优点),就是在"地"区内只有管治,没有政治。要脱离"殖民地",政治就开始浮现了;而港英的接二连三的左顾右忌的政治手法,使市民逐渐失却信心。澳洲及加拿大的地产价格急速上升,似乎不难明白。九七在望，夜长梦多，不胜感慨！

至于联系汇率这个制度，我的观点是既联之，则安之。政府只要在汇率这个问题上少说话，时间的考验足以使市场对这联汇制的不变增加信心。政府若要未雨绸缪、防止将来可能发生抢购美元的风潮，可以考虑做两件事。第一，在适当时机，明确地宣布支持联系汇率的外汇储备，不仅限于相等于港币钞票量的所值。这样做，可以消除将来可能发生的、几个或多个富有的人联手来跟政府"大赌一手"的意向。第二，政府可以向外资的银行建议，希望他们能向客户保证，他们在外地的总行会担保香港分行的外币存款（目前总行不负此责）。这样做，把外币撤离香港的可能性就减少了。

至于美国的政客在香港汇率的问题上胡说八道，根本不明白这制度的本质，香港有关的官员应该向他们解释：我们的所谓联系汇率，只不过是一个有"本位"的货币制度罢了。

8

中国的通货膨胀

一九八八年十月二十八日

今年九月十三日，我在上海的一个会议上宣读了一篇题为《私产化与特权利益的冲突——中国体制改革的经验》的文章（见九月十四日的《香港经济日报》与《文汇报》），自己认为写得满意，事前曾把该文的英语原稿寄给弗里德曼。在目前中国经改的重要关头上，弗老不迟不早地要到中国去，不可能预先知道中国如火如荼的新发展，希望他能在行前细读我这篇文章，了解一下中国的情况，作一点准备。

大致上，弗里德曼很喜欢我文内的分析，但关于结论中我对中国通胀的观点，他提出反对。我结论的那部分是这样写的：

"据报道说，中国人民币每年有百分之二十五左右的增长率。但这样的增长率，不应该是目前急速通胀的主要原因。中国有好几个地区的实际国民收入增长率，超过每年百分之二十五，而以往的自供自用的或以货换货的产品，今天已在市场以商品的形式成交了。这些发展，在官方发表的数字中是没有的。

"话虽如此，将人民币的增长率，控制在每年百分之十五左右，应该较为适当。但我认为中国的通胀还有如下的原因：在管制下，利率过低；政府压制大有起色的私营财务公司；大有名堂的外资银行也不准在中国执行银行本身的主要职务；国营企业在提高价格的情况下，产品供应的增加不够弹性。"

弗里德曼所反对的当然不是以上引文的第二段，而是第一段开首的两句。我认为每年百分之二十五的人民币增长率是不足以为忧，他却坚信这增长率与通胀恶化有决定性的关系，而这恶化会是中国经改的一个重要障碍。我当然同意货币的增长率对通胀有决定性，但弗老显然不明白我那简单的关于中国通胀的分析的含义，所以在中国的旅程中我们就反复地谈及这个问题。这样，到了南京时，我们对中国的通货膨胀问题就有了一个共识，使我觉得我原文中上述那一段不需修改了，但补加一个详尽的注脚却是需要的。本文可算是那个注脚，其中有不少地方得自弗氏的启发。

什么是通货膨胀？

一般人以为，通胀是指物价的广泛上升。这个概念不对。假若我们明天从床上起来，发觉所有物价、工资及自己所有的钱都上升了一倍，这不是通货膨胀。好比一夜之间政府将一元改做二元，是一还是二，对我们的生活没有影响，也不会影响我们的投资或消费行为，因此我们不会谋求什么对策。物价在数字上是上升了，货币量在数字上是增加了，但什么影响也没有，这不算是通胀。

通胀的定义，一定是基于一个有时间性的通胀率，每年、每月或每一段时期内一般物价上升的一个百分率，而这个百分率不是一次过就停顿下来的。因此，通胀的概念就包含着人们对通胀的预期。物价上升，若不引起人们对物价继续上升的预期而作任何应对的策略，对经济整体是没有影响的。通胀是因为人民的预期而促成，使物价的上升不仅是上升一次而止，而且由于人们谋求对策，促成了一个按时上升的通胀率。人们对通胀预期的形成不易，但形成了要他们改观——终止那预期——更难。终止通胀预期的唯一办法，就是压制货币的增长率，使人们入不敷支，受一点痛苦，不能不改变预期，因而改变超前消费的意向。

另一种的物价上升，也不算是通胀。那就是，物价在政府管制下，一旦放开了而上升，不是通胀。这是因为被管制的物价不是真正的物价。物价被管制在市价之下，求过于供，人们或要排队购物，或要用有价值的粮票，或要走后门、搞人事关系，又或者争先恐后，打得头破血流——这一切都要付出代价——而这代价是价格的一部分。解除了价格管制后，这些代价是不用付的。所以因为解除价格管制而导致的以金钱表达的物价上升，只是政府统计数字上的上升而并非真正的上升。很不幸，政府的统计数字可以误导民众。这样，由于解除价格管制而引起的假的物价上升，可能使民众认为通胀是真的那么厉害，增加了他们的通胀预期。

中国内地最近大幅度地放开了一些市场价格——这放开是极为重要的——但这种并非真实的市场价格上升，占有今年上升较速的通胀率的比重究竟是多少，我们不得而知了。

通货膨胀率是高估了还是低估了？

我们不容易估计，今年内地仅在八个月中就有百分之十九强的通胀率究竟是代表着什么。一方面，如上文所述，这数字似乎是包括了由市场价格开放而引起的金钱表达的物价上升，但其实这一部分并非通胀。另一方面，即使我们单以近几年没有价格管制的物价来量度中国的通胀率，也会歪曲了中国通胀的真实性。

在这后者的问题上，我向弗里德曼提出了一个他很欣赏的观点。那就是以同样的足以引起通胀的货币增长率，假若一部分的物价是被管制的，另一部分是自由浮动的，那么浮动物价的通胀率肯定会高于所有物价都不管制的通胀率。这是因为在前者而言，货币增长的通胀压力，会集中到不受管制的物价那方面去。赵紫阳说中国的物价大约一半被管制，一半自由浮动；假若在比重上也是各占一半，那么每年百分之二十五的货币增长率，就会造成足以令人头痛的通胀。

弗里德曼不仅同意我这个分析，他跟着在两次讲话中提出了一个以气球为例的比喻：以管制一部分物价来压制通胀，不仅毫无益处，而且会像气球一样，当你将手紧捏着气球的一端，另一端就会特别地膨胀起来。

基于以上的原因，中国的通货膨胀率是被歪曲了的。另一方面，官方的统计数字也可能出错，低估了通胀率。这是因为这统计在目前还很不完善，而政府应该有低估通胀率的倾向。有了这样、那样的原因，我们实在难以肯定中国的真实通胀率究竟大概是多少。无论怎样说，以近来人民币对外汇的黑市汇率大幅度地贬值（目前与港币的黑市汇率，是一兑一）来衡量，中国近来的通胀加速是无可置疑的。

货币增长以外的两个通胀因素

通货膨胀永远都是货币增长率过高的后果。理论逻辑及事实的证据,不容许我们有其他结论。但在中国的情况来说,另有两个促使通胀恶化的因素。

其一,我以前提及过的:银行的利率被管制在通胀率之下。目前,除了三年以上的定期存款可另议外,每年七八厘的存款及贷款利率,不及通胀率的三分之一!在这情况下,市民当然少作存款的打算,而有超前消费的意向;另一方面,有人事关系(有特权)而能向银行借到钱的,当然是借得愈多愈有利可图。一旦借到了钱,就必定迫不及待地购物或花掉了。这些行为,会增加货币的转动率(velocity),因而使通胀率增加。

其二,中国的市民年多来接二连三的几次抢购风潮,可不是因为通胀或物价开放而直接引起的。主要的抢购原因,是在通胀加速及价格管制的情况下,风声鹤唳;而跟政府有关系的人士久不久就空穴来风,说什么外汇券要被取缔呀,人民币快要贬值呀,什么物价又快要增加呀等等,人们岂有不大炒特炒或抢购之理?这些或真或假的传言,也是引起通胀预期的一个因素。

解除价格管制是应该无声无息地一夜之间解除。物价上升了,使需求与供应均衡,哪会有人抢购?即使有些看不准的人还以为有利可图,以为物价开放后还可以炒——例如不久前的花雕酒——他们会因为市价后来的下降而受到惩罚。

控制货币的增长率需要其他改革协助

货币的增长率对通胀起决定性的作用,是无可置疑的。不过,中国的情况与英、美、日及其他国家、地区不同,所以单是控制人民币的增长率而不作其他有关的制度上的改革，通胀虽然可以压制，但由于体制上的不协调，中国要付出很大的代价。

先举国营企业为例吧。这些企业是需要政府资助的。它们也受到政府的诸多管核。政府若让利息率自由浮动（或大幅度上升），对通胀的控制当然大有帮助，但企业既然是国营的，要付高息的话，那就是要政府付高息，政府倘若不多贷一笔款项给企业来付利息，怎可以自圆其说？这也是说，国营企业若不私有化，要压制人民币的增长率，谈何容易？又或者，政府如要减少国营企业的投资（据说最近已决定减少百分之二十），这准则又从何决定呢？有利可图的投资也要减少吗？那是为什么？强迫性的减少投资，使一些作好了计划的国营企业失了预算，入不敷支，怎么办？

同样重要的，是国营企业的生产在弹性上容易降，难以升。产品有弹性的增加，是协助减低通胀率的一个重要因素，但国营企业的不成气候，会成为很大的负担。

从乐观那方面看，撇开政治的因素不谈，中国要减低通胀率的话，比发达的国家容易得多。这是因为中国的体制还大有可改进之处，使生产增加远为容易。解除了价格管制（如上文所说，这是金钱表达的价格上升，不是通胀），加上将国营企业私有化，使生产的弹性增加，通胀的压制就远为容易了。中国内地目前所说的什么先压制通胀，跟着才慢慢地放开物价及改革国营企业的言论，是不明个中道理的。

再举银行的例子吧。中国内地现有的银行根本不推行银行应有的运作功能。更令人头痛的是，由于要维护本身的权力，政府不容许外来的或私营的银行在内地进行正常的商业活动。这样做，对通胀的压制就有害无益了。若容许私营的银行自由决定利率，自由接受存款与选择认为可以贷款的机构，对通胀的压制一定大有好处。一方面，私营银行储蓄利率的大幅度上升会鼓励人们存款，减少超前消费的意向。另一方面，有利可图的生产机构不会借贷无门；这可使生产增加。二者都有助于减低通胀。

不过话得说回来，假若私营的银行真能立足而又不受到政府的诸多掣肘，国营的银行如不改革就非倒闭不可了。我以为中国的银行权威是明白这点的。所以归根究底，中国改革的困难还是在于特权分子要维护自己的既得权益。我对弗里德曼说："你的货币理论没有错，但中国的困难所在是特权反对私有化，单是控制货币的增长率，要付出很大代价才能压制通胀的。"这一点，他是同意的。但他没有想到，一些中国的执政者似乎是以通胀为藉口，把价格及体制改革的步伐放慢了！特权要维护特权的利益，何患无辞呢？

最后一点是显而易见的。价格不仅包括利率与汇率，也包括工资。放开物价而不解除工资的管制当然行不通。由金钱表达的物价上升，物质补贴要下降，工资自由浮动是唯一减少动乱可能性的办法。企业若坚持为国有，物价放开后的工资从何而定？其他国家的国营经验是工会林立，联手罢工的行为不胫而走。所以说来说去，将国营企业私有化是关键所在。

人民币的增长率应该是多少

前文提及，人民币的增长率，现在每年是百分之二十五左右。假若这个数字是对的话，那么今年的近于百分之二十五左右的通胀率就不容易解释了。我可以肯定,在我到过的内地比较开放、私营企业比较盛行的地方,每年的实质收入增长率是在百分之二十以上。中国的官方统计低估了近几年的国民收入,是无可置疑的。一方面,个体户盛行,而这些收入可观之家少报税,统计部门就往往"忽略"了。另一方面,私营的零售业生意滔滔;其收入,官方的统计也是低估了的。

我向弗里德曼指出了这些足以炫耀但被低估了的进度,也指出有很多以前不在市场成交的产品,现在已成为商品,因此,每年百分之二十五的人民币增长率,怎能说是大幅度地过高呢?这问题使他感到困扰。一个可能是:发表的人民币百分之二十五左右的增长率,是大大的低估了。他同意利率被管制而远低于通胀率之下,是促长通胀的一个原因。他也同意物价放开后的物价上升并不是通胀,因而通胀率是被高估了。当然,这其中还有上文所提到的气球的例子,及官方的言论有意或无意间促长了通胀的预期。

更重要的,是根据弗里德曼多年来的研究,一个在发展中的落后国家,只要推行私产制,那么,货币的增长率,在发展中,可以比国民收入增长率高一倍而不会引起通货膨胀的。那是说,假若中国真的能大刀阔斧地改革体制,每年百分之二十五的人民币增长率绝不会是过高的。但弗老认为,中国人民对通胀的预期既然已成事实,立刻减低人民币的增长率,是必须采取的措施。这一点,我没有异议。

结论

通货膨胀会妨碍中国的体制改革,是显而易见的。但先行控制货币的增长率来压制通胀而将其他改革押后，是劣着，会使社会付出很大的代价。

各方面的改革一定要并驾齐驱，愈快愈好。这些包括立刻放开所有市场价格与工资，尽快搞好产权结构，取消所有官方的垄断权利，让利率自由浮动及容许私营银行参与竞争。从乐观那方面看，因为中国还有那么多可以改进的地方，生产的大幅度增加不困难，所以对通胀压制应该远比发达之邦容易。

中国的货币增长率，在目前是应该减低的。到了通胀得到控制而人民对通胀的预期有了改观时，货币的增长率可以增加至国民收入增长率的一倍，还可以接受。但这一定要有其他改革的协助。到了经济大有苗头时，再逐步把人民币的增长率减低。

向来宣称为人民谋福利的社会主义倡导者，不应该以压制通胀为藉口，把价格及体制的改革推迟，来维护自己的权益。他们也不应该散播谣言，唯恐天下不乱似的，有意或无意之间把人民对通胀的预期促长了。

9

荒谬的"定律"——兼与林行止商榷

一九九二年三月二十日

经济学与其他科学一样,久不久有一些怪诞不经之论,在逻辑上错得离谱,而且没有事实支持,但行内总有一些人认为是惊天伟论,把它奉若神明,不敢对之"冒犯"。

在这些谬论中,有一个名为"格雷欣定律"(Gresham's Law,又称葛氏定律)。《信报》的林行止曾多次在他重要的"政经短评"里抬举这定律。几个月前,我翻阅《信报》,见该"短评"的大字标题是:《格拉森(格雷欣)定律是投资的最高原则》,使我为之愕然!该文开门见山地写道:"我们在这里曾多次谈及的'劣币驱逐良币',是少数经得起历史考验的经济定律。"

我想,假若格雷欣(葛氏)的谬论是少数经得起考验的经济定律,那么经济学真的不堪一学了。

故老相传,格雷欣定律是指英国十六世纪中期,流通的金币有新有旧,新的完整,是"良币",旧的给人轻轻地磨掉小量的金,成为"劣币"。在市场上,使用货币者都抢着使用劣金币,将完整无缺的良币收藏起来。因此,"劣币"就把"良币"逐出市场了。

逻辑上，这定律似是而非，错得离谱！试想，在有优、劣金币的情况下，购物而付出金币的当然要用劣币。问题是，卖物而收币的人可不是傻瓜，怎会不见劣（金）币敬而远之？卖物者是愿意收劣币的，但物品的价格必定要提高，借以补偿劣币的所值；另一方面，以良币购物的，价格会较相宜。这好比内地今天通用的人民币与外汇券，前者"劣"，后者"良"；在当地购物，只有傻瓜才不会按货币的优、劣而讨价还价。当然，一些糊涂的外来游客，不知其中大有玄机，以外汇券当人民币使用，将格雷欣定律倒转过来，试图以"良币"把"劣币"逐出市场，使识者为之不值矣！

大约六年前，曾获诺贝尔奖的英国经济学家希克斯（J. R. Hicks）到港大来演讲，谈到英国的经济历史，也就提及格雷欣定律。他讲话后，我对他说，这定律是谬论；也将我的理由略说了。他回答道："你对这定律的质疑我同样地想过。我认为这定律假若是对的话，那么当年的英国人一定是很蠢的了。"我纵声大笑，说："最蠢的应该是格雷欣呀！市场上的人再蠢也知道金币有优、劣之分。格雷欣怎可以假设购物者知道，而售物者却懵然不知呢？"希前辈摇头轻叹，说："这定律只是传言，从来没有谁拿出可靠的证据来。"

"劣"把"良"逐出市场的例子不是没有，但不是格雷欣那样的想法。名画家林风眠逝世后，他的遗作在拍卖行所见的，多是较差之作，精品数十无一。这显然是因为任何画家的精品都不多，收藏的人以为精品的相对价格会上升，而较差的多的是，就把精品收藏起来了。

另一方面，情况相反，"良"把"劣"逐出市场的例子也有。广州解放前的一两年，当地市场只用港币（良币）；

什么银圆券、金圆券（劣币）供过于求，无人问津也。这是因为扎起来就一大捆的"劣"币携带不便，币值不保，用者有意，收者无心。这是中国的悲剧。

即使今天，深圳的一些高级食肆也只收港币（良币）而不收人民币（劣币）。良、劣照收的，大都在墙上告示牌写明港币与人民币的黑市汇率。黑市不黑，是我们伟大祖国的伟大之处！

莫名其妙的谬论，被行内人视如至宝，经济学是屡见不鲜的。格雷欣地下有知，不用沾沾自喜，也不用耿耿于怀。二十世纪五十年代的经济发展理论，其逻辑比不上格氏定律，但信者甚众。六十年代大行其道的"界外效果"（externalities）分析，一塌糊涂，但却有口皆碑。要不是我在一九七〇年手起刀落，这个糊涂概念今天还会继续大行其道。二百多年来的传统的佃农理论，都把地主们当作傻瓜，农民大可欺而骗之。马克思的学说，高深莫测的术语多，内容乏善足陈，而信之者把刀、枪拿起来了。马克思可没说过，资本家是要被杀头的。

每个人，连我自己在内，都曾经在愚蠢的思想上中过计。这样的中计无伤大雅。但在科学上，众所认同的观点不仅不一定对，而且往往错得离谱。因此，从学问那方面看，任何理论只可以被"考虑"，而不可以被奉若神明的。因为误信而拿起刀枪的人，实在过分热衷于社会的改革了。也许，他们不是为了社会，而是为了自己的利益吧。这是本文的题外话了。

II 从多风多雨到初见太阳

10

权力引起的通货膨胀

一九九三年五月二十一日

（五常按：此文刊登后，本来天天有的建议约束人民币供应量的声浪一下子静寂下来。八十年代后期与九十年代初期，北京公布的通胀数字常有变动。写本文时的九三年五月，中国的通胀率是远高于大家读到的百分之十四的。此文发表后个多月，朱镕基执掌人民银行，几年过去，朱老的政绩比我期望的好得多。我佩服这个人。人民银行于一九九五年转为一家正规的中央银行。）

不久前，中国内地公布近期的通胀数字达百分之十四以上，有急速上升的趋势。这应该不是新闻。一年以来，人民币对港币的市场币值下跌了百分之四十。春江水暖鸭先知，百分之十四的通胀率应该是低估了的。

中国发表通胀数字的那一天，《南华早报》的记者以电话找我访问。我见问题重要，就接受了。翌日该报简略地报道了我说的几个片段，看来很不起眼，但因为我的意见与众不同，引起不少外国传媒的兴趣，于是先后简短地回答了他们一些电话及电视的访问。其后我想，外国的传媒怎样说无关重要，重要的是香港和内地的朋友要知道基本的问题所在。

一般经济学者同意，通货膨胀是货币量增长过多的结果。经过了二十年的货币理论大辩论后，这个结论是一般性地被接受了的。但很不幸，中国的通胀问题却非货币量增长过多那么简单。其基本困难有三点：

其一，在今天，中国还有不少企业是国营的。在某程度上，国家要对这些企业负责——负部分投资、欠债、支付等等之责。对于办得头头是道的国营企业，政府大可置之不理，但不事振作或长期亏损的就成为政府的负荷了。无论怎样说，国营企业从来没有可取的表现，而今天在私营企业大行其道、节节进迫的环境中，国营更显得手忙脚乱了。当然，有了私营企业的参与竞争，不少国营企业发愤图强，其中更有不少以股份制转为私营化的。但在这个从"国"转"私"的过渡期间，政府在某程度上还是要对国营企业负责的。

其二，也是在这过渡期中，中国的官商数之不尽。高官有权力，其子弟因而有向国营银行借钱的本领。我不反对官商的盛行，因为我认为这是经改期间无可避免的。几年前，我曾屡次建议，为了促进改革，中国政府应该给予他们"好处"，以资产换取他们的特权。近两年来，这样的财富大转移一日千里；我担心的是，今天看来，有大权的官商所得的"好处"似乎是无了期的。以适当的产权换取特权是正着，但特权必须跟着取缔，而政府只应以产权，而不是以借贷权来"交易"的。

其三，中国的"中央"银行是人民银行。历久以来，这银行是一个"出粮"机构，或是一个支付机构，与我们所知的商业银行的性质大为不同。作为一个政府之支付机构，"行"在江湖，身不由己，国营企业的资金不足要支付；地方政府的经费不足要支付；高干或其子弟权大，有所要求，也是要应酬的——更何况国营银行的官员，也可以从中得到"好处"。

在上述的情况下，要控制货币量的增长率，或要控制"银根"，难乎其难也！就算国营银行的主事人深明货币之道，大公无私，他们也要逼着为责任而支付，为权力而"应酬"。

很明显，在类似上述的局限条件下，中国现在用的压制通胀办法不是控制"银根"，而是增加价格管制，或约束企业的投资及干部的消费。这是个"搬起石头砸自己的脚"之举。一九八八至九〇年间，他们用过这些办法了，一败涂地。前车应该是可鉴的吧。

中国的通胀问题不是因为有关的领导人不知道要控制货币的增长率，而是因为要控制也不能够。在今天经济开始欣欣向荣的情况下，他们应该知道：管制价格及消费，只是头痛医头、脚痛医脚的治标不治本的办法，不可取也。他们也应该知道再不能走回头路，而大事改革银行制度，是不可或缺的治本办法，是只争朝夕的事，是识时务之举。

应该怎样做，中国的领导人是清楚明白的。且让我在这里替他们列下一个备忘录吧：

（一）将人民银行的总行改为中央银行，无权"应酬"，无权支付，只有权力控制"银根"。在有严谨可靠的统计数字下，货币量的增长每年不可超过百分之二十。（这个远比先进之邦为高的增长率，用之于大事改革的中国，是可以接受的。）

（二）将所有人民银行的分行，及其他国营银行，改为商业银行——不妨向外资招标认购，赚取他们一大笔钱。

（三）加速国营企业的私营化，使这些企业及地方政府自负盈亏。

（四）从速改善按揭的法例，使商业银行能以按揭及投资的可行性作为借贷的准则，而不受权力借贷的干预。

（五）取消所有外汇管制，因为这管制一日存在，商业银行就会实行官商勾结了。

让我再说一次。控制通胀最可取的办法是控制"银根"——间接或直接地控制货币的增长率，但在目前中国的银行制度下，这点他们难以办到。

中央银行要不买账地、不支付地控制"银根"；其他银行商业化了，借贷就只能从资产的按揭及投资的可取性来决定。官员的权力不妨用产权"买"去，但买了之后，权力就应该注销。而最重要的是，产权可以借钱，但官权无论多大，是不应该用以借钱的。中国的银行制度一日不改变，以官权借钱或以国营企业要钱之事就无可避免。这样一来，中国就变得"世界轮流转"，时而"放"而通胀，时而"收"而不景，而在放、收、放、收之间，资源的浪费就惊人了。十四年来，中国在产权上的改革及市场的开放，使人刮目相看，也令我深感佩服。不幸的是，他们的银行制度没有跟着改革的潮流走，还是依然故我，是与改革了的其他制度脱了节的。很明显，这个银行制度是应该立刻瓦解而重组的。

11

中国的金融改革

一九九七年十一月十七日

（五常按：本文是拙作《邓小平的伟大改革》第三节的中译。英语原文是为第一届哈伯格——Arnold Harberger——荣誉讲座而作，一九九七年八月完稿，十一月十七日于洛杉矶加州大学宣读，其后两处发表，再其后转载于《张五常英语论文选》。写这第三节时我开始重视朱镕基的货币制度，得到启发，几年后想出以一篮子物品的市场成交指数作为货币之锚的货币制度。）

一九八六年六月，北京宣称两种货币中的外汇券将被取缔。两个月后公布十月停止发行外汇券，十一月停止使用。该年九月我发表了一篇分析长文回应，结论是如果外汇券被取缔，中国要不重施广泛的物价管制——走回头路——就要取消外汇管制了。我不应该发表该文，因为北京的朋友读后搁置了取缔外汇券的决定。外汇券终于取缔是七年后，那时他们有了另一个策略的安排。

一九七九年中国开始打开门户，游客涌进。这些游客有特许的权利在友谊商店购买最高档次的物品。渴望获得优质物品的本地中国人于是托游客朋友购买。为了堵塞漏洞，一九八〇年四月外汇券就发行了。作为唯一的可以在高档宾馆及商场购物的货币，外汇券不仅是一种货币，也是购买被约束着的物品或服务的许可证。

外来游客可以自由地以他们带来的外币兑换外汇券，或以外汇券兑换外币，其汇率与人民币的官价汇率看齐。从官价看，外汇券与人民币有相同的币值。但因为外汇券的用场比较广，过了不久此券的币值较高，往往比人民币高出三分之一。与此同时，本地人要在市场换取外汇券是没有困难的。只要他们愿意付出一个额外之价，他们可以找到途径去购买友谊商店的物品。不出两年，有关部门知道约束本地人购买高档次的物品非常困难，这约束于是放弃了。

然而，外汇券还在，与人民币一起并存。此券继续比人民币值钱，因为可以按官价兑换外币。即是说，以市场流通的黑市汇率算，人民币的市值是较低的。有两种货币一起流通，官价一样但其实外汇券比人民币值钱，如下的情况出现了。懂得在市场讨价还价的人，知道同样的物品或服务，拿出外汇券可以获得一个可观的折扣。两种货币各有各的价，其实是同价。但那些无知的游客，把外汇券以人民币之价使用，效果是价格分歧。

有好几年，北京的朋友认为这分歧会给国家带来较多的外汇进账。我对他们说不一定，因为牵涉到几个价格弹性系数。这系数问题哈伯格是天下权威，但北京的朋友不容易明白。他们终于信服的原因，是察觉到愈来愈多的外来游客懂得在市场讨价还价。无论逻辑或事实，劣币会驱逐良币的格氏定律是全盘错了的。

要注意的重点，是同一物品，两种货币各有各的物价，含意着的是一个黑市汇率的存在。这是合法的，因为该黑市汇率没有表达出来。换言之，外汇券的存在是掩饰着一项非法活动。另一方面，如果一个购物者先在黑市兑换人民币才购物——虽然跟用外汇券讨价还价是同一回事——非法的行为就变得明显了。

这带来一个关键问题。取消外汇券之后，外地的货币可以在中国流通吗？（我的估计，一九八六年大约有三十九亿港元在中国。）如果外币不准在中国流通，黑市汇率会大升，压制这非法活动需要引进对改革不利的管制。如果容许外币在中国流通，市场的成交会按市值汇率从事，使官价汇率成为纸上谈兵的玩意。杜绝后者，北京要禁止市场讨价还价，于是，再全面地施行物价管制是需要的了。两个选择的任何一个，取消外汇管制的压力一定上升。

北京选择保留外汇券。当一九九三他们终于决定取缔外汇券时，中国已经出现了灾难性的金融危机。通胀年率百分之十七（是当时官方的偏低数字），还在上升，而黑市的人民币汇率，从一九八〇年代初期的四角五分兑一港元，下降至一九九三年六月的一元五角兑一港元。贪污，一九八五开始普及，一九九〇广泛地攻进银行的领域去。一种做法，是国营的银行以官定的利率借钱出去，但其实台底的利率加倍，再加百分之十到二十的投资盈利（如果有盈利的话）给银行的主事职员。有专利的国营企业的产品还有价格管制，继续是贪污的一个大源头，而为了资助这些企业，人民银行的钞票印制得不够快。

国内及国外的评论都呼吁北京约束货币的供应量，一九九三年初这样的呼声天天有。我不同意，该年五月二十一日发表了《权力引起的通货膨胀》。我的论点，简单而又有说服力，使约束货币供应量的呼声一下子静寂下来。

我的解释，是人民银行及属下的分行是出粮机构，不是商业银行，到了八十年代后期这出粮机制伸展到投资那方面去。有权有势的国企或高干及他们的子弟要借钱，银行唯命是从，而贪污只不过是火上加油而已。对中国人建议需要约束货币的供应量是天真的——自国民党时期起，他们对这话题的知识天下无可匹敌。我的论点，是那庞大的货币需求不是来自一般的银行客户，而是来自有权有势的人，其中有些可以把银行关闭。建议约束货币量不是无聊之举吗？就是银行愿意约束也无法做到。约束中国的通胀，北京要切断以权力借钱的要求。这是说，权力的货币需求非去不可，要一刀切。

在该文的结语中，我建议中国的银行体制要从头建造。人民银行要负上一家中央银行的职责，控制货币的供应增长率每年在百分之二十以下（依照弗里德曼之见，经济增长得快这百分之二十不算高），但央行本身不要有在市场贷款的权力。所有人民银行属下的分行要转为商业银行，最好是出售给资格足够的买家。改进抵押与破产的法律，让银行按着健康的经济及会计原则贷款。把国营企业私有化，可以通过股权的发售，从而减轻政府的财政负担。撤销所有外汇及价格管制。

一九九三年七月一日，朱镕基接掌人民银行。两个月后他提出的银行制度改革跟我建议的差不多，但他后来做的却不一样。朱不是个自由市场的信奉者。他爱操控。他有刚强的个性，聪明，没有传言说他曾经贪污。在朱的掌政下，人民银行转为一间中央银行，但与其约束货币的供应量，他以限额的方法直接压缩借贷，让国营企业吃不饱，使失业增加。以权力借钱的要求急跌，通货膨胀迅速地下降了。今天（一九九七），中国的通胀率刚好是零。

肯定地，一九九四年一月一日外汇券停止使用后，人民币的黑市生意终结，因为北京把市场汇率代替了官价汇率。跟着是近乎奇迹地，有三年长时间（即到本文完稿之日）人民币兑港元的汇率在狭窄的一元零五分与一元零九分之间浮动。因为港元与美元挂钩，人民币兑美元的汇率也同样稳定。明显地，在通货膨胀迅速下降而外汇储备迅速上升的情况下，维护一个稳定的汇率是容易的。

其实，朱镕基与他的同事是创立了一个独特的货币制度。名义上外汇管制仍然存在，但可以通过漏洞，绕道而行——我的估计是绕道走要付百分之零点二到百分之一之间的额外费用。外来的人可以在国内的银行储存外币，也可用外币与国内的人成交，但国内的人与人之间不可以那样做。最有趣的是，本地的机构收到外来的直接投资，规定要转为人民币。这是国内的人民币量的主要增加途径。兑换了人民币的外币要交到政府那里去，导致一个现象性的外汇储备增长——从一九九三年的二百亿美元增至今天（一九九七）的一千三百亿美元。

我们不能否认这个货币制度，虽然有点怪，却是天才之笔，给某些目的提供好服务。然而，有模糊不清的外汇管制存在，加上外地的银行不能真的在中国做生意，就是上海也不能发展成为一个重要的金融中心了。要发展金融中心汇管一定要撤销，银行需要私有化及参与国际竞争。

我相信市场的压力将会再发挥作用，在五年之内打开中国的金融行业。过去五年，上海兴建的商业高楼大厦跟香港五十年建造的数量相若。这些建筑物目前是空置着，一年来租金减半，仍在下降。不少是利益人士的投资，有点政治肌肉，不放开金融，这些商业大厦是永远不会租满的。

12

风雨时代的钞票

一九九九年七月二十三日

话说在扬州我花尽身上带着的钱，向地摊小贩购入了千多张旧钞票。这些钞票最早是一九一〇，最迟是一九五三。四十多年的风风雨雨，不堪回首，可泣而不可歌也。

回家后我花了一整晚审阅这批旧钞，觉得有趣或不明所以的地方不少。兹仅选八项以飨读者：

（一）我找到四张一九三四年发行的壹圆钞票，被一个胶印掩盖着"中国农工银行"，而在其下补加"中央银行"，钞票两面的中、英二文皆如此盖上，四张一样。

泱泱大国，主要银行改名也懒得重印，其马虎溢于票上，可谓奇观。

（二）千多张旧钞中只有三张差不多是全新的，皆由"美商北京花旗银行"发行，纸质一流，印刷精美。五元及十元的是一九一〇年，一元那一张是一九一九年。奇哉怪也的是，三张钞票都是在横中切断，切得整齐，然后用两张同值的钞票的上半部以胶水粘成一张。这样，钞票上下如倒影，只是号码上下不同！

因为钞票极新，而上下以胶水相连又造得天衣无缝，显然不是出自今天小贩之手。我想来想去，一个解释是发行者不想持钞者看到原来钞票的下半部，而钞票看来是在美国印制，所以一时间赶不及重印。但为什么一九一〇与一九一九的皆如此呢？

（三）有十多张一九三〇年由广东省银行发行的钞票，印上"银毫券"之名，且说明"凭券兑换银毫"。这摆明是以银为本位，以银作保障来增加信心。问题是，一个大的银毫可以变小，而银的分量下降仍可叫作银毫。所以银行若要出术，或与政府串谋欺骗，易如反掌也。

我看这些银毫券的第一个反应：是骗局！真诚的银行发银本位券，怎会不说明纯银的重量？

（四）更大的骗局是那大名鼎鼎的"关金"了。当然由中央银行发行，我手上有的最早是一九三〇，最后是一九四八。

关金是以金为本位，一元说明是一个金单位，十元是十个金单位。后来贬值，钞码愈来愈高，五万元就说明是五万个金单位。没有说明的，是一个金单位究竟是多少金。更过瘾的是，在整张中文的钞票中，"金单位"（Gold Unit）却用英语。

这个明显的骗局，在中国竟然大摇大摆地施行了起码十九年。要是今天任老弟志刚出这一招，香港人不把他杀了才怪！炎黄子孙毕竟是学精了。

（语曾、任二兄：为什么香港今天的钞票不印明七点八元兑一美元？虽然要经发钞银行去兑换，但这是事实，而金管局没有意图行骗。说明了可增加信心，但要改兑换率时则要发行另一种钞票，比较复杂了。）

（五）找到二三十年代好几家私营钱庄——如"陆宜和"、"黄山馆德泰昶"之类——发行的钞票，显然是清代遗留下来的"冇王管"的自由货币制，到了民国就与政府争食的。哈耶克生时极力提倡的自由发钞制度，在中国早已存在。我想，在太平盛世，如清康熙至乾隆的百多年间，这种自由银行（钱庄）制应该有很理想的运作。我又想，今天数以千计的中国青年经济学者，怎可以放过这个绝对是一级的研究题材？

我手头上有的十多张钱庄钞票，有些如合约，有些如凭单，有些则像政府发行的钞票一样。一张钞票其实是一张合约——我在三十年前就说过了。民国时期的钱庄钞票，有以一串铜钱为本位的，称为"一吊"，也有以政府骗人的"大洋"为本位的。政府行骗，一些钱庄也就乐得同流合污，过瘾一下。

（六）找到两张有毛泽东肖像的钞票，都是五百元的。东北银行的是一九四七，长城银行的是一九四八，二者皆印上中华民国的年号，此一奇也；钞票上没有说明任何保障，此二奇也。想当年，毛泽东靠打游击得天下，所以自制的钞票也"不拘小节"。但当时市场信不信，通用不通用，则有待考究矣。

（七）中国人民银行发行的钞票，一九四八及一些一九四九的用上中华民国的年号，但一些一九四九的已改用公元年号，此后就淘汰了"中华民国"。

奇怪，一九五〇年至一九五三年间，人民银行发行的好些票额很大——五千到五万元——应该不是人民币。但旧钞中有一张一九五二年的支票，说明是人民币四万五千元。那在当时是很大的数目了。

（八）我对钞票上的"公仔"肖像很有兴趣。用人物肖像的目的，显然是要增加市场对钞票的信心。一间名为"中国联合准备银行"所用的肖像，可能因为当时的政治形势，都是中国古时的圣贤豪杰。这家银行起错了名，意头大为不妙。准备与储备不同。银行要的是储备（reserve），非准备（preparatory）也。银行有什么要"准备"的？准备执笠乎？果然，我所有的多张"中国联合准备银行"的钞票，都是中华民国二十七年（一九三八）。众多圣贤也救它不了！

一张一九二七年中南银行发行的钞票，竟然用慈禧太后的肖像，这银行若非与慈禧的后人有关，其思维有点问题。

你道在那风风雨雨的四十多年中，中国钞票上谁的肖像出现最多？无与伦比的冠军，是孙中山。孙某本领平平，但被称为"国父"。既为国父，就是死后也要付出一点代价。凡是通胀急剧，钞票贬值如石沉大海的人物肖像，都是孙中山。那搞笑的"关金"，其肖像当然也是孙中山。

可以这样说吧：凡是大骗局钞票上有肖像的，皆国父也。天可怜见！

13

人民币需要贬值吗？

一九九九年九月十日

今天人民币的灰市或黑市汇率，低于官价大约百分之八。这样，久不久舆论就会说人民币快要贬值了——其官价快要贬值了。一唱起来，兴风作浪，人民币在灰黑的市场上总要下跌几个百分点。你听说人民币快要贬值，会大手购入来过瘾一下吗？

假若中国取消所有外汇管制，取消官价，让汇率自由浮动，你说人民币的币值会上升还是会下降？你当然赌会下降。你敢跟我赌一手吗？

我不敢说解除所有汇管人民币一定会升值，但要赌贬值我就不敢下注。二十多年前台湾解除大部分汇管后，台币升得很强劲。理由简单不过：在有汇管的情况下，外资望门却步，而内资会设法往外溜。这二者对币值有损无益。

试想想吧。有汇管，外资把钱搬到中国去，要再搬出来可不容易。因此，投资到中国的意图就减少了。少了外资进口，就等于少了货品出口，对人民币大有贬意。但这只是汇管对人民币增加压力的一部分——可能是比较小的一部分。

更重要的是，在汇管下，外资到中国做生意，会遇上数之不尽的麻烦。要开个人民币银行户口，手续之复杂令人难以置信。要兑换人民币，老外当然不敢轻举妄动。以官价兑换容易，但要以官价换回外币则有限制，也需要文件证明。就是外资可自由用官价买卖人民币，一旦政府宣布贬值岂不是中了计？

诸如此类的例子多的是，而这些加起来对外资进口的意图会有很大的不良影响。取消所有汇管，外资进口对人民币的需求会有大幅度的增加，而这增加可能足以弥补今天官价及黑市汇率的差额而有余。台湾当年的经验是"有余"很多的。

见到人民币的灰、黑市汇率低于官价，就认为若取消汇管会导致人民币贬值，是浅见。经济上的问题，我们不能局部看。我们不能单看人民币的黑市低于官价，就认为解除汇管后，人民币的自由汇率会向黑市那方面走。

转到另一个题材上去吧。如果中国大事开放金融，你说人民币会贬值还是会升值？我的注码是赌会升值的。你可能想，开放金融后，美国的大股票经纪行到中国去做生意，向中国的投资者推销美国股票，岂不是会推低人民币？

想清楚一点，这些举世知名的经纪行，若到中国去开业，有三个使人民币升值的因素。其一，这行业对商业楼宇的需求甚大，加上其他投资，对人民币的需求增加不少。其二，老外经纪会迫使中国改良现有的股票制度及可靠性，引进外地的可取之处。如此一来，外资到中国设厂，大可上市而在外地推销也。其三，中国本身的股票，经老外经纪在外地推销，当如有神助。

解除汇管是开放金融最重要的第一步。金融开放后，外资银行到那里大展拳脚，对人民币的支持就更有力了。目前，中国算不上是真的有商业银行。有实力的投资者可在外地借钱，或以自己的盈余到中国下注。但假若金融开放后外资银行以外间的资金借给较小的在中国的投资者，以本地的资产抵押，小商人岂不蜂拥而至？

再转到另一个话题去吧。假若中国取消所有进出口关税，实行自由贸易，你说人民币值会升还是降？经济学高级课本的答案是：很难说！这是有关需求及供应弹性的复杂问题，其数学方程式大约六寸长。但假若中国对美国说：大家一起取消所有贸易关税吧！美国会怎样回应呢？（世贸之争，老外认为中国不够开放，而朱老却说中国让步让得太多。）假若美国同意，就中了计。自由贸易，数以亿计的以刻苦耐劳而知名于世的廉价劳动人口，怎可能斗不过老外？

是的，多年以来，我就有这样的一个信念：中国人的竞争能力非同小可，只要给他们一个自由竞争的机会，大杀三方应该没有问题。香港的困境是我们的工资、房价、物价等比中国内地的高出四倍以上，而本领却高不出那么多。

是的，从竞争的角度看，我认为中国内地的本领比香港高得多了。在这大转变的时代中，举世之大，竞争能胜券在握的国家不及一掌之数。高科技的发展，美国无与伦比，此其一也。高档产品价廉物美，日本名列前茅，此其二也。中档及大众化产品的前途，非中国莫属，此其三也。

既然自己有一技之长，就无须作茧自缚，见自己的币值被黑市炒下去就畏首畏尾。解除汇管，开放金融，大事推行自由贸易，才可以表演一下自己的真功夫！

假若中国能做到上述的"解除"、"开放"、"自由"，我愿意十博一赌人民币会升值。在这些有利条件下，唯一可使人民币贬值的，是通胀卷土重来。然而，从近代历史的角度看，中国治通胀的本领很有两手。

北京既不应该，也不需要考虑把人民币贬值的。他们的当务之急，是制造能发挥自己竞争潜力的局限条件。

14

以中国青年为本位的金融制度

二〇〇二年六月二十日

（五常按：本文是二〇〇二年四月二十四日晚上在天津南开大学金融学院的讲话。没有文稿，其后撮要，字数大约是原话的三分之一；简化，有改进。）

通常对同学讲话我事前是不需要有题目的，但这次南开大学要求我先给题目，也要我签约保证会出现。我见中国的青年愈来愈优秀，就想到今天这个题目，其内容似乎是前人没有说过的。

本位制的几种变化

你们知道历史上货币有物品本位的支持，称为本位制，通常是金本位或银本位。这是指钞票或货币的面值是以金或银之量为单位，其持有者可以换取指明的金量或银量。当然可以直接用金币或银币，但若币值过大携带不便，钞票或支票就出现了。以纸为币，当然要说明本位物品之量。然而，收纸币或支票的人没有本位实物在手的保障，发行货币的私营商号就要讲信誉，而又因为私营的信誉可能不足，政府的参与就变得顺理成章。政府比较可信，行骗时中计的人就较多。国民党在大陆时期，政府是最大的骗子。

我不是货币历史专家，但随意的观察，知道整个清代以至民国初期，中国主要是以银两为本位的。在清代（或更早时期），银号或钱庄是主要的发行货币的机构，一般是私营的。哈耶克（F. Hayek）在生时极力主张的自由银行制度，在中国早已存在。这是个非常重要的研究题材，中国的学者竟然忽略了。

货币本位制可以稳定物价，就是大致上不复存在的今天，好些经济大师建议恢复本位制。然而，这制度有两个困难。其一是若以金或银做本位，缺少这些矿物的国家，在某些情况下经济整体会出现困难。中国是个好例子。中国本身少产银，以银为本位的清代，银两是经丝茶的出口而引进的。这些进口的银两主要产于西班牙控制着的墨西哥，英国商人从西班牙取得而输进中国购买丝茶。但一七八〇年左右，西班牙有一连串的战争，英商缺银，就想到输鸦片到中国换取丝茶。鸦片的销量在中国愈来愈大，到了一八二〇年左右，中国的银两开始外流。林则徐说鸦片进口的本身会穷国，是错的；但因为鸦片进口而使银两外流，导致货币量的减少而引起通缩，使经济萧条，却是正确的货币理论。我认为要是中国昔日懂得及时改用另一种货币制度，太平天国（一八五〇至一八六四）那大悲剧可以避免。

第二个本位制的困难，是如果一个国家或地区采用而其他与之竞争的国家不采用，其他国家的货币贬值，就可能使采用者缚手缚脚，被人家杀下马来。香港近几年的经验是一个好例子。

香港一九八三年十一月实施的联系汇率，是回复一九七三年之前的旧制。这个所谓"钞票局"（currency board）的制度，是百多年前一个英国专家发明的。这制度是以一种外币（前用英镑，今用美元）作为香港钞票的本位，只保钞票，不保支票或银行存款。钞票是"银根"（monetary base）。保银根，"钞票局"知所适从，联系汇率可以稳守，不需要有外汇管制。美元的储备不用多，只要足够在指定的汇率下保钞票，是一种以少保多的本位制。

困难是九二、九三年间，人民币有大幅度的贬值，而之后朱镕基于九七年成功地控制了中国的通货膨胀，跟着有颇为长期的通缩。这导致东南亚一带的货币守不住，炒家四起，官、炒勾结，促成了九七年的亚洲金融风暴。港币与美元挂钩，守得住。然而，换来的是一士谔谔，价高和寡，失去了国际上的竞争力。香港的物价、工资逼着要以通缩调整，这程序为时甚久，苦不堪言。

货币本位制是不限于以金、银或外币做本位的。原则上，任何物品都可以做本位。但如果物品本身可以讨价还价，又或者市价不一，不能为众所认同，那么以这物品作为货币的本位，其交易费用是太高了。不要忘记，货币的出现是为了减低市场物换物的交易费用。物价不被众所认同是不容易作为货币本位的。我认为，所有在期货市场成交的物品都可用作货币本位，而以一篮子不同的期货合并为一个货币额的本位，值得考虑。期货之价大家容易认同，而在电脑发达的今天，一个固定篮子的期货的市价，可以每秒钟算出来。我曾经与弗里德曼（M. Friedman）谈过以一篮子期货为本位，他认为可行，但交易费用看来会比美国目前没有本位的货币制度高。

从信上帝到信苹果

没有物品本位支持的货币称作"法币"（fiat money），

其币值要靠市民相信。弗里德曼曾经从钱包中拿出一块钱的美元钞票给我看，打趣说："你道为什么这纸币有所值？告诉你吧，因为上面写着我们信上帝（In God We Trust）！"

的确，市民相信货币有其值是货币有价值的原因，但可不是因为信上帝。在本位制下，我们相信其币值是因为可以换取本位之物。国民党时期的关金、金圆券、银圆券之类，虽然骤眼看来有金或银的本位支持，但大骗局愈来愈明显，变得没有人相信而遭淘汰。

虽然所有经济学者都说今天国际上大部分的货币（连美元在内）是完全没有本位支持的，我不同意。我认为毫无物品本位支持的货币是废物，因为不可能有人相信。但物品本位可以说明是何物，又或者任君选择而不说明。在金本位下，一美元说明可换取的金量；在今天的美元法币下，一美元可换取五个苹果或其他值一美元的物品。可在市场换取的物品就是没有说明的货币本位了。

要人民相信货币可换取某物品的某量，是本位制的基础，但在没有说明、指定的法币（即无锚）制度下，这"相信"要靠政府控制通货膨胀。经过半个世纪的考查，弗里德曼得到的规律，是通胀率每年在百分之二至五之间对经济整体有利。这百分之二至五是黄金定律，北京的朋友要记着了。只要中国大事开放，我认为一段长时期人民币的钞票增长率应该每年在百分之十五至二十之间。如果通胀率高于百分之五，人民币钞票（银根）的增长率要减一点；低于百分之二，则要增一点。

我信中国的青年

适当地控制通胀,人民币的本位支持是中国的产品,产品的支持是生产力,而生产力的支持则要靠人民的知识、勤奋与质素了。

这带来我今天要说的话:近七八年来,中国青年的知识增长一日千里,令人刮目相看。同样,产品的质量也大幅度地提升了。这样的进度应该是史无先例的。三年前我在北京说过:不要小看中国人。我的意思是说,大事开放,让中国的青年在国际上竞争,我要赌的钱会全部放在中国那一边。

要让青年的生产力在国际上耀武扬威,中国必须解除外汇管制,开放金融,减低或取缔进出口税。这是因为生产力的传达要靠国际市场的价格指引与资金在国际间自由流动。管制外汇,管制进出口,就管制着中国青年的生产力国际化。

人民币既然不用真金白银或外币或期货为本位,以国产物品为本位不言而喻。从产品推上去,推、推、推,推到最后,人民币的本位支持是中国的青年,也是不言而喻。只要能控制通胀率,这是中国最理想的本位制度了,但金融必须开放才能成事。

我可以肯定,大事开放金融而又能控制通胀,人民币将会是二十一世纪的国际强币。以中国青年为本位,人民币是不需要外汇储备支持的。

15

令人羡慕的困境——朱镕基退休有感

二〇〇三年三月十一日

（五常按：本文推断不出两年外国会施压，要人民币升值。果然，只四个月后这政治压力就来了。）

一九九七年八月亚洲有金融风暴，东南亚一带以至韩国的币值暴跌。跟着众人皆说人民币快要贬值了。我力排众议，说人民币不需要贬值，而如果中国解除外汇管制，让汇率自由浮动，人民币会下降一小段日子，跟着急速回升。之后两三年，我屡次说人民币是强币。但当时其黑市汇率低于官价，好些人认为解除汇管，让汇率浮动，人民币会跌得头破血流。

我的看法不同，因为朱镕基成功地控制通胀，九十年代中期起变作通缩，而在多种困难下内地还能维持可观的经济增长率。有通缩而还有百分之八的增长率，很了不起，而物价与工资相宜，投资环境在众多批评中还算可取，人民币不可能是弱币。需要贬值之见是浅见。黑市汇率较低，主要是因为有外汇管制。进入了内地的钱不容易外调，投资内地就减少了。

我说过了，如果今天香港宣布一个月后将会有汇管，外资会涌进还是跑掉呢？当然是后者。倒过来，如果有汇管，取消了，担保以后不再，外资会涌进还是跑掉呢？当然是前者。

不要忘记，管制外汇与管制汇率是两回事。前者是管外汇的买卖与进出口，后者是不让汇率自由浮动。香港没有汇管，但在联系汇率制度下，汇率是被管制着的。内地目前还有汇管，虽然比十多年前放宽了很多。汇率呢？内地维持官价，是管制着。外汇管制一无是处，要解除，但要不要让汇率自由浮动是另一回事，大可商榷。好些人认为汇管与汇率息息相关，不可分离，解除汇管要让汇率自由浮动。这观点是不对的。昔日的金本位是管汇率，非汇管也。香港的联系汇率制度也非汇管。

原则上，内地今天以货币政策维护汇率，是管汇率，但可以完全解除外汇管制，让外汇自由买卖与进出口。纵观今天中国的经济情况，维护汇率易如反掌。这是因为外资进口与货物出口带来很大的人民币需求。压制人民币值上升甚易，阻止其下跌则甚难。中国今天面对的只是恐其上升，不恐其下跌。

是的，目前，人民币的官价汇率与那所谓黑市的大致相若，有时官价较低。这是说，如果让人民币的汇率浮动，其币值会上升。更严重的是，如果中国解除外汇管制，让汇率浮动，人民币的升幅会很大！

朱镕基退休了，留下一个数之不尽的国家会羡慕的困境：要不要让人民币升值呢？不升值，外汇储备会上升得很快。要那么多储备做什么？不解除汇管，经济发展有大碍，但一旦解除，人民币的上升压力排山倒海，要维护其不上升，外汇储备又逼着要大幅增加了。政府有钱，很多的钱，本土的财政赤字大可视若无睹，但大政府的趋势早晚对经济不利。

愚见以为，不出两年，外国（尤其是美国）要求人民币升值的压力将会很大。人家斗你不过，是会要你让赛的。记得吗？数十年前日元是三百六十兑一美元。政治压力所聚，上升至八十兑一（目前是一二五兑一）。今天日元要下降至二百兑一才可刺激本土的经济，但却受到压力团体的左右。

中国的汇率困境令人羡慕。不要走日本的路。不要搞通胀来削弱人民币的强势。怎么办？怎么办？钱多选择多，让读者想想吧。

16

不要让人民币自由浮动！

二〇〇三年七月二十二日

四年来我多次说：人民币是强币！有关人士听而不闻，视若无睹。今年二月我见形势不对头，两次提及人民币将会有大压力升值，但文稿被押后了几个星期才刊登。其中三月十一日发表的《令人羡慕的困境——朱镕基退休有感》说得很清楚：

"愚见以为，不出两年，外国（尤其是美国）要求人民币升值的压力将会很大。人家斗你不过，是会要你让赛的。"

说"不出两年"是小心的客套话，其实我意识到这压力迫在眉睫，所以在二月底就写了一连五期的《汇率战略论》，建议一套不让汇率浮动的应对方法。殊不知非典暴发，《苹果》篇幅所限，延迟刊登，跟着断断续续，要分个多月才登完，读者可能跟不上了。另一方面，写敏感的汇率战略，好些地方我是比平常下笔较为含蓄的。

是的，今年二月我见人民币的强势开始表面化，细心地想了几晚，认为不能提出让人民币自由浮动。几年前可以，今天不成，因为在有汇管下其强势还表面化，一旦浮动其变动波幅会很大，对中国的工业发展有杀伤力。我也认为不宜向上小量调整然后再稳守。这是因为一次调整就传达了会再调整的讯息，令投资者举棋不定，而外围的汇市永远是你有你守，我有我炒，会引起混乱的讯息。

今年二月我想，人民币与美元挂钩久非善策，而汇率的大波动不能接受，北京要考虑另选"本位"来稳定波动才与美元脱钩的。当时我建议的以两篮子组合为本位可行，但今天再看形势，有些地方可以改进，只是手头上没有资料，不便武断了。最近格林斯潘说人民币若不上升，可能给中国带来通胀。这观点不差，但通胀肯定不会严重，由它胀吧，何况百分之二至五的通胀率是可取的。

然而，外间对人民币升值的压力会越来越大，怎么办？告诉你吧，北京有两步潇洒的棋着可走。其一是稳守汇率之外，取消所有外汇管制，加上大事开放金融与简化税制。这一着不会削弱人民币的强势——正相反，会加强其势。但这是摆明让外资到中国来多赚钱。让他们赚吧，皆大欢喜，人民币不升值会有很多外商的支持。

最近美国的两个议院说中国可能刻意做低汇价来获取巨利，其思不正，而北京以廉价劳工回应，其思不精。当今天下廉价劳力所在皆是，制度之外，中国跑出是因为青年的质量急升，以至工业产品的质量一日千里。是的，中国有大量廉价人才出售。那边厢说中国出术谋巨利；这边厢要回应："巨利你也有分，月薪一百美元的劳工到处都有，但月薪四百美元买个天才却是风景这边独好。"

大事开放金融与简化税制是重要的，因为只有这样才可以鼓励外商在神州大地竞争。也只有这样，巨利才可以因为竞争而转到炎黄子孙的人才之价上。

第二步潇洒棋着，要由北京礼下于人地主动提出："世贸协议说明中国减进口税的日期程序，可不可以让我们提前减进口税？"这着一石三鸟：一、舒缓人民币的上升压力；二、中国的国际形象起码加二十分；三、炎黄子孙的享受指数上升。

祖先有灵，风云际会，中国这局国际经济象棋一时间多出两只马，可以潇洒一番，也可以走得很精彩。

17

良币会把劣币逐出市场
——谈离岸中心的关键

二〇〇三年九月九日

读者要求我分析香港建立人民币离岸中心这个大热门话题，我是不能推却的。刊物的报道不详尽，究竟是怎样的安排我摸不准，但我的直觉是可以简单地看。

香港的法例早就容许外币在市场自由流通（一九八四年彭励治接受了我的建议），所以今天所说的"离岸中心"，主要是让香港的银行做人民币存款生意。港币与人民币的汇率呢？因为人民币的币值偏低（自由浮动一定上升），这汇率会按北京的官价。只要北京不更改汇率政策，人民币的偏低会持久，昔日的黑市汇率去如黄鹤。

让人民币在香港自由存款，自由使用，会怎样了？答案是：人民币会淘汰港币。逻辑简单：人民币偏低是良币，港币偏高是劣币，汇率固定不变，良币会把劣币逐出市场。可不是吗？先看港币与美元的联系汇率：每次风吹草动，或什么官员说歪了半句，港币下降的压力就把拆息压上去，而这只是一方面。"离岸"加上另一面：人民币兑美元如果浮动一定上升，有谁敢免费担保现有的汇率不变？二者相加，你是香港人，不论其他，你会选存人民币还是港币于银行呢？

答案是香港的傻瓜不多。

经济学有个大名鼎鼎的定律,起自十六世纪,叫作格氏定律(Gresham's Law),信之者甚众。这定律说如果兑换率不变,劣币会把良币逐出市场。我曾两次为文力斥其非,证其荒谬,也指出历史上从来没有发生过劣币逐良币这回事。这里提出的张氏定律,是把格氏的倒转过来:兑换率不变,币值偏低的良币会把偏高的劣币逐出市场。不相信吗?到街上问卖花生的,问他要收哪一种?

考虑澳门的例子吧。港币可在澳门的银行入户,而那里是二币共存的。历久以来,虽然澳门元与港币看似或明或暗地挂钩,其实久不久汇率有波动。另一方面,澳门元与港币的强弱,你来我往,各有胜场。但如果这二币的汇率是固定不变的话,而港币对澳门元有持久偏低的强势前景,港币会把澳门元淘汰。

读者可能会问:为什么七年前亚洲金融风暴及其后几段时期,美元没有把港币逐出市场呢?答案有三方面。一、由于钞票局(currency board)的运作,港币受压时短期利率急升;二、街市阿婶不识番字;三、香港的美钞量不足应付市场所需。话虽如此,在极端的情况下,美元全部取代港币是钞票局的底线。

纵观今天人民币与港币的强、弱的持久前景,简单的"离岸"引进,张氏定律(一笑)的效应在所必然。有挽救港币被逐的办法吗?有的,问题是你要不要?

一、浮动汇率,二币可以共存,但这是违反了现有的重心政策。二、提升港币利率。困难是港币在通缩下加息,负资产一定再急升。三、限制人民币钞票进口。这也行不通。不知是真是假,据说目前已有八百亿人民币在香港,自由行可以行来行去多带进来,而如果还是不够,什么牛记笠记总有办法。五千年来,中国的货币第一次在国际上有强势,且看来可以持久。是炎黄子孙足以为傲的事,兴高采烈,多带一点人民币进港,伦理上是不应该重罚的。

18

人民币的争议

二〇〇三年九月十八日

人民币的强势近来在国际上引起很大的争议。力主人民币升值的是美国。那里的一些议员联名上书，陈词锋利，说中国操纵汇率（manipulate，加上旁文，有出术之意），害至美国的工业一连三十五个月就业率下降，合共起来，中国可能导致美国损失了二百六十万个工业职位云云。这些职位的平均年薪是五万四千美元。

美国的经济对整个地球都重要，但不管格林斯潘最近的看好言论，我认为美国工业的就业率还会持续下降。工资比亚洲好些地区高出二十至五十倍，加上本土的工业不断外移，我怀疑人民币对美元的汇率提升百分之二十会阻止目前的发展方向。另一方面，一些国家（如德国）、组织（如世银），甚至大有名堂的美国教授，是反对人民币升值的。在中国投资设厂的外商更是极力反对人民币升值了。这可见问题相当复杂。让我分点说说吧。

（一）自一九九四年起，人民币兑美元徘徊于八点二五至八点五之间，有好几年的历史了。不是钞票局那种联系，而是北京看着此汇率来调整他们的货币量与外汇储备。如果说是"操纵"，为什么早几年不那么说？同一汇率，人民币昔日不偏低而今日偏低，是反映着这些年来经济发展彼消此长的结果，而与人民币相比，偏高的外币何止美元？

（二）任何国家都有自己的货币政策自主权。让人民币自由浮动，北京的货币政策绝对可以使人民币对美元再下跌。此举不善，因为可能引起不能接受的通胀。让人民币浮动上升，或把汇率提升，也有困难：前者的升幅可能很大，后者会促成再提升的预期，二者对今天很有苗头的工业发展有杀伤力，数以万计的工厂订单搞得一团糟。

（三）美国投诉有一方面是有理的。人民币量与外汇储备看着一个美元汇价调整，美元要贬值会被人民币缠住不放，贬来贬去也贬不着对人民币的汇率。不是罪，但美国可能说："你不升值是你的自由，但为什么我要贬值你老是缠着我？"所以在今年三月我建议人民币脱离美元而挂另一只钩。人民币可选一篮子物品，定下一个物价指数挂钩。初挂时与今天的汇价平过，坚守指数，放开外币。人民币的汇率于是成为有锚的自由浮动，稳如泰山，对工业发展更好，物价稳定，对任何外币的汇率可升可跌，外人是无话可说的。

（四）人民币的强势起于出口上升与外资涌进，但追上一层却不单是工资低廉，而更重要的是产品的质量（反映着人的质量）这六七年来急升。廉价产品到处都有，只是中国的工业产品抢先价廉质实，先拔头筹，于是树大招风。但我们怎可以小看人多智高的印度，或工业有优良传统的东欧？真正的竞争其实不是中国与先进之邦，而是中国与其他有廉价人才之地。中国只不过是改革快了半步。与其向前看而沾沾自喜，倒不如多向后望，免得给人家在背后一刀斩过来。

（五）因为世界的局限有了大变，中国的汇率厘定不应该单管出口可增多少，或外资会进多少，重要的是要兼顾那些略逊于自己的竞争者。美国的议员应该考虑，拿开了中国还有那么多可以代替的顶上，吵一百年也解决不了廉货进口与工业外移的问题。美国的经济学家雄视当代，可惜他们还没有学我这样，从整个世界的局限大变看经济。

（六）不详尽的数据显示，虽然中国对美国的贸易顺差大，但对好些国家（如韩国、日本、德国）有逆差，而入世后，中国的进口升得比出口还要快。这可见中国的外汇储备急升及人民币受到的升值压力，主要是来自外资的涌进。这涌进的其中一个重要原因，是人民币不仅相宜，而且持久稳定。

是重要的问题：先进之邦应不应该容许或甚至鼓励其厂商投资于中国及其他廉价劳力的地区呢？一九八八年到台湾一行，郭婉容向我提出同样的问题：应不应该让台湾厂商到中国大陆投资？我当时立刻回应："如果不让他们去，他们就坐以待毙。"她也立刻说："我也是这样想。"虽然今天台湾的经济不振，但如果台商没有大量投资大陆，赚到钱，今天的情况会更糟糕。听说日本虽然本土工业不振，但消费力上升。此乃出外投资赚到钱之效果也。要有一段时期的结构调整（日本的经验是十多年）才可以办到，但我认为政府的适当处理可以容易地把时间减半。

（七）美国今天遇到的经济困境，是日本、台湾、香港等地同样遇到的：那所谓发展中的一些地区开放图强，先进之邦的经济结构一定要适应地改变。我说过了，美国地大物博，人杰地灵，高科技雄视天下。可惜这几年微软的反托拉斯官司搞垮了那里的风险科技投资,九一一的恐怖与跟着而来的战争,皆不幸,把无可避免的经济结构调整提早放在眼前。

(八)我认为美国的经济结构调整是比较容易的。美国人的质量实在高,有大度,其知识分子明事理,懂得适应。然而,我也认为,他们的众多经济学大师不要再以什么数学方程式或博弈理论看经济,而是要从整个世界的局限大变那方面看。这样看,他们是不会把经济困境归咎于人民币的。

是的,自一九九二年初邓小平南方视察以来,中国的经济今天最严峻:工业发展一下子打进了世界赛的决赛周,免不了有点心惊胆战,手忙脚乱了。历史的经验,是一个经济不可以持久地独善其身:一个经济的繁荣,是不能持久地建筑在他国的衰退之上的。问题是世界的经济局限发生了大变,在调整期间不可能所有国家皆受益。我们要从长远的世界整体看,而幸或不幸,中国担任的角色重要。一年前我说过了,对世界经济,中国开始举足轻重。

几天前在电视上看到国际的专家与学者评论人民币的争议,很不以为然:他们说的还是数十年前的老生常谈,而今天的世界根本就不是那样的一回事。

III 货币下锚说

19

货币不可以没有锚

二〇〇三年十二月四日

（五常按：此文二〇〇三年九月写好，是自己满意的文章，因为一小点要解决的问题，押后至该年十二月才刊出。）

人民币应否升值引起舆论满天飞，水平一般，而其中有说让人民币自由浮动是尊重市场，是按自由市场的规律从事云云。这观点可能对，也可能错，但一般都有误解的成分。问题不简单，让我简略地以二千字的篇幅分析重点吧。

（一）货币的主要用途是协助市场的贸易与投资，包括国际的贸易与投资。这是说，货币的主要用途是减低交易费用，其他皆次要。很不幸，脱离了昔日的本位制后，好些国家把货币政治化：压力团体各有各的企图，赤字财政可用货币供应出术，通胀可作为间接抽税，等等，而什么大选在即，增加币量刺激一下经济是司空见惯的。

（二）没有错，自由市场的运作要让价格自由浮动。但协助市场运作的货币一定要有锚（anchor）。像国民党在大陆时期的关金、银圆券、金圆券等冇尾飞砣是纯真的无锚货币，增加交易费用，不可取也。锚是要有的，问题是间接还是直接，及选用怎样的锚。这也是说，货币要挂钩，问题是怎样挂及挂什么钩。下了锚之后，所有锚外之价应该自由浮动。

（三）昔日的金本位或银本位制度，货币的本身（金或银）就是锚。这制度的大缺点，是货币的供应量由金或银的供应量决定，缺乏弹性，不容易应付经济的急速增长或其他的局限大变。香港目前的联系汇率，是港钞以美元为本位之锚，弹性较多，但利率要跟着美国的走，也要放弃货币供应的自主权。

（四）那所谓无锚的 fiat money 制度（今天英美采用的），其实也有锚。这是由中央（或联储）银行看着物价指数（一锚也）与经济指数（二锚也）来调控利率与货币供应量。这制度的弹性更大，但有三个缺点。一、看着物价指数调整是间接的锚，不是可以直接成交的指数，虽然货币的供应量与上述的两个指数的连带关系存在，但调整的反应要有六个月至两年时间，而整个调整期可以长达五、六年，其间可能一波未平，一波又起。二、两锚不容易兼顾，往往有冲突，顾此失彼。三、因为上述两点，fiat money 制度的锚不够明确，容易招来政治与压力团体的左右。

（五）用可以直接成交的指数为锚。原则上，这是中国目前采用的：以美元作为一个指数而为锚，保锚是以货币供应量与外汇储备调控。也是原则上，只有一个锚单以币量调控就足够，但因为时间上的问题，储备就有用场。因为这种锚可以直接买卖成交，制度清晰可靠，有说服力。但以美元为锚也有三个缺点。一、美国可能不高兴，引起争议。二、美元的走势不一定适用于中国。三、最重要的是，以汇率为锚，为了保汇率可能引起外汇及其他管制，得不偿失。

没有经济学者会赞同外汇管制。所以四年前当我见人民币是强币，但因为汇管而有黑市汇率低于官价的情况，就建议浮动人民币，希望能以此协助汇管的解除。今天的形势不同了。人民币的强势不用我看，汇管可以解除也不用我说。但今天，人民币浮动或升值对中国的工业发展会有大害，我解释过了，而通缩的幅度很难预测。

（六）以美元为锚，人民币对其他货币的汇率是浮动的，但久非善策。人民币要选另一个锚（挂另一只钩），而看今天的形势，早转早着。但目前人民币千万不可选用英美的 fiat money 制度之锚（经济指数与不能直接成交的物价指数）。原因是这些间接之锚需要长时间调整，而人民币一旦自由浮动，不知会被炒家炒到哪里去。换锚的选择是明显的：要选在原则上可以直接买卖成交之锚；换锚时要与今天的美元汇率平过；转换后炒家不会炒到人民币那边去。

（七）今年三月，我建议人民币转用半篮子外汇与半篮子期货的合并而挂钩（为锚也）。但后来再细心考虑，认为篮子中有任何外币皆不妥。外币国家可以联手反对，而又因为世界正在大变，中国货币的上选政策是以不变应万变，何况货币政策是要有稳定性的。

我于是想，还是回到货币的基本用途那方面去吧。选一篮子物品为锚，可以是期货，可以是批发市场现货，组合后成为一个指数而为锚，只要某数量的人民币可以直接购入某大小篮子的物品，人民币就稳如泰山。这指数可以固定不变，但也可以有弹性，看着经济情况而略为调整，例如一篮子的物价指数可以按时提升或下降少许，但政府最好能预先说明这些小变动的上、下限。以一篮子物品为锚，与目前的以美元为锚,是性质相同的,但以前者为锚人民币对所有外币皆自由浮动。换锚时平过,而篮子内的物品如果选得适宜,炒家会止步。

(八)要维护一篮子物品之价为人民币值之锚,单是控制货币的供应量,加上一点外汇储备,就足够。但如果政府要兼顾其他,例如以调控货币的供应量来调控经济,储备就要增加。所以今年三月发表的《汇率战略论》,我指出如果要兼顾经济调控,人民币的国际汇率要持久地略为偏低。

(九)七年来中国的通胀率是零(其实略有通缩)而经济增长率还可保八。我曾指出,保八还可以维持一段长时期。这样,中国的货币政策可以容易地稳守一篮子物品之价,持久不变,因为不需要兼顾经济的增长指数。

结论是清楚的。完全没有锚的货币不可取。市场物价要自由浮动,但为了要减低交易费用,货币不可以像冇尾飞砣,或明或暗总要下个锚,或挂只钩。人民币今天的强势,起于中国同胞与国际投资合并的生产力,但也正好说明北京的朋友在重要的货币上没有营私舞弊,令人欣赏。虽然贪污还多的是,但炎黄子孙终于可以在国际上高视阔步一下。天意也!

人民币有强势、外汇储备充足,选取货币政策当然远比人民币有弱势、国债累累的情况来得容易。二十多年的经济改革不是长时间,但毕竟经历过了千山万水,今天大可披襟岸帻!审时度势,按理办事,北京要集中于货币的基本用途来处理人民币。

20

怎样处理人民币才对？

二〇〇三年十二月十一日

（五常按：这是本书的重点文章，代表着我在货币思想上的转捩点。）

因为四年多前我肯定了人民币是强币，所以当今年（二〇〇三）初见到在还有外汇管制的情况下，人民币的灰色市价开始与官价看齐，间有过之，其强势表面化，就意识到重要的问题将会发生。这些年来我看中国的经济，既不是微观，也不是宏观，而是世界观。从后者角度看，人民币比起先进之邦的货币，偏低相当多。但汇率是敏感的问题，为恐有兴风作浪之嫌，当时我不便直说。

大约二三月之间，我藉朱镕基退休有感而白纸黑字写下两点：一、不出两年中国会受到外国（尤其是美国）的压力，迫使人民币升值；二、中国不要走日本三十多年前被迫走的路。其实当时我认为这压力迫在眉睫，但问题既然敏感，我只轻轻带过。跟着读到的评论，一般不同意，就发表了《不要让人民币自由浮动！》。

重要问题要用理论架构

问题有重要与不重要之分。自邓小平一九九二年的春天南方视察之后，中国的经济发展今天最严峻。不坏，但正如参加世界杯,进入了决赛周才知道是世界赛,当然是严峻了。问题的重点是怎样处理人民币与国际金融。说不要让人民币升值或浮动,又或说这样那样,帮助不大,甚至可以误导。我们需要的是一个比较完整的理论架构,而因为中国面对的情况史无前例,这理论要从头想起。三月初我赶起了一连五期的《汇率战略论》,殊不知遇上非典新闻,这五期断断续续地分两个月才登完,读者一般不知我说什么。

既然认为是难得一遇的重要经济问题,而又是关于炎黄子孙的,十个月来我反复推敲北京应走的路,其间发表了好些与人民币问题有关的文章。大致上,《战略论》的架构没有错,但小节要修改,而阐释的文字是再多也不会太多的。这里让我来一个总结吧。

中国经济的真面目

不识庐山真面目,只缘身在此山中——是苏东坡说的。北京的执政者身在庐山。我多次说过,世界经济的竞争局限发生了大变,这大变还在进行中。起因是八十年代多个曾经封闭或半封闭的国家搞开放改革,一下子多了二十亿廉价劳力参与国际生产竞争。到了九十年代,得到电脑的协助,落后之邦的青年学得非常快。廉价劳力于是加上廉价知识。中国的改革走快了一步。大约自一九九七年起,中国产品的质量上升之速,远超我们事前可以预料的。

也是一九九七年,朱镕基奇迹地把中国的通胀控制为零,物价稳定至今天。但这可没有计算到物品的质量上升。如果把质量算进去,通缩明显,而实质的经济增长率肯定高于朱老所说的"保八"。这个骤眼看来是违反了弗里德曼的货币理论的现象，有三个原因。其一是中国不断改革，尤其是在权力下放那方面，办得好。其二是投资的气候愈来愈可人，外资大量涌进。其三是中国本土的市场大得惊人——据说一位来自台湾的在大陆卖公仔面，每年卖一百亿。

庞大的国家发展起来有庞大的市场。这解释了虽然作为大国，中国外贸的国民收入百分比高出美国的三倍，但外间的经济不景对中国的不良影响并不明显。说到外资的涌进，也确是史无先例。这里的重点可不是涌进资金的庞大，而是国际厂商大集会于神州。就是工资不高的韩国也争先恐后地跑到中国设厂。我参观过不少世界知名的工业区，没有一处可与江浙一带的国际气象相提并论，而这只是起步仅十年。

三个现象不寻常

让我们停下来，客观地考虑三个现象。

现象一。北京的朋友还称中国是第三世界的发展中国家。任何国家都在发展中，说了等于没说。但第三世界呢？有谁听过一个第三世界的国家的货币是天下第一强币？没有，第二世界的也没有听过。人口众多的国家有强币来得不易，何况二者今天都是天下第一。出口好，外资多，物价稳定，都有助，但历史的经验，是这三者加起来不一定有超人的强币的。我认为最重要的一环，是老外对北京的政权与中国的经济前途有信心。"面系人哋俾，架系自己丢"，外人的信心来得不易！说实话，中国今天贪污仍多，法治还是糊涂，但人民币的强势，显示着外人给足面子，相信这些不足之处会改进。这面子价值连城，是要用决心去维护的。记着，外人给予的面子是持久累积的结果，但可以毁于一旦。

现象二。中国今天的经济发展，与三十多年前的日本很相近。想当年，日本一发劲，红极一时的英国工业就节节败退。然而，跟着而来的国际政治压力，使日元从三百六十兑一美元提升到八十兑一。到了八十年代中叶，日本的工资与房地产之价冠于地球。我为此于一九八七年发表《日本大势已去》，不幸言中。

今天中国的经济像三十多年前的日本，但却是十个日本！人口大约十倍，土地大约二十八倍（实用面积是十五至二十倍之间），而中国的高速工业发展再不限于沿海一带了。当年一个日本对世界经济有那样大的影响，今天十个怎样估计呢？

现象三。中国的经济改革是比东欧、印度，及其他所谓落后之区快了一步，但以最重要的工业发展而言，这些走在后头的是对中国威胁最大的竞争者。中国既要前瞻，也要后顾，而我认为后顾比前瞻重要。

两个必然的形势

由于上述，我的推理是中国无可避免地遇到两个重要的形势。

形势一。中国庞大，而在今天的世界大变中，她站着的是最关键的位置——经济在富有之邦之下，在贫穷之邦之上。从和平经济发展那方面看，中国无端端地被推到国际的主导位置。钱多与影响力是不一定挂钩的。以举足轻重论英雄，中国今天冠天下。树大招风，这位置不好过。

中国的立场应该是欢迎竞争生产，集中于改进人民的生活与自由，什么国际主导云云，多一事不如少一事。问题是关键位置就在那里，而中国很庞大。于是，人民币的不同处理，对世界经济的影响会有很大的差别。我认为这处理要集中于减低贸易与投资的交易费用，尽量避免政治上的瓜葛。

形势二。我说过了，因为工资与汇率皆调整不易，经济学上的比较优势定律在某些情况下会失却功能。在世界局限有了大变的今天，国际上这定律更有问题了。然而，因为局限有了大变，工资、汇率、福利制度等一定要跟着调整。从加拿大与日本的经验看，十多年的调整期不一定足够。

大致而言，不需要调整的是赢家，需要调整的是输家。政治上，调整的责任可能推来推去，而我认为这是国际上的经济争议的根本原因。伦理上，我不认为北京有责任调整人民币的汇率，但与美元挂钩（阻碍美元调整）确实有点问题。让人民币自由浮动今天不可行，我解释过了。向上调升吗？到哪个价位才对呢？人民币对美元及其他先进货币是偏低，但对劳力比中国廉价之区就很难说了。

又是上文所说的关键位置使人民币的汇率调整有独特的困难，这方面高不成，那方面低不就，而如果调来调去三几次，外人对人民币的信心会尽失。结论是人民币要选挂另一只钩，或下另一个锚。下文会简述，下锚有几种方法，而中国目前可取的只有一种。至于锚的选择，我认为重点是脱离所有外币。

四种下锚的方法

本月四日我发表了《货币不可以没有锚》，三个月前写下的，认为是比较重要的文章。文内提到货币下锚的方法大致上只有四种，即是说只有四种货币制度了。各有各的好处，也各有各的弊端，应该选哪一种要看形势而定，没有一种是永远地胜于其他的。选了下锚之法，我们再要选下哪一个或哪一种锚，而锚的选择数之不尽。无论是下锚之法或锚的本身，中国今天的选择不困难。先谈下锚之法吧。

第一种下锚之法是本位制，如金本位或银本位。这制度，货币的本身就是锚。我的旧同事蒙代尔（R. Mundell）赞成这制度，但我认为不适用于今天的中国，因为金或银的供应量不足，不够弹性，会把经济发展约束得太紧了。第二种是法定通货（fiat money）制度，今天英美使用的。这制度弹性最大，但间接地以物价指数及经济指数为锚，过于空中楼阁，调控有很大的麻烦。中国今天不适用：一方面，人民币偏低，一旦放开浮动不知会被炒家炒到哪里去；另一方面，虽然弗里德曼说得顺理成章，但英美调控币量的经验满是问号。第三种是"钞票局"，今天香港采用的制度。这制度大国不适用，说来话长，不说算了。

最后一种是中国目前使用的，可能是朱老的发明。那就是以一个可以直接成交的指数为锚——目前是以美元的一个价——或汇率——为锚，可以直接按价成交，虽然还有根本不需要的、有害无益的外汇管制。这第四种制度有不少好处，但要有两个条件。

第一个条件是如果没有足够的外汇储备（中国有的是），人民币的国际币值要略为偏低。这条件中国看来可以持久地考一百分！第二个条件是国家愿意为那划定的可以直接成交的指数去调整货币量，因而某程度上要放弃以调整币量来调控经济。人民币的国际币值愈是偏低，其以币量调控经济的空间愈大（见拙作《汇率战略论》）。今天，向前看，中国继续"保八"没有大问题，所以调控经济不需要有广大的货币政策的空间。

是的，横看直看，中国的条件足够有余，第四种货币下锚之法最可取，其他不用考虑了。要考虑的是脱离美元而选的另一只锚。

脱离美元的选择

人民币要与美元脱钩，有四大理由。

一、我说过了的。人民币与美元挂钩，是缠着美元不放，美元要贬值贬不着对人民币，使美国失去了一项调整经济的机能。这难免增加政治经济上的纠纷，夜长梦多。

二、如果美元大搞贬值，人民币跟着贬下去，通货膨胀一定会在中国卷土重来，而又因为人民币值偏低，中国的通胀压力会高于美国的。

三、人民币与美元或任何外币挂钩，挂上之后没有更改的空间，因为略为更改会导致再更改的市场预期。长远而言，这挂钩是一项硬性的约束，失去了某时某事可能需要的弹性。

四、中国解除外汇管制可能迫在眉睫，或起码是迟早的事。既然解除汇管，中国当然希望人民币能成为国际货币。以今天的形势看，只要解除汇管，人民币成为国际货币是必然的。但国际货币也有普及流通与不普及流通之分。与美元挂钩，形象上人民币是寄人篱下，其普及性就要打个大折扣。

人民币要与美元脱钩，但不要自由浮动。解决的办法只有一个：选挂另一只钩，或下另一只锚，换锚时与美元的汇率平过，然后放开美元。放开之后人民币与美元的汇率是自由浮动的，但人民币下了另一只锚，稳如泰山，皆大欢喜。记着，朱老划下来的货币制度不变，变的是选用另一只锚。

可下之锚数之不尽，要下哪一只呢？

今年三月我建议考虑人民币与一篮子外币挂钩，或与一篮子外币与物品的合并挂钩。后来多想几个月，我认为最高明还是脱离所有外币，转与一篮子物品（commodities）挂钩。处理方法没有什么不同。选好了一篮子比重不同的物品（在期货市场成交的可取，因为有严谨的质量规定，而价格的明确变动立刻知道），以某额的人民币可以购买某大小的一篮子，定了一个指数（例如 1000 元人民币可购某篮子物品，指数可称 1000 或 100）；任何外币之额可购入同一篮子，这外币额与人民币额的比率就是汇率了。转挂（换锚）时平过，人民币跟着守住原定篮子物品的指数，对所有外币的汇率自由浮动。

篮子之内的不同物品之价当然常有变动，指数不变是说同额的人民币可以购买篮子内同样组合的物品，而物品之价的变动往往要以外币之价作为量度准则。以这篮子的人民币物价的指数为锚，是国家"担保"市场可以这指数直接成交，购买这篮子物品。然而，下文指出，这指数是可以更改的，所以市场成交的担保只限于政府公布指数的时期，指数有变物品的成交价就跟着变。当然，成交是市场的运作，政府只是担保某时刻的某额人民币换一篮子物品的所值。没有人会真的按指数之价购买那篮子物品，只是事实上可以在市场按指数之价买到，而买与卖是市场的操作，与政府无干。换锚之后，以简单的方程式及物价资料放进电脑，人民币与各种不同外币的自由浮动汇率秒秒不同，秒秒知道。

回头说以一篮子外币为锚，其思维早有前科。一九八三年十月香港财政司彭励治考虑转用今天还存在的联系汇率（钞票局）制度时，我参与其事，港币与一篮子外币挂钩是讨论过的。当时直接或间接参与考虑的还有三位国际经济大师。大家都同意以一篮子外币为锚可行，但政治因素则远为复杂。彭励治对政治很敏感，谈虎色变，他说美国知道港币与美元联系的意图，没有反对，就坚持不作他想了。（联系汇率与今天人民币与美元挂钩的性质不同，后者是不需要征求对方意见的。）

一篮子物品胜一篮子外币

前事不忘，后事之师。多了二十年的国际金融的观察，我们的知识增加了不少。衡量以一篮子外币与一篮子物品为锚的选择，我们可以方便地从上文提出的要脱离美元的四大理由来考虑。美元是一种外币，一篮子是多种外币，性质类同，其差别只是较多较少而已。这是说，如果要脱离美元的理由成立，脱离所有外币的理由也类同。

一、以一篮子外币为锚（挂钩）是缠着一篮子外币，放宽了美元的浮动，因而希望减少美国对人民币的政治压力。然而，换过来的是一篮子国家联手施压的可能性。另一方面，选一篮子外币可能"买错马"——例如买中一只像智利的马——怎么办？大家都知道美元可靠，知道格林斯潘是真君子，但其他外币会是同样可靠吗？有谁可以保证在世界大变的今天，一篮子外币中不会有一些可以触发类似一九九七的亚洲金融风暴的情况呢？再另一方面，我认为今天的欧元与日元，其国际币值偏高可能比美元更甚，只是不同国家有不同的压力团体而已。

从这第一点看，以一篮子物品为锚较为优胜。

二、一篮子外币之内，互相竞争贬值的机会绝对不能低估。人民币以这篮子为锚，跟着这篮子贬值，其通胀效应会比外币为高。记着，人民币今天偏低是强币，通胀卷土重来会削弱人民币，是代替了人民币升值的一种调整。这种调整不妥，比不上让人民币浮动上升。

从这第二点看，以一篮子物品为锚也较为优胜。

三、以一篮子物品为锚，其物价指数可以按时调整，所以对经济有较大的自主弹性处理。虽然这物价指数与一般的通胀指数不一样，但类同，而且可以直接调控。例如政府可说明那篮子物价每年上升百分之二（指数 100 升为 102），公布后市场对通胀的预期大致相若，而国际的汇率也跟着变，大方得体，只要不是乱来，市场的信心依旧。

个人认为，如果政府按时公布为锚的一篮子物品的物价指数，就不需要再公布通胀或通缩的指数了。后者往往有问号，是间接的为时可长可短的货币政策效应，可以扰乱市场的运作。一篮子物价的指数不是全面的物价，但如果选得适当，作为一般物价的代表就可圈可点。

从这第三点看，以一篮子物品为锚也较为优胜。

四、解除汇管后，人民币打进国际货币市场在所必然，以一篮子物品为锚独树一帜,在市场有以物品界定的清晰保障,当然是胜于一篮子外币了。

国际货币的成功条件

一个国家的货币能在国际市场流通是占了很大的便宜。印制钞票的成本近于零,而发了一元流出外地,如果不打回头,就是赚了一元。过了一些时日打回头,赚的是利息。还有,一种货币在外地流浪,所谓浪迹天涯,其币量增加不会对本土的通胀有影响。听说今天北京感到头痛的一个问题,是为了处理外汇进账,人民币量急升,恐惧通胀重来的学者不少。让人民币到外间漫游,是舒缓这恐惧的好办法。

一种货币能在国际上赚点外快,是应该的,理所当然,因为这货币是协助了国际的贸易、投资,与财富的积累。赚外快是服务的回报了。虽说无本生利,其实间接的、不明显的成本相当高。单是要外人对一种货币有信心,认为可以保值,能被国际大众接受,是要日积月累地经过千山万水的。但千山万水的成本是历史成本,今天不再是成本,却可谈收获。这是中国之幸。

是误打误撞,还是天才明智,都不重要:成功只能以效果来衡量。今天外间对人民币的信心是无可置疑的。说实话,人民币跑过了千山万水,为期之短是二十二年前我这个被弗里德曼、贝克尔等大师认为是世界上对中国最乐观的人没有想到的。可幸二十一个月前我在天津的南开大学以《以中国青年为本位的货币制度》为题讲话,有站得密不透风的学生为证,指出人民币因为有中国青年的知识与生产力的支持,其国际强势已成定局矣!(老人家的眼镜跌不到地上就被抓起来了。)

人民币今天要成为国际货币，普及的那一种，还要做两件事，技术上可以容易地做到。其一是解除所有外汇管制，更好是加上开放整个金融行业。其二是把人民币的钞票来一个新面目。有两点。一、发行一些五百元面值的钞票，因为今天最高的百元面值，数千元就不容易放在钱包里（为恐费雪的货币幻觉理论真的有料到，不考虑千元面值吧）。二、钞票要有国际性的高档次的形象：没有政治色彩；加上RMB及几个英文字；财政部长与央行行长把名字签在钞票上。也要艺术美观，庄重得体——这方面要请专家品评了。

结论

本文建议人民币转与一篮子物品挂钩，不是古老的本位制，而是用可以成交的物价指数为锚，是历史上没有采用过的。听来标奇立异，其实是微不足道的小发明，不足以拍掌。这样说，是因为中国目前的下锚方法——货币制度——不需要改。人民币要脱离美元而下另一只锚，不难理解，我只是在数之不尽的可下之锚中，指出一篮子物品是中国目前的最佳选择。中国现有的下锚方法已施行了大约十年，证实可行，可以小修，但不应该大动。

不要误会，我不是中国今天的货币制度的专家。我所知的大略是从内地的朋友听回来的。有胆从只知大略而提出建议，是因为以这大略推出来的理论架构，翻来覆去数十遍也找不到错失。是的，只要外汇储备足够，或人民币能略为偏低，而北京又愿意某程度放弃以货币量的变动来调控经济的话，用可以直接成交的指数为货币之锚行得通，可靠，而纵观天下大势，以一篮子物品为锚是我可以想到的最上选的了。

欧元之父蒙代尔提出亚洲要学欧元那样，搞一个亚元区。我不认为欧元的经验是成功的。今年六月看数字，欧元成员国的失业率是三点六至十一点四，有很大的分歧；最重要的德国与法国，其失业率分别是十点七与九点三，皆重灾区也！这样，币值强劲是没有意思的。

炎黄子孙满布东南亚，应该欢迎人民币的国际普及。他们的经济与神州大地的息息相关，彼此的贸易以人民币结算，本土的经济由本土的货币量调控，是鱼与熊掌可以兼得的情况了。

再说货币打进国际市场这门服务生意，我想不起有哪位货币历史学者曾经为之著书立说。二战前大英帝国有"日不没国"之称，英镑雄视过地球一段长时日。三十年前日元有过一小段风光，后来屡有偏高，其普及搞不起来。十多年来，美元因为有强势而雄视天下。今年欧元强势明显，开始抢占国际市场。人民币怎样看呢？如果以一篮子物品之价稳定强势，解除汇管后欧元将会遇到一个不容易应付的对手。加上海外有那么多有钱的华人捧场，你道我要赌的钱放在哪一边？是热闹的世界！

21

一篮子物品的选择

二〇〇三年十二月二十五日

三星期前发表《货币不可以没有锚》,读者(尤其是网上的)回响很大。跟着本月十一日在《信报》发表《怎样处理人民币才对?》,综合了十个多月来我对人民币的处理问题的想法,长达七千余字,明白理解的读者都同意。这两篇文章的主要结论,是人民币应该脱离美元而下另一个锚,或挂另一只钩;今天中国的下锚之法(货币制度)不需要改;在众多的可下之锚中,人民币应该脱离所有外币,改用一篮子物品为锚。

读者的提问,最常见的是篮子之内的物品应该是些什么。这是理论之外的实践问题:北京的物品专家有的是,而我自己作期货市场的研究是二十五年前的事了。

一九七八年,美国一家石油公司聘请我写一份关于期货市场的理论报告——他们要知道为什么石油的期货市场是那样不容易搞起来。期市是深不可测的学问,我当时不懂,石油公司就聘请了一位专家作为我的顾问。我天天问,问了两个星期,写下了一份只有十页隔行打字的简短报告。行内几位朋友读这报告后,认为是历来唯一的澄清期货市场的分析文章。后来我打算补充加长发表,但文稿不见了。今天还在找，解释了为什么我的英语文章的结集，朋友千呼万唤了那么多年还不出来。看来这结集会缺少了一篇当年同事们认为是重要的文章。[注]一九八三年十一月，我凭记忆在《信报》发表了两篇有关期市的文章（见《卖桔者言》）。记忆不完善，而为报章读者下笔要避深说浅，免不了打个折扣。

提到陈年旧事，是因为虽然我没有作过考查而不能建议人民币下锚的物品是些什么，但可以在这里说说这选择的几个原则。与期货市场的性质不一样，但有类同之处。热衷于经济分析的同学要细读了。

原则一。为锚的一篮子物品的类别不应该太多，但决不能太少。三十种物品是我的武断选择——道琼斯指数有三十只成分股。道琼斯是以银码为指数，为锚的篮子物价可以用银码，但我认为以没有银码的指数（例如开始时用一百）较为适当，因为下锚之后，政府要提升或减低指数，以没有银码的一百为基较为清楚明确，增加或减少了多少个百分点市场一听而知。

原则二。所有篮子内的物品要有标准而又容易量度的质量。这与期市的需要相同。这是说，质量不固定或常有变动的物品，例如制造品、房地产之类，一概不能用。

原则三。物品的价格及其变动要清楚明确。这也与期市的需要相同。价格要清楚明确，不会常有争议，除了质量有标准外，市场要够大，而物品的市场地点也要说清楚。与期市不同的，是为锚的物品政府不用管交收。期市呢？因为价

[注] 此文终于二〇〇四年由一个华大的旧同事找到，今刊于《张五常英语论文选》第十六篇。

格间有纠纷，少量（通常是百分之一以下）买家会强迫卖家交收。这是说，为锚的物品要以市场够大为准则，而期市则要顾及交收的方便了。二者很多时是相同的，但不一定相同。至于为锚的篮子内的物品的价格，用现价，不用期价。

原则四。这重要，也是为锚与期市的重要不同处。选一篮子物品为货币之锚，最理想的选择是顾及衣、食、住、行这四方面，在比例上大略合乎中国民情的。上文提及，不能用质量常变的制造品，也不能用房地产等，但衣、食、住、行这四方面还可用其他适当的物品表达。先求出中国人民在国民收入中用于衣食住行的大略分配，这应该不难办到。跟着就要求出作为一篮子物品之内的每样物品对衣食住行的大略成分。不需要很准确，大略地对就及格了。例如，石油（今天有期市）可用作衣（纺织品用上不少石化纤维），食（煮食燃料），住（电、煤气等），行（汽油）。棉花是衣的，米、麦等是食的，铁是食（厨具）、住（建房子）与行（交通工具）的，等等，如此类推。有些物品不容易判断（例如篮子内要有少量金，我认为金应该算于"衣"）。也有些物品是重要的黑马，例如水泥（cement，期市可能没有）。用作建筑的水泥当然是"住"的重要物品了。（数十年前，我察觉到水泥的质量是奇怪地标准稳定，而其批发价也是奇怪地明确而一致。为此一位同事做了研究，结论是水泥是竞争甚烈的产品。但听说内地的水泥价格有垄断的沙石，可能不适用，要考虑外地之价。）

记着，这第四项原则也只求大略地对。把所有资料放进电脑，操作几次就会有一个大略可靠的篮子，再慎重考虑，修改几次就大功告成了。

如果北京真的要选一篮子物品为人民币之锚,我很想知道他们选出来的是些什么,其比例又如何?问题是,北京应不应该公布呢?公布篮子内的物品及其比例的好处,是可以增加国际对人民币的信心。但如果不公布信心也足够的话,不公布可能较为优胜。外汇市场炒家甚众,以一篮子物品为锚比较难炒,但多了一种炒法:先在外汇市场下了注,然后炒物品。这是近于杞人忧天,但我就是喜欢夸张一点,把问题推到尽。

我们不容易明白为什么一个经济的物价指数——那所谓通胀或通缩指数——不是按上述的一篮子物价指数从事的。今天所有国家的物价指数都有问号,很多问号,而其中最大的困难,是质量的变动不容易算进去,也往往没有算进去。为什么他们不按一篮子质量稳定、有代表性、价格可靠的物品作为物价指数的衡量呢?什么道琼斯指数、恒生指数等,不是对股市的上落有历久的为众所接受的量度吗?

还有另一个不容易理解的问题。今天,一般国家对通胀视如蛇蝎,但他们的做法,是先以货币量调控经济,见有通胀或通缩才再调控货币量。为什么他们不拜朱镕基为师,先以货币量调控货币之锚——目前人民币以美元为锚——然后再拜我为师,有多了出来的空间才以币量的增减来调控经济?这是倒转过来的做法,先稳定物价——或稳定一个可取的小通胀率——才论调控经济。前思后想,我认为先进之邦不倒转来做,是因为他们大搞社会福利。福利的支出增加易,减少难。有大量的不能不支付的养懒人与公务员的福利财政,手忙脚乱,货币政策变得人在江湖,身不由己矣!

22

浮动人民币的新观点

二〇〇四年二月二十四日

一位同学问,为什么四年前我建议让人民币的汇率自由浮动,而去年却发表了《不要让人民币自由浮动!》?问得好。我提供过答案,有点间接,这里简洁地再说一次。

(一)今天人民币偏低相当多,自由浮动会上升多少只有上帝知道。汇率可以有很大幅的波动。如果浮动后只上升百分之十左右而稳定下来,可以接受,但如果浮动上升百分之四五十或甚至一倍——可能性绝对存在——中国的工业发展会受到灾难性的冲击。还有,汇价的所谓均衡点不是书本说的那样容易找到,可以发神经地大上大落,政府见势头不对而入市干预,就等于不让浮动了。

其次,如果政府只让人民币上升一个百分比然后固守,猜中均衡汇价的机会甚微。更坏的是,改得一次就可以改两次,市场的人一般这样想,会促成再改的预期。还有,北京的有关人士去年就说过不升,而币值是不可以言而无信的。

再其次,今时不同往日,东欧及印度等国家满是廉价劳力,这些日子他们的经济发展大有长进。在重要的制造业上,浮动人民币会增加后顾的困难。

（二）四年前我说要浮动人民币，是见当时灰色市场的汇率比官价低（弱）大约百分之八，而北京以外汇管制来支持汇率。我反对汇管，但当时的舆论，是解除汇管与浮动人民币会导致"火山爆发"，人民币会一泻千里。我不那样看，认为人民币是强币，其表面弱势是汇管促成的。放开汇管，人民币浮动会有短暂的下跌，然后上升。除了弗里德曼，当时没有人相信我的看法。

（三）虽然七年前我佩服朱镕基把通胀控制为零，但四年前我还不敢肯定他划定下来的货币制度可行。多了四年的观察，今天可以肯定了。三十多年来，欧美与日本的货币政策，是先以币量调控经济，然后在某程度上维护汇率。这制度是要让汇率浮动的。朱老的政策是倒转过来，先以币量固定与美元挂钩的汇率，调控经济次之。我不知道北京是否刻意这样做，但这是创新的做法，不坐下来细想不容易理解。

我是去年初见到在有汇管的情况下，人民币的强势开始浮现，知道要人民币升值的国际压力迫在眉睫，才赶着作分析，于三月初写好了三四月间在《苹果日报》发表的《汇率战略论》。反复审查后才肯定朱老的货币政策行得通，但要有两个条件。其一是人民币能持久地略为偏低（或有庞大的外汇储备），其二是把币量调控经济放在次要的位置——先后次序的排列要固定而明确。今天，第一个条件明显地存在，又因为中国的经济增长稳定而强劲，第二个条件也是满足了的。

中国目前的货币政策的选择简而明——棋局稳胜，不容易走错。（一）朱老划定下来的货币制度可以小修，但不可大动；（二）人民币不可以没有锚，但要脱离以美元为锚；

（三）选择另一只锚要以市场可以直接成交的指数为准则；（四）以一篮子物品的物价指数为锚是明显的最佳选择；（五）解除所有外汇管制；（六）开放金融行业的竞争。

因为选下了另一只锚（或挂另一只钩），人民币对所有外币是自由浮动的。所以今天我说反对浮动人民币，其实还是赞成浮动人民币。重点是选用另一只脱离了所有外币的锚，此锚还是一个市场可以直接成交的指数，现有的货币制度不要改。

23

宏观调控的谬误

二〇〇四年七月八日

"宏观调控"这一词给市场带来恐惧感。一九九三年起朱镕基搞了几年宏观调控,害得不少在内地投资的人——尤其是购买了房地产的——亏蚀得叫救命。个人认为当年人民币来了几次大贬值,跟着朱老成功地控制通货膨胀,是导致一九九七年亚洲金融风暴的主要原因。理由简单,人民币大贬后而通胀下降至零,使亚洲好些贪污盛行的国家的币值大幅偏高,既然官商勾结,炒高自己的货币甚难,炒低极易。有些地区的货币兑美元在两个小时内跌了一半,与昔日国民党发明的银圆券、金圆券的走势有异曲同工之惨。

不管怎样,今天内地不少人听到宏观调控就谈虎色变,而香港及其他地区也提心吊胆。他们不一定知道或同意我说的中国十年前的宏观调控与亚洲金融风暴的关系,但今天中国的经济与十年前大不相同:今天中国的经济在国际上举足轻重!可不是吗?别的不说,今天有数之不尽的国家,因为出口中国急升而经济大有起色,如果中国大搞宏观调控而使进口下降,岂不是呜呼哀哉?

先别说今天中国的经济是否过热,别说北京应否搞宏观调控,也别说他们采取的调控之法是否明智,我认为他们大事宣传宏观调控是错的。要调控就调控吧，不要大叫大嚷。有三点。一、政府大叫狼来了，如果狼不来，失信于民还在其次，投资者与生产者的自卫行动可以导致很大的国家经济损失。二、如果狼真的来了，人民会想，我们交税是要政府不让狼来，发生了三几次政府的服务就大有疑问。三、世界上没有天才可以准确地估计政府大叫狼来了的经济效应——内的、外的、心理上的因素太多，估中是幸运，政府不应该玩这种博弈游戏。

不要忘记，朱老当年搞宏观调控，没有今天那样大事宣传，而更重要的，是当年神州大地的通胀率高达百分之二十七，摆明是失控，非大手调控一下不可的。朱老采用的办法，不是间接地通过调控货币量来调控通胀，而是直接地约束借贷。当年，朱老用这办法是对的。一九九三年五月二十一日，我发表了《权力引起的通货膨胀》，得到广大的反响。当时所有舆论都说中国要控制人民币的币量，我力排众议，说不能办到，因为币量急升是权力借贷的结果。我指出控制币量要从废除因为官职或关系带来的借贷权力入手。

想不到，朱老胆大包天，九三年七月接管央行后，不到一年，他真的与"权力"硬拼一手。我低估了这胆量，更低估了直接约束借贷的效应，自己也跟着朋友在内地投资损手。当一些朋友向我投诉朱老的政策，我的回应是自己估计失误，无话可说。政治上的问题，我是门外汉，但直接约束借贷的大效应看差了，可不是因为不懂政治，而是这政策史无前例。

今天中国的情况大为不同了。通胀还远不及失控的层面（见下文），而更重要的是国营企业与高干子弟用权力借贷的

宏观调控的谬误 175

行为已日渐式微。以直接约束借贷的方法（今天还在采用）来压制通胀当然有效，但很可能压制了市场认为应该发展的项目。政府无从判断在私营竞争下的市场取舍，所以今天要压制通胀，间接地约束银根，由浮动的市场利率指导项目远为高明。

更令人失望的是，北京看来是拿出经济学不知为何物的"过热"为理由，扼杀了某些行业的发展。报章说不少私营的钢铁厂，因为"经济过热"而遭封闭。读不到可取的理由，只封闭私营的，不能不令人怀疑国营的钢铁企业以经济过热为藉口，把有竞争优势的私营钢铁厂杀下马来。

回头说通胀，官方的公布是目前的通胀率大约百分之四，七年来最高，但这是在安全的百分之五之下。我解释过，物价上升与通货膨胀不同，而今天内地公布的通胀率有一部分是物价上升。我们要考虑两方面。

其一是人民币与美元挂钩，美元贬值，人民币跟着对其他货币贬下去，会带来格林斯潘所说的输入通胀的效果。这是物价上升：美元不再贬值就不会继续。一日不脱离与美元挂钩，这问题永远存在。

其二是有关的。国际收支平衡表（balance of payment）永远平衡，而其中外资的引进（例如出售土地给外资）与货物出口站在同一边；内资外流与货物进口是另一边。上一边高于下一边，在收支平衡表中就会有储备增加的出现。处理储备增加的过程中，有些做法会导致人民币的币量增长。在人民币偏低（有强势）的情况下，市场的压力会利用人民币的币量增加，以通胀来削弱人民币的强势。

这里我们要注意，人民币量增加而在内地流通使用，会带来通胀，但如果人民币的增加是外流了，或是被持有者用作保值、存款收息，其通胀效应甚小。所以我认为北京约束人民币外流，或约束外人持有，是不智的。央行以人民币换取外汇储备可以生息；人民币回流以储备收购，是赚了息口。在世界渐趋大同这二十多年来，一个国家的币量增加与这个国家的通胀的关系，再不容易推断——我对弗里德曼提出过这重点，他是同意的。

朋友说，北京对"过热"的一个阐释，是内地的投资增加得太快，今年上升几达百分之四十。这急速上升含意着银行借贷急升，于是忧虑将来坏账累累。银行坏账多是大麻烦，而目前的中国这问题严重。

我认为内地的银行坏账多，主要是国营的效果，而有时私营银行受到诸多管制也会有增加坏账的倾向。意料不到的经济转变带来的银行坏账无可避免。问题是，银行贷款职员不够慎重，或受了些小甜头而对某些顾客格外宽容，或甚至与借贷者串谋行骗，就是私营的银行也屡见不鲜。但私营的坏账入肉伤身，贷款的处理总要比国营的来得慎重。同样重要的，是私营银行的坏账，国家不需要承担。

我曾经建议人民币要脱离美元，改用以一篮子物品的价格指数为锚。只要该篮子物品选得适当，以调控货币量来坚守该锚，会一次过解决通胀的担忧，而如果需要，通胀率的选择可方便地以调整该篮子物品的物价指数来处理。如果把国营银行改作私营，以一篮子物品为人民币之锚，银行需要的监管最少，因为币量政策只限于守锚与通胀率的考虑。

读到或听到的资料不足，也不一定可靠。基于这些，我对北京最近的经济政策是失望的。他们给我的印象是犹豫不决，没有给要处理的问题做出清楚的阐释，推出执行的着法零散，使我看不到一个有整体性的方略。

24

换锚不要再等了

二〇〇四年十二月十四日

通货膨胀与弱货币通常是相连的。这是普通常识。历史上没有见过一只强币与令人忧心的通胀相连在一起。今天人民币不仅强,而且极强。几年前内地的人抢收美元,今天倒转过来,政府约束美元户口每月不准兑换超过五万美元的人民币,而购买房地产要拿出成交证据才可以兑换人民币。

一九九一年波斯湾之战后,美元强劲。美国的货币量增加了很多也见不到通胀出现。一九九五年,我与货币理论大师麦萨尔(A. Meltzer)讨论这现象,大家同意强币因为有国际及国内收存保值的需求,不容易有通胀。世界趋大同,强币很容易国际化,政府要禁也禁不住。年多前弗里德曼表示对自己历来高举的币量理论失去了一点信心。不是理论的错,而是世界的局限转变了。今天人民币的强势远超九十年代的美元。中国的生产力可观还在其次,以美元为锚而不自由浮动是主要原因。

我老是不明白,多年以来北京希望人民币能成为国际货币,今天却临阵退缩!如果解除外汇管制,让人民币国际漫游,央行发行容易携带的五百元人民币钞票,加上几个鬼子佬看得懂的英文字,人民币推出去,起码在亚洲一带,会有点像担沙塞海,不容易足够。

基本的问题没有解决。一国的货币有小强势可以持久,也可取,但大强势不可以持久,而如果坚持下去对经济有害无益。调整人民币的大强势有三个方向。其一是让人民币升值;其二是让人民币大量地国际漫游,满足外地的保值需求;其三是让通胀来弱化人民币。后者会是灾难性,不能考虑。前二者皆可考虑,问题是怎样处理最有利。这是后话,按下不表。

回头重提前文分析的输入通胀,我们要理解中国是个原料奇缺的国家,而今天既有"世界工厂"之誉,对原料的进口需求是庞大而又长远的。我们也要明白任何一类原料,不管进口不进口,本土产出之价会与外地的看齐。是的,今天的中国可能是史无先例的原料需求最庞大的国家,人民币与美元挂钩,上文分析的输入通胀是非常头痛的事。人民币要转用另一只锚看来是迫在眉睫了。

我喜欢眼观六路地凭直觉诊断经济。强币不容易有通胀;经济增长快可以容许百分之二十的货币增长率而没有通胀;发展中国家对原料的需求急升;中国的原料进口庞大;前年后期起人民币钩着美元在国际下降;中国的原料进口价格上升得厉害。这些加起来,前些时公布的百分之五点三与最近公布的四点三的通胀率,不应该是上文提到的人民币量增长的效果。头痛是北京推出宏观调控,而"输入通胀"会促成通胀预期。

我明白北京对"过热"的忧虑。别的不说,今年二月内地的固定资产投资,比去年同期上升了百分之五十三!乐观的会说形势大好；慎重的可能觉得经济在发神经。见仁见智，如果选择压制这急速投资增长，以目前国内的金融制度看，加息是唯一可取的办法。这样说，因为目前大多数的银行还是国营，由央行管核。

说过几次，国营银行早应私营化。这是最可靠的减少坏账的安排，而私营的坏账政府不需要承担。要补充的，是今天中国的货币制度，与欧美的很不相同。他们要做的是调控银根；中国央行的责任是守锚。既然变得举足轻重，央行不应该因为银行国营而费神于银行商业运作的事项上。

25

何谓浮动汇率？

二〇〇四年十二月二十一日

不久前几位同学说，网上有客搞笑，刊登一篇与张大师访问的对话，说大师赞成人民币汇率自由浮动上升云云，回应者众，弄得满网风雨。我不是大师，但同学们一致说"张大师"是指我。真麻烦。

为了这件琐事我发脾气。年多来对人民币及其汇率下过苦功作分析，写过不少文章。说我赞成外汇管制我会一笑置之，但网客的玩笑是对一半、错一半，使不少回应以为是我的观点，苦功岂不是白费了？

不要误会，我不认为自己可以左右政策，只是日暮黄昏，见神州再起，可以做多少有意思的就做多少吧。老了，思维锋利不及当年，但考虑较为周全，判断稳如泰山也。中国的货币情况严峻而特别，传统之见不管用。这里再略说我的分析吧。

（一）货币不可以没有锚——国民党当年的有尾飞砣是灾难。怎样下锚或下怎样的锚，是一个国家的货币制度。

（二）有锚的货币，其国际币值不可能绝对自由浮动。英美等国家采用的 fiat money 制度，大致上是以银根

（base money）为锚，而银根宽紧的判断则要看物价指数、失业数据等。这种制度下的锚比较有弹性，代价是处理常有失误。因为是间接的，这种货币的国际汇率，表面看是自由浮动的。

（三）人民币与美元挂钩，其实是以一个可以直接成交的指数为锚。从后者看，今天中国的货币制度史无先例。可行吗？十年的经验说可行，也可能是最可取的货币制度。目前看，这制度可以改进，但不可放弃。

（四）人民币与美元挂钩，其汇率对其他外币是自由浮动的。一只小艇在大海中下了锚，狂风暴雨之际在海面浮动。一锚必需，但多锚可使小艇沉没或粉碎。

（五）只要人民币继续以一个可以直接在市场成交的指数为锚，此锚可以更换而没有改变货币制度。

（六）说过了，纵观天下大势，人民币应该尽早换锚。以一篮子外币为锚可以考虑，以一篮子物品的价格指数为锚也可以考虑。个人认为后者胜，因为人民币对所有外币皆自由浮动，而更重要是调整这篮子的价格指数会有最轻微的不良效应。以一篮子物品为锚的唯一困难，是央行的主事人要懂得判断在怎样的情况下需要向哪一方略作调整，在怎样的情况下坚守不移。

（七）与美元脱钩而不换锚，让人民币无锚地浮动，会带来灾难，也代表着放弃了目前的货币制度。略为调高人民币兑美元的汇率而再守之也不智，因为增加了市场有再调高的预期，炒家会群起而出。

（八）以一篮子物品的价格指数为锚，调整这指数是代表着选择通胀或通缩率,是政府的职责,市场不会有不良预期,何况可以不让炒家知道篮子里的物品比率。

(九)六七年前我是赞成浮动人民币兑美元的。当时人民币表面有弱势,浮动可现其不弱,增加解除外汇管制的信心。但这样浮动是更改货币制度,要拜英美为师。朱镕基划下来的货币制度,我是三年多前才信服其可行的。

中国用可以直接在市场成交的指数为锚的货币制度要保持;锚要换但制不改;人民币在国际上升值的需要,是不升平过地换了锚才让他国调整;以一篮子物品之价为锚,人民币对所有外币的汇率皆自由浮动。

IV 压力升级说

26

货币政策与失业问题

二〇〇五年七月十二日

欧元摇摇欲坠矣。很多要说的，说之不尽，略说一点吧。

蒙代尔提出欧元的建议有十多年了。一九九六年我与弗里德曼谈到欧元的可行问题，他认为行不通，我同意，但今天回顾，大家的理由不一样。蒙代尔是个天才，想得深入，他的建议不能漠视。弗里德曼认为不同国家的政治不同，失业率不同，对货币政策的需求不一样，统一欧元是要成员国家放弃货币政策的自主权，行不通。

二〇〇三年欧元表现强劲，弗老的看法受到质疑，他认错，但认为十至十五年后他的看法还会是对的。该年六月二十八日，我在《苹果日报》发表《欧元高处不胜寒》，指出当时欧元成员国家的失业率有很大的差别：从三点六至十一点四，其中重要的德国与法国分别是十点七与九点三，都是极高的失业率。

传统理论的看法，是经济不景、失业率高的国家，可用增加货币供应的方法来处理。通缩不利就业，通胀利之，于是带来弗老的每年百分之二至五的通胀率对经济有利的看法。这一点，欧美有多年经验的支持。

我与弗老对欧元的看法虽然结论一样，但细节不同，主要是从中国今天的经验看到了差别。中国自一九九五年起通胀的跌幅很大，至一九九七近于零，而九八起有通缩，九九的通缩率达百分之三。不止此也，因为物品与服务的质量在同期有很大的改进，不容易算进去，当时中国的通缩率应该远高于百分之三。无从估计。一个可能是夸张的实例：上海一间房子一九九八年装修，人民币八十万；同一房子，二〇〇三年五十万可以装修得更好。

有上述的严重的通缩，中国的失业率上升了吗？没有。一九九七至二〇〇〇皆为百分之三点一，二〇〇一为三点六，二〇〇二为四点零——都是不高的数字。发生了什么事？为什么中国与西方不同？想了良久，得到的答案是中国的劳工合约与西方的有很大的差别。中国有的要不是件工，就是低底薪加分红，此外工人要走就走，雇主也可挥之使去，既没有工会，也没有过高的最低工资的政府规限。这是说，中国的劳工合约比西方的自由得多，通缩对失业没有明显的影响。

二〇〇〇年的春天，曾获诺奖的 J. A. Mirrlees 到港大演讲，提出他的失业理论。我指出他的理论是基于传统的工资合约，但整个中国不容易找到那种合约，而在中国盛行的分红或件工合约的安排下，他的理论不可能对。两年后我在《经济解释》卷三的第四章第八节发表《失业的理由》，强调合约安排对就业的重要性，可以传世吧。

回头说目前欧洲（与欧元）的困境，他们有的是没有弹性的工资合约，加上工会势力庞大，经验是：加薪皆大欢喜、减薪一起反对。不是新现象：工资下降有顽固性，凯恩斯在一九三六年就指出了。但凯氏可没有说:这是合约安排的问题——分红合约或件工合约不会有此顽固性也。七十年前,美国在工会势力下,件工变为不合法。

工资下降有了顽固性,货币政策对处理失业是大有用场的。增加货币供应,搞起通胀,效果是增加消费外,实质上减了工资。这对失业会改善,但怎可以说是上选的经济政策呢?还是回到经济学的第一课吧:市场的运作要让合约自由选择,要让价格或工资有自由浮动的弹性。欧盟如果做到这一点,蒙代尔的思维没有错。

27

人民币怎样了？

二〇〇五年八月二日

七月二十一日中国人民银行（简称央行）公布人民币与美元脱钩，提升百分之二。曾经在这题材上发表过不少文章，读者纷纷要求我评论二十一日的重要发展。持笔不发，因为搞不清楚央行的政策究竟是什么。某些时候、某些政策，政府不应该说得太清楚——这是战略——而我无从评论自己不清楚的话题。

然而，要求我解释的读者朋友实在多，十多天过去了，一言不发不对。巧逢《还敛集》换地盘，我想，初到贵境，多多少少要表演一点真功夫。先此声明，读到或听到的报道大有出入，不容易拿得准，我只能略谈比较肯定的，而下期牵涉到从来没有人提出过的分析，新的见解有较大机会出错的代价。希望读者能记着上述的"否认声明"(disclaimer)，不要被我误导了。

央行看来落笔打三更。他们不应该把人民币提升百分之二。脱离以美元为锚而换另一只锚可取，但要平过，然后坚守新锚，让市场浮动其他汇率。说过多次，人民币甚强，提升少许一定会触发再提升的预期，外围炒起来不容易处理。不幸言中，目前炒起人民币之风甚烈。

屋漏更兼连夜雨。这些日子欧元不好过，而伦敦又两次受到恐怖活动的不幸。这些使人民币的炒风火上加油。这样，加上人民币还有汇管，美元涌进中国是意中事。可能因为后者压力，人民币兑美元在二十八日与二十九日是上升了，很微，但明显，而这上升会加重继续上升的预期。

这方面美国是不帮忙的。记得个多月前美国某官员说人民币起码要提升百分之二，七月二十一日果然升百分之二。我不相信央行唯命是从，但外人看来是受到美国压力的影响。几天前美国财长斯诺说人民币会再升值，两位国会议员说不再升会重提徵收中国商品进口的惩罚性关税。不管这些言论有没有斤两，但再加重人民币的升值预期可以肯定。

还有另一个令我不安于心的问题。央行七月二十一日的公布，是人民币汇率会"以市场供求为基础"。这句话一九九三年十一月十四日说过。然而，当时朱镕基还在摸索，还没有找到他后来划定的、我认为是相当成功的以一个可以直接地在市场成交的指数为锚的方案。这下锚之法行了十一年，证实可取，锚可以换，但下锚的方法（货币制度）不要改。在朱老的方案下，守锚是大前提，什么市场供求云云可以完全不管，一般不应该管。明白这货币制度运作的师级朋友没有一个不同意。今天央行重提十多年前还没有确定下锚之法的"供求"言论，不免使人觉得北京是改变了下锚之法——改变了货币制度——这对压制炒风是有负面作用的。

是的，我认为香港的传媒做了错误的报道。央行没有说与一篮子货币挂钩，只是说参考。"参考"与"挂钩"是两回事。后来央行澄清，说是参考，没有"钉住"，有些报道说没有"盯住"，"钉"与"盯"的解法不同。综观七月二十一至二十九的人民币走势,我看不出下了什么锚,或挂着哪个钩,或选用哪种货币制度。

回头说人民币升值,本来不俗,但有三项顾虑。其一是可能放弃了下锚之法(改变了货币制度),我认为不智。其二是可能走上日元当年被迫升值的路。日元大幅升值(最多升三倍多),是大错,虽然小升是可取的。其三是人民币今天没有日元当年的国际形势,换锚处理不善,小升也麻烦。后者下回分解。

28

要解决双轨一价！

二〇〇五年八月五日

撇开上文提到的人民币升值引起的炒风及其他令人不安于心的发展，最头痛是如下的问题：人民币非常强劲，提升百分之二仿佛担沙塞海，微不足道，为什么内地的制造商在网上骂得那样厉害呢？对网上客的言论有怀疑，我求教了几位在内地设厂的朋友。得到的不够精确的大概结论，是对那些以劳力密集的出口制造商而言，百分之二是大升幅，有杀伤力。

一位造不锈钢产品的，经营了十多年，去年因为原料价格上升而倒闭；一位造塑胶产品的，说搏到尽也赚不到废料。举个例，一块塑胶片取料后余下来的，是废料，可以按重量卖出去。连废料的市值也赚不到，可见竞争激烈之甚。先进之邦的投资者到中国设厂不会斤斤计较废料，人民币上升百分之二无所谓；搞高科技产品的也如是。但靠劳力密集的"接单"厂家，"水位"甚小，而这些厂家是目前中国经济发展的"米饭班主"了。一位朋友直言对周小川先生最近要求厂家增加生产力有反感："已经搏到尽，你来增给我看。"

为什么会这样呢？答案是今时不同往日：今天廉价劳力

到处都有，你不接单买家会跑到他家去，或跑到其他国家去。日本经济起飞时没有这个困难，何况他们一起笔在当时的科技水平中有看头。

究竟发生了什么事呢？我为这问题想了好几晚，得到的答案是这样的。人民币很强，偏低相当多，但这强势不是来自对外贸易的顺、逆差。去年中国的国际总贸易出现过逆差，人民币强势凌厉；今年因为宏观调控削弱了进口的增幅，贸易的顺差上升，但比起资本项目的人民币需求，微不足道。是的，在国际收支平衡表的两类项目中，人民币的强势不是来自贸易项目，而是来自资本项目。后者包括外人对中国房地产的需求，要到中国设厂投资的需求，加上单是对中国的前景看好而要多持人民币的需求。

人民币就是人民币，没有黑市就同币同价。但在对外贸易那方面，经过多年的逐步开放，尤其是进入了世贸之后，中国的产品之价是国际的竞争价，按照着十一年来人民币与美元挂钩的汇率调整，达到了国际竞争的市价均衡点。这样，提升人民币的汇率对上述的"米饭班主"立刻有杀伤力。另一方面，人民币的汇率大幅偏低，有强势，主要是外间对资本项目的需求，而后者历来有外汇管制，是国家垄断的市场。然而，没有黑市，人民币只有一个价，一个合乎国际产品竞争的均衡价，与垄断的资本项目需求是脱了节的。这是政府做出来的双轨一价的情况，很头痛，早晚要解决。

朋友，你认为北京要怎样选择才对呢？大幅提升人民币，达到资本项目的垄断均衡，中国经济的米饭班主不免一死。小量提升，左顾右忌，意图中间落墨，愚不可及，因为在贸易项目与资本项目之间不会有任何均衡点。余下来可走的路只有一条：解除外汇管制，大量在国际上供应人民币，把双轨一价改为单轨一价——国际竞争市场之价既可解决汇率问题，又有大钱可赚，何乐不为哉？

开放人民币供应（解除汇管），北京要人民币的强势跌到哪个价位都可以。但我认为持久地看，人民币要略为偏低，很小的。下一个可取的锚就容易办了。人民币外流不会引起国内通胀，而为恐放出人民币过多或回流会引起通胀，我的建议是以一篮子物品为锚。维护此锚可以给政府一个可靠的准则来调控人民币的供应量。同样重要是此锚不会导致通胀预期；价位可以调整，只要政府对调整的上下限言而有信，通胀或通缩预期就有了约束了。

29

人民币又怎样了?

二〇〇五年八月二十日

人民币的汇率处理最近发展得快,也显示人民银行(央行)有点真功夫。外间的阐释我不懂,虽然自己毫无内幕消息,但跟踪了中国的发展那么多年,有听风辨器之能,央行的言论改了几个字我就意识到发生着什么事。可以说,央行落笔打三更,不应该在脱锚与换锚时提升人民币百分之二,触发了炒家的神经。但央行跟着的处理有两手,大教授给八十分。如果能坚守我猜测的他们选走的货币与汇率的政策与路向,上述提升百分之二的错失几个月后会平复下来。长远一点看,一篮子货币的选择有好的一面,也有坏的一面,且按下不表。

本月二日我发表《人民币怎样了?》;五日发表续文《要解决双轨一价!》——是自己比较称意的分析,读者反应热闹,虽然好些读不懂。不是容易的话题,要深入地思考才可以掌握。这里再来一篇,有趣地"跟踪"一下,题目于是加了一个"又"字。

首先要说的,是央行最明显而重要的言论转变,是再没有说"以市场供求为基础"这句话。其含意是,朱镕基划定下来的货币制度没有改——只是换锚,不换下锚之法。做得对。"以市场供求为基础"是欧美的fiat money制度，调控很困难。朱老的制度，是坚守一个可以在市场直接成交的指数为锚，历史没有出现过，十多年的经验证实可行，应该是创造了经济奇迹的一个因素了。这制度是让市场的供求调整来维护一个锚，不是倒转过来，让一个锚浮动来调整市场的供求。说过多次，任何制度，只要行得通，效果好，不要手痒动之。这方面蒙代尔的看法与我一样，不久前他说：If it is not broken, don't fix it!

央行最近公布了篮子内的货币，说比重是以中国对各国的外贸比重为依归。再不是"参考"，是"钩住"，虽然在必要时可以调整。这与不再说"以市场供求为基础"是互通的。至于央行没有言明篮子内的比重数字，做得对，虽然公开也无伤大雅。

一九八三年我与香港财政司彭励治研讨采用今天的联系汇率时，与一篮子货币挂钩我们考虑过。彭老反对一篮子货币，主要是政治上的问题。我当时的分析，在一九八八年六月九日发表的《联系汇率的困扰》一文中写了出来：

"适当的一篮子（货币）的选择，是一个比重的问题，也就是一个指数的问题了。最理想的选择，是一篮子内不同货币的比重应与香港对不同国家的外贸比重相若。若非如此，一篮子（货币）的唯一优点就失去了。"当时我认为港元与一篮子货币挂钩不成，因为香港最大的贸易伙伴是内地，而当时人民币白市黑市乱七八糟，无钩可挂也。今天央行以贸易比重来下一篮子货币之锚，与区区在下昔日之见不谋而合，可谓英雄所见略同矣！

最近央行的第二项政策，是明显地要逐步解除外汇管制，让资本项目打进国际市场。这与两个星期前他们说五年内不放开资本项目是不同的。是重要的发展。放开资本项目（解除汇管）是唯一可取的舒缓人民币强势的方法，而对国家整体的发展非常有利。是的，看今天的形势，中国解除汇管有大利可图，其中的技术问题我不是专家，资料不足不便评论。可说的是，这方面周小川先生的斤两如何，一两年内会放榜。

30

弹性系数与贸易逆差

二〇〇五年十月十四日

这题目四十四年前做学生时读过。其中有一条六时长的数学方程式，听似湛深，其实不难，读者不要被吓怕了。当年我被吓了一下，奇怪有人可以想出那方程式。若干年后，与哈伯格（Arnold Harberger）畅论天下，把酒言欢，我提到该六时方程式，他说是他发明的。

经济学问了不起是一回事；经济顾问了不起是另一回事。作为一个国家的经济顾问，要做得好，远比经济学问困难。这是因为国家顾问责任重大，要懂得把实用的与花巧的理论分开，要知道历史，要懂得政治局限，要有策略，有时要以退为进，有时这里让一步，那里进一步。做国家经济顾问的顶级人物，我平生认识两个：一个是当年英国撒切尔夫人的私人顾问 Alan Walters，另一个是周游列国的哈伯格。

想到哈伯格，因为两个多月前人民币兑美元升值百分之二强后，美国对中国的贸易逆差没有改进，财政部长斯诺要到中国来，要求人民币再升值。经济学说得清楚。人民币升值不一定会减少美国对中国的贸易逆差，有可能不减反加，为了减少这逆差或贸赤而要求人民币升值是逻辑有问题的要求。

想想吧，人民币兑美元升值，美国进口的中国货量会减少，但购买中国货的总支出可能减少也可能增加。关键是美国人对中国货的需求弹性系数。如果因为人民币升值而导致美国人购买中国货的总支出增加，那么这升值会增加美国对中国的贸赤。另一方面，人民币升值，中国人购买美国的货量会增加，但中国人的总支出可增可减。这里的关键是中国人对美国货的需求弹性系数。如果人民币升值，中国人购买美国货的总支出减少，美国对中国的贸易逆差又会增加。

上面提到两个需求弹性系数，还有两个供应系数及其他系数，加起来有六七个，记不清楚。哈伯格的天才，是把所有有关的弹性系数以一条方程式组合起来，鬼斧神工，求出一个国际整体的弹性系数，结论是一个国家的币值上升，不一定可以改进另一个国家的贸易逆差，且可能有相反的效果。当然，如果人民币兑美元上升很多，多得美国人不买中国货，而中国人则因为美国货大减价，疯狂购买，美国对中国的贸易逆差一定会变为顺差。

只有上帝才知道人民币兑美元要上升到哪个价位才能减低美国目前对中国的贸易逆差。不小的机会，是人民币兑美元上升百分之十至二十之间，美国对中国的贸易逆差会急升！美国当然不能接受，但这人民币升幅足以使无数的中国接单厂家临于绝境。也只有上帝才知道，人民币兑美元上升到美国对中国没有贸易逆差时，中国的工业会变成怎样。个人的判断，是人民币的升幅不需要达到日元当年的上升倍数，中国的工业就全军尽没矣！今天中国的形势与日本当年面对的不同：参与国际产出竞争的廉价劳力国家今天实在多，供应的弹性系数因而高得很。

美国的经济学者会同意，为了减少美国对中国的贸易逆差而要求人民币升值，绝不明智，而就算中国没有懂经济的人，北京不可能接受还可能增加美国贸易逆差的大幅人民币升值。

结论明显：以改善美国的贸易逆差为理由来要求人民币升值，北京不应该考虑。以人民币升值来增加美国的就业机会，是另一个理由，比较合乎逻辑，合乎道理。下文谈吧。

31

人民币升值会增加美国就业吗?

二〇〇五年十月十八日

上文提到美国财长斯诺到中国来要求人民币再升值,因为美国对中国的贸易逆差没有改进。该文指出,人民币升值能否改进美国的贸赤是弹性系数的问题,有不小的机会适得其反,增加美国的贸易逆差。但斯诺要求人民币升值来减少贸赤,我只是从传媒读到,很怀疑其可靠性。几个有关的弹性系数无从估计,弄巧反拙的机会不小,斯诺手下的经济专家不可能不知道。

远为可信的要求人民币升值的原因,是中国进口美国的货量大,对美国的经济有大冲击,增加了美国的失业人数或减少就业机会。人民币升值使中国货的进口价格上升,有提升进口税的效果。要求人民币升值于是成为一种"保护主义",不是书本说的保护"婴儿工业"(infant industry)的那一种,而是保护美国工人的就业。

人民币兑美元升值,中国货进口美国价格上升,于是进口货量下降,是对的。进口货量下降,美国需要转工的工人会减少,这也对。转工不灵会失业也。然而,长远一小点看,进口下降就业机会不一定会增加。这是因为中国出口美国减少,有可能弱化中国人对美国货的需求,从而减少了美国人的就业机会。但这是间接的，不明显，不会使反对中国货进口的政客的热情降温。

美国目前的进口"过多"的困境有两个不容易解决的问题。其一是说过的，世界的经济结构十多年来出现了巨变，满是廉价劳力的参与国际产出的国家多得很。约束中国货进口，还有印度、泰国、马来西亚、非洲，等等，屈指难算。以配额约束中国纺织品，订单跑到印度等地区去，价钱不比中国高，虽然质量可能差一点。美国可以约束多少个国家呢？全面约束，美国的消费者会破口大骂，而进口商与不计其数的零售商人会黑口黑面矣。

好些年前我调查过，一件在美国零售一美元的中国货，中国厂家大约获十九个仙。这是说，除了运费，绝大部分中国货进口美国的收入落在美国人的手上。这不是剥削，是交易费用使然。让美国商人赚取这些费用，消费者笑逐颜开，皆大欢喜，不是很好吗？为什么只为少数人转工不易，政客夸夸其谈，就漠视了人数多不知多少倍的商人与消费者的利益呢？这是政治，我不懂。

第二个困难我也说过。美国有严厉的最低工资管制，不分男女长幼，也不管何方行业，每小时的最低工资（连福利）大约八美元。这是中国的二十倍。其他廉价劳力国家低多少倍我不清楚。今天美国要保护的纺织品行业，本土的工人差不多一律获取最低工资，如果被解雇，这些人要到哪里去找工作呢？如果没有最低工资管制，每小时八美元失业的可找五美元的工作，不是很好，但可以，只是最低工资法例不容许失业的这样做！

在一个世界经济结构发生了巨变的大时代中，不可能没有一部分人受损，或起码要受损一段时期。因为共产国家的改革与其他的封闭国家跟着开放，增加了十多亿的廉价劳力参与国际产出竞争，原则上，举世应该得益。可惜在这巨变中，有一部分人会受损。政治的引进增加了受损的人，也久延了受损的时日。

世界大变，风雷急剧，我认为美国要掌握时机，大手改革自己的法例与制度的不足来应对，开放开放，推出自己无与伦比的科技优势，赚钱无碍也。

32

周小川的职责与格林斯潘不同

二〇〇五年十月二十一日

无巧不成书,刚交出《弹性系数与贸易逆差》的文稿,收到同学传来本月份的《财经》杂志,其中有周小川先生的访问。我的文稿说人民币升值不一定可以减少中国对外贸易的顺差,或减少美国对中国的贸易逆差。关键是国与国之间的需求与供应的弹性系数,有好几个,无从预先估计,人民币升值有可能大幅提升美国对中国的贸易逆差。

在访问中,周小川对七月人民币兑美元提升百分之二作了如下的解释:"选择百分之二初调水平的依据是,过去五年,我国平均年商品与服务贸易顺差在二百亿美元左右,占国民收入的百分之二左右;同时,测算到中国的出口弹性和进口弹性,因此,百分之二的调整基本可以达到预定的政策目标。"

记者报道的访问,不作得准,而周小川日理万机,上述的分析应该来自他的手下。是令人尴尬的分析,不仅逻辑大错,而弹性系数是无从测算或估计的。所有这类系数的估计都是事后的无聊玩意,如果任何人可以在事前估计得准确的话,大发其达易如反掌也。一个国家不应该拿这些换不到糖果吃的玩意作为经济政策的指导,虽然香港政府曾经屡次以这种估计来推测税收，错得连街边的傻佬也斗不过。

寄语小川先生，不要胡乱相信经济学者的话。小病无医自愈，大病五个医生不一定有一个信得过。国家的经济诊症，十个经济学家有一个可靠是奇迹。领导国家经济要以原则为重，要纵观天下大势，道理不说得浅白而又层次分明的，半句不可信。

在同一访问中，周小川提到内需消费增长不足的问题，这与目前的宏观调控是有矛盾的。细读分析，问题不少，但与本文要说的无关。

这里要说的，是美国的货币制度与中国的货币制度很不相同，是两回事，所以周小川不应该见到格林斯潘管什么他就管什么。美国的货币是 fiat money，其制度没有一个固定的锚，格老看着失业率、通胀率、增长率等来调控美国的利息率与银根。在这制度下，管货币与银行体制的同时格老不能不顾及国家经济的其他方面。

美国的货币制度非常复杂，难处理，五十年来弗里德曼只认为格林斯潘管得比较好。然而，高人如格老，我们只要看美国的利息率一轮下降，一轮上升，轮来轮去，就知道他老人家管得手忙脚乱。货币大师蒙代尔反对 fiat money 制度，国际大师哈伯格对该制度有疑问，英国的货币大师 C. Goodhart 也有疑问。我自己呢？经过多年的观察，认为朱镕基划定下来，今天还算是存在的，以一个可以直接在市场成交的指数为锚的制度，可取，适用于今天的中国，虽然我认为以一篮子外币为锚是次选。

在目前的制度下，小川先生的职责是守锚，监察银行运作，处理外汇，约束通胀，以及开放金融。是很大的职责，都不太难，但不要管到经济的其他方面去。格林斯潘在美国的货币制度下要管经济的其他方面，小川先生不要管，因为一管起来朱老的上佳制度就不容易保住了。

读到格林斯潘与财长斯诺要求人民币升值的言论，字里行间我认为他们不明白中国的货币制度。推下去，他们的要求是中国施行美国的货币制度。我深信他们对中国的善意，但今天美国面对的国际经济形势，与中国面对的很不相同。接纳他们的建议，灾难不容易避免。最近读到周行长与温总理的言论，认为如果依照他们说的要把汇率调来调去，在炒家压力下，人民币走上 fiat money 的路是早晚的事！

33

一篮子货币与一篮子物品的比较

二〇〇五年十月二十八日

今年七月人民银行换新锚,人民币钩着一篮子货币;我曾经建议人民币以一篮子物品为锚。是难得一见的上佳经济博士试题:"中国央行选一篮子货币,张五常选一篮子物品,试作比较分析,并评论对中国的经济发展孰优孰劣。"

天下间不会找到一个对经济分析比我更客观的人;读者不用担心我偏袒于自己的选择。以点数论,一篮子物品的优点无疑比较多,但优点多不等于整体优胜。下面列出两个不同篮子的各点优劣,整体如何读者自己衡量,或有以告我。

(一)在技术的处理上,一篮子货币比较容易。换言之,其处理费用较低,不是低很多,而庞大如中国,一篮子物品的较高处理费用微不足道。

(二)选一篮子货币,有外贸的比重为依归,顺理成章。选一篮子物品则要以生活消费的比重为依归,要多算一下,但因为不需要很准确,不会是大麻烦。

(三)与一篮子货币挂钩的最大好处,是人民币的币值会跟着大围走,不会因为主要的外币一起暴升或暴跌而成为离群之马。机会不高,但与一篮子物品挂钩有"离群"的可能性。

（四）一个角度看是优点，另一个角度看是弱点。与一篮子货币挂钩，主要的外币国家有大通胀或大通缩，中国也要奉陪。主要的外币有大通缩的机会近于零，但因为战争、财赤、失业等问题，外围大通胀的机会存在。

（五）要调整锚的指数，一篮子物品远为高明。七月人民币调升百分之二，跟着炒家满天飞——预期再升也。但调整物品指数是调整物价，政府说每年容许百分之二的通胀，不会有多人预期百分之五。因此，北京久不久要搞的宏观调控，以一篮子物品为锚容易处理，容易得很！

（六）人民币要打进国际市场，只要解除汇管及印制一些五百元面值的钞票，就七七八八了。如果加上与物品挂钩，则会升到十分满分。没有谁不喜欢有物品保值的货币。据说七月二十一日央行宣布与美元脱钩后，只一个小时新加坡也与美元脱钩，而跟着新币的汇率走势，显示钩着人民币。李光耀的经济人马比香港的高明：他们早就作了准备！如果人民币与一篮子物品挂钩，其他的东南亚国家不会那样蠢，不钩着人民币。这样一来，这些国家都会以人民币作储备，此币的国际化怎会不急升呢？

（七）让我来一个妙想天开的假说。如果人民币以一篮子物品为锚，而举世的货币都钩着人民币，那就等于举世的货币都以一篮子物品为锚了。大家这样坚守，一篮子的物价指数不会变，可变是篮子内的物品的相对价格，以及篮子外的物价。这样，原料的价格可以持久稳定，对新兴的制造国是大吉大利的。

（八）一篮子货币最头痛的地方，是如果坚守指数，美国不会满意，其他先进之邦——矿物不多而工资福利皆高的——也不会满意。这些国家会联手施压，要人民币再升。是奇怪的博弈游戏。在人民币与一篮子货币挂钩的情况下，一个上述的先进之邦可以不惜通胀，独自对人民币大幅贬值。但如果几个类同的国家跟着这样做，他们之中没有一个可以成功地对人民币贬值，只是大家一起搞起通胀——而中国也跟着通胀起来了。

34

人民币受到的压力

二〇〇五年十一月二十九日

布什访神州,重要话题当然包括要求人民币升值。三十多年前欧美同样地向日本施压,日元从三百六十兑一美元上升至七十八兑一,今天大约一百二十兑一。为此我于一九八六说日本大势已去,不幸言中。是的,日本的经济触礁已近二十年了。该国的政要不少是富有家族,日元保持强势对这组利益团体有好处,上升了的于是掉不下来。

五年前在旧金山与弗里德曼论天下,他说等了那么多年,日本的货币增长终于有机会上升了。这意味着日元兑美元有机会下降调整,帮帮经济,但五年过去了,依旧依旧。

日本当年的形势与今天中国的很不一样,当年如果日元只上升一倍还有可为。两方面。其一是日本当年的工业,自己的科技有看头,用不着靠廉价劳力争取市场。其二是不像中国今天这样,日本当年不需要顾及数之不尽的拥有无数廉价劳力的竞争国家。

今天中国的形势不同。人民币只上升百分之二,接单工厂叫救命之声不绝于耳。另一方面,央行放松一下,炒家蜂拥而出,扰乱商家的视线。显而易见,如果央行再放松几下,朱老划定下来的货币制度就不容易守住了。

不久前读到英国货币大师 C. Goodhart 说人民币不宜再升值，我同意，但他说的理由，是中国还没有发展好外汇的期货市场。这理由我是不同意的。外汇市场中国还没有发展好是事实，但不是人民币不宜升值的好理由。Goodhart 是专家无疑问，我认识这个人——欣赏此君——但他不清楚中国的货币制度，也不了解目前的国际竞争形势。不敢小看这位大师，而是问题复杂，要跟进很久才能掌握其脉搏的。

美国对中国的贸易有大逆差。从这角度施压，要求人民币升值，不难理解。中国两年前的国际贸易总额有逆差，今天这总额有顺差。然而，这顺差大约是美国对中国的贸易逆差。这是说，如果不算美国，中国的国际贸易总额有逆差。这也是说，如果中国把人民币大幅提升，升至美国对中国的贸易没有逆差，中国对外贸易的总逆差会是天文数字！可以接受，因为资本项目是国际收支平衡表的另一部分，救一救。不可以接受的是这样做，中国现有的货币制度一定守不住，接单工业会兵败如山倒，而竞争之邦会把中国杀下马来。

说过了，今天人民币的强势不是来自贸易项目，而是来自资本项目。汇率一个，形成了双轨一价的麻烦。这是重要的分析。上选的解决办法，是中国解除所有外汇管制，把人民币大手地推出国际市场，既可赚钱，也可以因为资本项目的放宽而纾缓人民币的强势，使资本项目的人民币均衡汇率与贸易项目的均衡汇率看齐，双轨于是变为单轨，达到了单轨一价的整体均衡。处理得当，这政策是不会引起国内增加通胀的。

问题是这政策不能解决美国对中国的贸易逆差！是不容

易理解的现象：今天国内的市场有不少欧洲货，也有不少日本货，但美国货很少见。中国向美国买飞机，买谷物，也买点矿物原料，但日常用品不多见。美国对中国贸易有大逆差的关键，很可能在于美国有优势的服务、医药与先进科技（或其产品），进口中国双方都有管制。若如是，中美的谈判应该集中于互相解除这些管制。人民币升值是不应该考虑的。

35

经济红灯终于亮了！

二〇〇五年十二月二日

最近美元呈强势，但人民币兑美元却上升，破了八兑一的关口。这显示着人民币不再与一篮子外币挂钩。央行说要放宽人民币浮动的上、下限，也不对，因为他们不会不知道在人民币期货币值远高于现值的今天，该币只会"浮"到上限，不会浮到下限那边去。这些迹象显示，央行是脱离了朱老十多年前划定下来的货币制度，转走美国的 fiat money 的路向。是严重的问题，希望自己看错了。

不少朋友说周小川先生要做中国的格林斯潘。最近读到周先生的言论，以货币调控经济的意图明显，支持着朋友的观点。不难理解。任何人，连我自己在内，见到中国的发展，希望自己可以做出更多的贡献。但我只是个老书生，纵有雄才伟略，也只是书生而已。周先生举足轻重，是另一回事。

说过了，以一个可以直接在市场成交的指数为货币之锚，稳守，对中国目前的发展非常重要，而在这制度下，央行对经济整体的调控范围不大。换了像英美那种不易触摸的失业指数、通胀指数等为货币之锚，央行的职责与权力上升好几倍，要顾及调控经济的整体。不容易，闯大祸的机会不小。格林斯潘在美国国会的应对一流，但高明如格老，美国的利息率一轮上，一轮落，轮来轮去，考试打分是不及格的。

在 fiat money 制度下，货币问题很复杂，天下第一货币高人弗里德曼两年前也摇头叹息。既然十多年来中国用上了远为简单而又可靠的货币制度，经济发展出现了人类奇迹，动之愚不可及也。我绝对同意在货币话题上可与弗老平起平坐的蒙代尔对坚守人民币制度与汇率的看法：If it is not broken, don't fix it!

十月二十一日我发表了《周小川的职责与格林斯潘不同》，起笔指出周先生说的（可能是他手下的杰作）关于人民币上调百分之二的弹性分析，逻辑大错。北京赵晓为之辩护，拿出鞋油，说周先生"优秀"，人民币升值已见"佳"效云云。我没有说过周先生不优秀，但错得那样离谱的分析是不应该维护的。

提到这件事，因为我感受到中国的经济发展是进入了一个"擦鞋"时代。外人要求人民币升值，手法多种，而最有效的似乎是对中国大赞一番。我担心的是人民币继续升值，擦、擦、擦，颂赞之声会不绝于耳。首先是中国的统计数字喜欢用美元算。人民币升值，国民收入以美元算上升得快，频频报喜。日本仔当年就中了计。跟着是在中国下了注的外资喜上眉梢，再跟着是有专利性的名牌厂商大声叫好。有钱的炎黄子孙也过瘾。这些获利者早晚成为压力团体，擦起鞋来霍霍有声，人民币再要下调则破口大骂矣。这样看，小川先生的皮鞋不够多。

可怜那些劳苦大众，或那些没有见过飞机的农民，要到我称为"接单"或"边际"工厂去赚取月薪数百的那些人，那些希望学习一下，午餐两片面包，节省点钱寄回家的人。数千年来神州大地就是漠视这些人，视之如粪土。中国历史上，这些人从来没有发言权，是香港人说的咖喱啡：行就行前，企就企边，死就死先。人民币升值，他们是主要的受害者，因为这升值会削弱他们在国际廉价劳力市场的竞争力。

愚见以为，中国的经济改革主要是为劳苦大众而改，其他皆次要。我反对福利经济，反对劫富济贫，但二十多年来力竭声嘶，极力主张增加穷人自力更生的机会。人民币升值是把这机会扼杀了。

36

不要忘记货币的基本用途

二〇〇五年十二月六日

货币的基本用途是减低交易费用，没有其他。想想吧。没有货币，市场以物品换物品，两只鸡蛋换一杯咖啡，麻烦兼头痛。积累财富，股票之值以货币算，房子搞按揭也以货币算，比没有货币是另一个天地了。

因为货币的存在而节省的费用——交易费用——大得惊人。昔日国民党营私舞弊，关金、金圆券、银圆券之类搞得一团糟，通胀天文数字，但市场还有人采用。一九四八年的广州，小面额的钞票称"湿柴"，一小箱才换得一碗饭，市场还流通着。早些时抗日战争，在广西，一张钞票可以撕开为二，半张作半价。这些例子说：没有货币，市场的交易费用非常高。

说过了，专业产出然后在市场交换，获利甚巨，因而容许很大的交易费用存在，就是政府胡作非为的钞票也有用场。也说过，只要制度能减少一点交易费用，经济就会有急速的增长。是一九八一年说的，准确地推断了中国后来的经济演进。这是经济学。

人类追求一种稳定的货币制度，有数千年的历史了。无可置疑，历史上最可取的货币制度是金本位或银本位——用纸钞也指明可以换取的金或银的重量的制度。欧洲从罗马帝国到世界大战之前的所有成功经济例子，不是金本位就是银本位；中国经济成功的清三代，皆用银本位制。困难是这种本位制，在经济发展得快或遇上战争，金与银的供应量不够弹性，而更头痛是遇上金或银大量外流的情况。一百五十年前神州大地因为鸦片进口使银两外流太多，引起了人死三千万的太平天国之乱。

二战后，一九四四年，四十四个国家要统一国际汇率，于美国一个名为布雷顿森林的城市达成协议，共识是每盎司黄金三十五美元，参与之邦皆以此金价厘定币值，但国与国之间的黄金结账只能由国家央行处理。后来美国出口的黄金过多，反对，该协议于一九七一年瓦解。

十九世纪末期，一位英国爵士提出了钞票局（currency board）制度，为殖民地而设。记不起香港何时用上，一九七二取缔，一九八三再用，称联系汇率制。七二之前港元与英镑联系，八三起联系美元。这是以英镑或美元作为香港钞票的本位保值，不保支票，而原则上币量供应要被动，不能用币量变动来调控经济。七二之前差不多不用人手操作，但八三之后若干年，任老弟作了我没有跟进的修改，使今天香港的金管局变为庞然巨物。可幸他没有手痒地以货币调控经济。

如上可见，货币制度的要求主要是稳定币值，愈稳定对市场的交易费用节省愈多。绝对不是为调控经济而选择货币制度的。然而，自《布雷顿森林协议》起，币值不容易稳定，而该协议瓦解后，多国走上 fiat money 之路，稳定币值更困难。经济大波动出现，货币政策逼着要用作调控经济了。

八十年代中期，弗里德曼和我研讨中国应该采用的货币制度。大家同意中国太大，不能仿效钞票局。Fiat money 与浮动汇率看来是唯一的选择了。当时大家没有想到，朱镕基后来推出的、以一个可以直接成交的指数为锚，不仅行得通，而且对经济的稳定发展有奇效。

结论明显。以货币供应或利率变动来调控经济，主要起于货币制度的本身出现了问题，把经济弄歪了。上佳的货币制度，是不需要用货币政策来调控经济的。朱老发明的庶几近矣！只有一个大问题：挂错了钩，不让美元兑人民币自由浮动。

37

要求人民币升值深不可测

二〇〇五年十二月九日

美国强烈要求人民币升值已有两年多的日子了。声浪来自一些国会议员，代表着一些压力团体。表面看不难明白，但深入地想则不易理解，因为人民币升值对美国的经济整体有害无益，肯定的。这里分点说说。

（一）最可取的理由，是人民币钩着美元，后者兑人民币无从贬值，而人民币钩着一篮子外币，美元兑人民币贬值也不易，因为其他外币贬值，美元兑人民币会上升。为此两年前我建议人民币转钩一篮子物品，让美元或任何外币兑人民币自由升降。但美国可没有建议人民币转钩任何其他的，只要求人民币升值是间接地要求人民币改变货币制度。

美国的经济大师一般同意，朱老设计的货币制度是好的，也同意我说的经过多年在国际上调整，人民币值达到了贸易的均衡点，兑美元向上调整是对所有外币向上调整，极为不智。

（二）美国的经济专家不可能不知道，人民币升值对美国的贸易逆差不一定有帮助，适得其反，增加该逆差的机会不小。熟知施蒂格勒与阿尔钦的需求第二定律的会同意，如果今天人民币兑美元只上升百分之十以下，美国对中国的贸易逆差上升的机会是十之八九。这是因为进口了中国的廉价货品有时有日，美国本土的制造商早就看风驶帆，不容易一下子转轨回头。

（三）为了增加美国本土的就业机会而要求人民币升值，有点道理，但最近在关键的纺织品争议上，中、美已达成协议，为什么还继续要求人民币升值呢？不要说我擦鞋，但这里要赞薄熙来一句：中国与欧盟及美国达成纺织品协议，是此君之功，条件对中国不俗，横看直看是不简单的本领。

（四）这点最重要。美国几年前遇到"九一一"的不幸，跟着是伊拉克的麻烦，但美国的经济近于奇迹的稳定，通胀率不高，而物业之价大幅上升了。美国的经济学者朋友提出好几种解释，皆不合情理。

我的解释，是这些年价廉物美的中国货进口美国急升，使那里的家庭日常用品的价格急速下降，一方面压制了通胀，另一方面增加了美国家庭的储蓄空间。再者，中国货进口美国的收入，绝大部分落在美国商人与专利持有者的手上。据说一部中国产出的 DVD 机，有码必解的，美国零售三十元，中国所得只三几元而已。

不要看中国货进口美国的总值只是美国国民收入的一小部分而不重视，因为价格那么低，不容易占美国国民收入的一个可观的百分比。重要的是美国家庭节省的钱比进口的中国货价高很多。绝不夸张，中国购买一架波音飞机，所付之价不会低于一个不大不小的美国城市所有居民的全年日用品消费。朋友说，不容易在美国见到一般的日用品不是中国制造的。

奇怪没有人提出过中国制造的廉价日用品救救美国经济这个重要观点。不可能错，只是救救美国的同时，也救救中国的劳苦大众。这是亚当·斯密二百多年前划定下来的黄金定律了。你吓我，说要征收惩罚进口税，说人民币偏低是阴谋，要诉之于法；我吓你，只说一句禁止中国货出口美国就足够！何必吓来吓去呢？互相交易图利不是过瘾一点吗？

美国要求人民币升值是要求中国货加价。朋友，你有没有要求过任何你光顾的商店对你加价呢？如果有，我这篇文章作废！政治深不可测，可以信矣。

V 货币多面观

38

从格老政绩看美国的货币制度

二〇〇六年二月十四日

做了十八年多美国联邦储备委员会的主席，格林斯潘退休了。他是经济学界认为最卓越的主席，历来对该职位没有好评的弗里德曼，也给格老打上高分数。三十五年前起在美国的经济事务上任要职，格老政绩斐然。这些年他频频获荣誉奖项，没有谁有异议。

格老在国会的应对令我拜服，而从他的言论中我们知道他对经济资料的掌握详尽而全面。学者风度明显，在政坛上能像格老那样来去自如的学者我没有见过。虽然不同意他对人民币汇率的建议，我绝不怀疑格老对中国满是善意的。他要向中国开放贸易的立场坚定不移，炎黄子孙要感谢他。

这篇文章要对美国的货币制度提出质疑，为恐在格老荣休之际提出受到误会，让我先站起来，把帽子脱下，向格老致意，顺祝他老人家身体健康，更希望他能继续多到神州大地舒畅一下。

我的出发点是格老退休前的最后一次联邦储备委员会议，基金利率提升了四分之一个百分点。那是一连第十四次提升。格老任内，我找到的资料如下。一九九〇年七月至一九九二年九月，美国的联邦基金利率连续调降了十八次，三次调降半个百分点，其他调降四分之一个。一九九四年二月至一九九五年二月，该利率连续调升了七次，三次四分之一点，三次半点，一次四分之三点。一九九五年七月至一九九六年一月，连续调降了三次，皆四分之一点。一九九七年三月调升了一次，四分之一点。一九九八年连续调降了三次，皆四分之一点。一九九九年六月至二〇〇〇年五月连续调升了六次，一次半点，其他皆四分之一点。二〇〇一年一月至二〇〇三年六月连续调降了十三次，九次半点，四次四分之一点。最后是二〇〇四年六月到最近，连续调升了十四次，皆四分之一点。

看官需知，利息是一个价——买时间之价——对经济整体而言是最重要的价格。虽然联邦基金利率不是市场利率，但有肯定的引导作用。十五年内，在最精明的格老主理下，这利率一轮落一轮上，轮了八次之多。理论与经验说，不是因为实质的供求关系而引起的价格变动，对社会经济有害无益，何况重要如利息率。多年前我看过一幅金本位制度下的利息率变动图表，百多年徘徊于年息率一厘至二厘之间，变幅甚微。

还是回到耶鲁大学的费雪提出的利息理论吧。费雪认为，利息率的变动只有两个原因。其一是消费者的意欲有所变动——等待消费的耐心有了转变；其二是投资的回报率有所变动。这二者显然与格老任内的八轮上落无关（尤其是伊拉克之战后我们看不到美国的消费者变得急于花钱或投资回报率上升了）。

另一方面，费雪的利息理论有三个不言自明的假设。其一是没有通胀或通缩（他的理论是没有货币的）；其二是没有风险；其三是没有交易费用。交易费用的变动主要是导致市场利率的差距变动，与格老的基金利率无干。风险的变动也不可能解释基金利率的轮落轮上。余下来可以解释这利率的轮落轮上，是通缩或通胀的预期。

然而，格老任内，美国的物价相当平稳，通胀率徘徊于二至三厘之间。这是因为格老精明，对经济数据的掌握通透，于是未雨绸缪，见可能出现不可以接受的通胀而调升基金利率，见失业率或产出指数不利而调低。历史上没有谁可以把利率的调整来调控通胀或通缩有格老的能耐。问题是利率的轮落轮上对经济整体有杀伤力——有大代价也。

非战之罪，是货币制度出现了问题。下文再谈吧。

39

币量理论知易行难

二〇〇六年二月十七日

说过多次,货币不可以没有锚,而下锚之法就是货币制度。解释币量变动的效应是币量理论。基础上,理论不湛深,但变化复杂,而理论与实践之间可以有非常头痛的大差距——行之不易也。

说货币下了一个固定的锚不是说汇率不浮动——只是与锚固定不变——更不是说有外汇管制。这些我解释过了。可惜有些读者老是不明白,以为主张有一个固定的锚是主张固定汇率,甚或赞同外汇管制。

在昔日的金本位或银本位制度下,锚是固定的,如果所有国家都采用同样的本位,国与国之间的汇率当然不变,但外汇管制却谈不上。不同国家采用不同本位,或一些用本位一些不用,汇率会浮动。香港今天采用的联系汇率,也是本位制:港钞以美元为本位,历来被称为"钞票局"制度——港钞与美元的汇率挂钩,其他皆浮动。

这里要谈的是美国(与欧洲)目前采用的制度。脱离了本位制,美国的货币有锚,但不固定:通胀率、失业率、产出率等是美国货币要维护之锚,有关的变数太多,难以固定,但不能说这些锚不存在。

数十年来，以弗里德曼为首的货币大争议，是关于在没有本位的 fiat money 制度下，怎样才可以把物价与经济增长稳定下来。基本上，弗老从费雪演变出来的币量理论没有错，而他对币量历史研究的深入前无古人。他提出，因为货币的转动速度有稳定性，通胀永远是币量过多的结果。于是建议：币量的增长率要在国民收入增长率加百分之二至五之间。弗老认为通胀率百分之二至五有利。这里我要补充。在有严重的最低工资管制下，不高的通胀有助，但中国是另一回事（中国在九十年代后期起有好几年严重的通缩，但失业率不升）。

调控币量是弗老的黄金定律。理论对，但实践难。首先是货币要怎样算才对（香港的中学生也知道有 M1、M2、M3 之分）。其次是币量的变动往往要久达十多个月才见到效应。跟着是电讯的发达与国际需求美元的影响。七十年代后期我指出，电讯的发达把汇款时间从数天减至数秒，对货币的转动与国际化会有重要的影响，但找不到几个注意的人。

弗里德曼历来反对以调整利率的方法来调控通胀及经济不景。他主张控制币量的稳定缓增，让市场决定利率。然而，远在六十年代初期，币量怎样算与调控得准确的困难，不少人知道。一九六五年，我的一位师兄 A. Meltzer 回到母校加州大学洛杉矶分校（UCLA）作研究报告，说只要调控远为容易处理的银根（monetary base），币量会适当地自动调整。那是一篇重要文章，后来成为欧美货币政策的一个中流砥柱。

三十年后——一九九五——这位师兄访港，跟我到雅谷进午餐，谈起币量理论，他有困扰，说美元的币量上升年率近百分之二十，但毫无通胀加速的迹象。他的解释是当时美元强劲。其后我想，这就是了，一九九一波斯湾之战后，多国重视以美元作储备；同时，不少外人喜欢持美元保值，而到中国投资的通常以美元交收。这样，美元币量急升是不一定会导致通胀的。大约两年前，弗里德曼对自己坚持了数十年的货币政策公开地表示有怀疑。

格林斯潘十五年前起就采取以调整利率的方法来调控通胀或不景。他懂得掌握很多方面的数据，也深明银根之道。调控得相当精确，但不幸的是，利率的轮上轮落使经济整体付出大代价。

货币没有固定的锚，适当地调控币量不易，不是可取的货币制度。这几年我这样想，蒙代尔早就这样想，但我反对中国走欧元（亚元）的路。下文再谈。

40

不要选增加央行权力的货币制度

二〇〇六年二月二十一日

纵观近日人民币的走势，加上去年十二月央行改变了"中间价"的计算方法，央行显然是有计划地要脱离朱镕基时代的货币制度，以美国的没有固定锚的制度代之。去年七月公布转用一篮子外币为锚之说，已成泡影。说中国的经济亮了红灯，再不用加上问号了。

见形势不对，我在二月九日写好了《从格老政绩看美国的货币制度》，二月十四日发表，打算以之起笔写几篇解释为什么央行是走错了路向的文章。殊不知老友蒙代尔也看出央行要改变货币制度，二月十三日于北京大声疾呼，说会有"灾难性后果"。英雄所见略同，一别三十七年，蒙兄的宝刀竟然未老。

看来是回应蒙代尔，二月十五日央行副行长吴晓灵发言，说人民币快速上升是市场压力所致。吴女士显然不明白朱老时代的货币制度，也证实今天央行再不用该制度了。不小看吴副行长，我自己也曾经理解错了，批评过朱老。只是一九九七年得到一个提点，跟着灵机一触，想了几年，愈想愈佩服，于是公开认错。

朱老时代的制度是把人民币下了一个固定的锚，另文解释，我把此锚一般化，阐释为一个可以直接地在市场成交的指数（a tradable index），历史从来没有出现过。有了这样的锚，所有其他价格，货币量，以及与此锚分离的汇率，都要环绕着这个锚浮动或调整。锚的本身可以人为移动，但不会受到任何市场压力的左右。

我们可以容易地为朱老时代的货币制度辩护，说这制度不仅胜于美国的，更可能是历史上最好的货币制度。让我傲称之为"中国制"。事实胜于雄辩。没有任何学者不认为货币制度对经济发展非常重要，而事实说，在这制度下的十多年，中国经济的稳定与迅速发展，史无前例，是个奇迹。只这一点，我们充其量只可以考虑换锚，但无端端地改变下锚之法（改变货币制度）是不智的。事实上，十多年的经验足以证明中国制行得通，守得住。我们听到的外来压力都是政治的，那些代表着压力团体而不是代表消费者的言论，要求中国货起价！作为泱泱大国，中国大可忙顾左右而言他。

现在的严重问题，是转走欧美的没有一个固定的锚的货币制度，适当地调控货币量与利息率的困难早晚会出现，跟着就是手痒起来，以复杂的货币政策调控经济，引起各种对经济有害无益的波动，忘记货币的基本用途是减低交易费用，让经济稳定发展。到了某一天，国务院也会手痒起来，以货币政策协助财政的需要。这样，央行独立的呼声就会出现了。

历史与逻辑皆说，凡是货币下了一个固定的锚，不管是昔日的本位制还是今天香港的钞票局制，都没有什么货币政策可言，管理的职责是守锚与监管银行运作，经济的其他方面是守锚者的权力范围之外。最近谢世的前香港财政司郭伯伟曾经对我说，六十年代香港施行钞票局时，守锚工作他每星期只需用大约两个小时。

反观美国的货币制度，差不多所有经济问题都牵涉到联邦储备局，权力范围因而大增，而精明如格林斯潘，利息率轮上轮落的政绩大有问题。我没有理由怀疑周小川先生的本领，但就算他比格老高明十倍，在他之后北京要到哪里找另一个天才呢？历史说，大幅地增加了一个体系的权力，不容易收回来。货币归货币，经济归经济，欧美出现了混淆是因为他们不知道可以有中国制。下文再谈吧。

41

人民币再考虑

二〇〇六年二月二十四日

认为人民币不要升值的经济学者不仅蒙代尔和区区在下，还有 G. Becker、R. McKinnon、E. Prescott、C. Goodhart 等，都是重量级人马。举出的理由有日本的不幸经验，有说中国还没有发展到可以采用欧美的货币制度，有说美国的贸赤与中国无干，但基本上一致的看法是中国的经济发展既然那样有看头，可以不动就不要动。这是相当一致的看法。

这些日子我跟踪着中国的农民生活与接单工厂的情况。后者是劳苦大众的米饭班主，利润微，订单容易被越南、马来西亚等地区抢了去，不需要提到庞大的印度了。更重要是近两年来，中国农民的生活水平与低技工人的工资上升得非常快。通胀率低，劳苦大众的实质生活改进了不起，其速度可能是数千年一见的。温家宝先生足以仰天大笑矣。

纵观大势，前思后想，几天前我建议在广东设厂接单的朋友，放胆提升低下的工资，产品加价，转向改进产品质量那边走，订单流失也就算了。接单工业看来是走进了一个不加价不能生存的境界，余下来的留单方法是改进质量。这含意着中国的工业发展转到要让其他廉价劳力地区制造质量较低的产品。这转变早晚会出现,来得那么快是可喜的。在这个重要关头提升人民币值,是不智中的不智。

回头说货币制度,一些朋友要知道历来主张汇率浮动的弗里德曼,今天对人民币怎样看。弗老没有跟进中国的货币制度,但认识此公四十年,常有研讨,多多少少知道他的想法。

弗老不反对货币有一个固定的锚,但认为脱离了本位制后,今天的世界不容易找到可用而又固定的,尤其是大国。于是,fiat money 要适当地调控币量,让汇率浮动。弗老清楚香港的钞票以美元为本位,是一个固定的锚,兑美元的汇率基本上是不浮动的。一九八三年十一月我参与考虑香港选取钞票局制度(currency board system)时,请教过弗老,他赞同。他当时认为中国太大,不能采用这制度。

今天怎样看呢?原则上,今天中国可以采用钞票局制度。数据说,中国目前的人民币发钞量大约二点二万亿,而外汇储备达八千多亿美元,价值大约是人民币钞票量的三倍。最坏可能的打算,从外汇储备中拨开二千七百五十亿美元(或值二点二万亿元人民币的其他外币组合)搞钞票局,足够,虽然实际上最坏的情况用不着那么多。这拨出来作为钞票局专用的外汇储备可以投资生息,没有浪费。

还有两个问题。其一是如果中国走钞票局,不宜单用美元作为人民币钞票的本位。单用美元,利息率要跟着美国走,而长远一点看通胀或通缩也会受到美国的影响,不智。但钞票局可用一篮子外币作为钞票的本位,当年香港慎重地考虑过,认为可行,只是财政司彭励治偷懒,怕麻烦。以一篮子外币走钞票局，篮子内的外币组合比率要公布得一清二楚。

其二，我曾经详尽地解释过（这里不再说），原则上，在钞票局制度下，货币量的变动要由市场与银行机制自动调整，政府不应该左右。这是说，搞钞票局，政府手痒很麻烦。另一方面，深入一点看，搞任何货币制度，政府手痒必定麻烦，只是有不同方面与不同程度的麻烦而已。

头痛、头痛，但外汇储备那么多，经济增长得那么快，很多国家都希望有中国的头痛症。钱多选择多，中国不需要考虑钞票局。下文再谈。

42

货币问题的三个浅见

二〇〇六年二月二十八日

关于人民币与货币制度的话题,我花了长时日,用心兼用脑。不是深问题,而是自己的想法太浅,不相信,要翻来覆去找错处。总结起来有三点,奇怪传统的分析不那样看。

第一点是货币的基本用途是减低交易费用,不是调控经济的工具。货币制度出现了问题,要用货币政策调控,是迫不得已。然而,货币政策用将起来,往往伸展到经济的其他事项去。这是左右了货币的基本用途,往往弄巧反拙。浅见说,货币政策应该限于稳定货币的价值,提升减低交易费用的功能,其他不要管。失业、不景、财赤、战争等,要用货币政策之外的其他方法处理,与央行无干。同时兼顾经济的其他事项,不容易稳定币值。

第二点,fiat money 是指没有本位的货币。有本位是说持钞的人可以到银行或银行可以到政府按钞值取金、取银、取物品或取外币,指定的,又或者货币的本身是金或银。有本位的货币当然有固定的锚。浅见说,没有本位的 fiat money 也可以有固定的锚,只要货币政策限于稳定币值,守锚容易,而没有固定的锚币值不容易稳定。

第三,浅见说,一个国家的货币在国际上偏高或偏低是不对称的。偏高有压力的困扰，要有外汇储备救急，但偏低则半点压力也没有。后者，多印银纸易过借火，而收回来的外汇有多种处理办法。两年多来我老是不明白为什么那么多人说人民币偏低，压力大，汇率不调高早晚守不住。一年前跟杨怀康斗气，他坚持人民币的上升压力守不住，我要说把收回来的外汇烧掉他才认输——那是什么智商了？价格理论说，供求决定价格，价格被管制在市价之上或之下都有压力，不到均衡点守不住，或要引进其他分配物品的准则。我同意，但认为币值的偏高或偏低是另一回事，压力不对称，因为收取外汇容易，付出外汇可以有不足的困难。浅得小孩子也明白，不知是个人独醉，还是众人皆醉我独醒。

今天关于人民币的话题，重要是上述的第二点。从金本位说起吧。这制度是以黄金作为一个固定的锚，困难是黄金可能不足够，或产出太多，或大量外流，或金价暴升暴跌，导致一个国家的币值不稳定，是以为难。但一国之内，真的需要有黄金存在吗？为什么一个国家不可以指明币值是以国际金价为依归，一千元可以购买多少金，作为一个固定的锚，政府或银行不提供金，只担保币值可以在市场买到一个金量，贵客自理？浅见说，当然可以，但政府要调控货币量来维护金锚，短暂调控不够快要有外汇储备支持，而政府不能手痒，以货币政策调控经济的其他事项。只为坚守自己没有黄金的货币金锚，单是调控币量可以办到，因为任何国家都有可以产出的人力支持。

撇开沙石，以调整币量而坚守一个价就是朱镕基时代的中国货币制度。守美元，美元就是人民币的固定之锚。重要是此锚可以在市场直接成交，贵客自理，政府只靠调控币量与一些短暂可能需要的外汇储备来担保贵客可以在市场上以人民币买到指定的美元（管制这交易是沙石）。价格是一个指数，可以在市场成交就是我说的 tradable index 了。采用"指数"一词，因为在市场成交的可以是一篮子货币，或一篮子物品，或一些什么组合，组合之内各有各的价，整组所值以指数计算称呼最适当。

三年前写《汇率战略论》，我指出，要安全地守锚，外汇储备不足，国家的币值要略为偏低，而如果政府手痒，要用货币政策管到币值之外的经济事项，币值偏低要加大。说自己想了长时日，有"古"文为证。

下文再谈。

43

以外币为锚永远是次选

二〇〇六年三月三日

二〇〇二年四月二十四日下午,我误闯北大朗润园,大闹一番,传为佳话,跟着马不停蹄,赶到天津的南开大学的金融学院讲话,题目是《以中国青年为本位的金融制度》。没有准备讲稿,但因为是张俊喜的安排,不敢在他母校落他的面子。

当天在南开提出的近于怪论,却是真理。我说基本上任何货币都有本位。在美国以一元买两个苹果,两个苹果就是一美元的本位。人民币虽然没有传统的货币本位,但有国家产品支持,产品是本位,而从产品推上去,推、推、推,到最后人民币的本位支持者是中国的青年。没有人说过,但不可能错。

虽然当时人民币兑美元的官价汇率高于市场的,我的判断是大强币,认为如果解除所有外汇管制,让人民币浮动,其国际汇率一定飙升。十个月后我见人民币的官价与市价打平,偶有低于市场的,立刻苦思数天,在二〇〇三年三月十一日发表文章,说:"外国(尤其是美国)要求人民币升值的压力将会很大。"跟着三月二十五日起,发表了一连五期的《汇率战略论》。时间所迫,"战略论"虽然没有错,但想得不够周全。

　　提到这些往事，是要指出三点。其一，如果一个国家的生产力急升，通胀不高，货币一定强，因为追到底，支持货币的真正本位是人民的生产力。其二，生产力急升而通胀不高，货币制度的选择多得很，乱来一下也不容易闯祸，但不可以漠视导致这生产力急升的货币制度，不可以忘本也。

　　其三，今天的货币是钞票一张，或支票一纸，背后的支持如果不是真金白银，就要讲产品或生产力，然而，与外币挂钩是与纸挂钩，总有点不妥。这方面，中国要感谢格林斯潘。在朱镕基时代至去年七月，有十多年时间人民币与美元挂钩。整个时期格老做联储主席，把美元稳定得前所未见。（弗里德曼最近也说没有见过美国有那样持久的低通胀率。）这是说，人民币搭顺风车搭中了一部好的，不是过山车。也是中国之幸，人民币与美元挂钩不是用上香港的钞票局制，利息率不需要跟着美国的轮上轮落。如果在那十多年美元币值大幅波动，或中国的利息率轮上轮落，中国的经济不会是今天见到的！

　　中国幸运了十多年，要不要再赌下去呢？货币不可以没有锚，锚可以换，而在要求人民币升值的政治压力下，要考虑换锚。选走欧美的货币制度，是换上不固定的锚，看他们的货币经验，换不过。换一篮子外币为锚，有减少币值与利率波动的好处，但毕竟不是真金白银或实物，怎样看也是次选。不要以为我屡次提出以一篮子物品为人民币之锚，所以高举己见。是经济科学的推断，逻辑错了水洗不清。

　　据说好些网上客以为我反对浮动汇率。不对。下了一个固定的锚，币值只与此锚固定，其他皆浮动。人民币与美元挂钩，兑美元之外其他汇率皆浮动。以一篮子外币为锚，人民币与所有外币的汇率皆浮动，但浮动的空间相当小。这是因为篮子里的一种外币兑人民币可以大跌，但如果其他外币跟着跌，首跌的外币会升上来。整个篮子的外币一起跌，效果是，兑人民币完全没有跌。

要用一个固定的锚，只有以物品为之，人民币兑外币才可以真的自由浮动。也只有这样，他国再没有理由要求人民币升值了。要我升值吗？为什么你自己不贬值？关键是谁调整，谁就要付出大代价，因为升值会带来通缩，贬值会导致通胀。

下文再谈。

44

从炒货币说一篮子物品

二〇〇六年三月七日

一个国家的货币要下一个固定的锚,不可能找到比一篮子物品更适当。这是我想了三年的结论,说不定有朝一日,某天才会想出更好的。

在《货币问题的三个浅见》一文中,我提到一个完全没有黄金的国家,可以用黄金作为货币的固定之锚。央行说明一千元人民币可以购买一个金量,言而有信,但不提供金,只在国际市场可以按币值购得,贵客自理。这样的锚不难守得住,但不能手痒地把货币政策伸展到失业、不景、战争、财政等事项去。只为稳定币值而守锚,货币量的增减只为守锚调整,不可能办不到,而有时币量调整的效果来得不够快,外汇储备就有用场,不需要很多的。

这里有两个问题。其一是金价可能暴升暴跌。人民币钩住一个固定的金量,金价暴升会带来通缩,金价暴跌会带来通胀。补救的办法是调整人民币面值可以购得的金量,最好以一个指数调整——例如以一千元人民币可购黄金若干克为指数一百——而调整金量则以调整指数从事。问题是这样的调整不容易准确,而频频调整就会失去一个固定的锚。第二个问题是市场炒金天天有,炒币也是天天有,二者挂钩会增加一个炒法。国家要稳定币值，炒币是不应该鼓励的。

解决上述的两个问题很简单：以一篮子物品下锚，其中黄金只是微小的一部分。这样，金价暴升暴跌无足轻重，而市场可以继续炒篮子之内的任何物品，不会炒到人民币那边去。另一方面，一个有八千多亿美元储备的国家是大庄家，央行言而有信，炒家不敢问津。目前的情况不对头，自去年七月人民币与美元脱钩后，央行吞吞吐吐地说什么一篮子外币，外围的人民币期货汇率与市场现率有了大分离，显示炒家甚众。这分离对国内做厂与做生意的人有不可轻视的负面作用。没有一个令市场相信是固定的锚是一个原因，另一个原因是央行或有关人士讲话讲得太多了。这样看，去年七月起央行处理人民币是失败的。

炒买炒卖物品是市场运作的一部分，虽然炒错了方向而误导市场的情况可以出现，但大致上是增加了讯息的传达，对市场的运作有助，政府不要管。货币是另一回事：炒买炒卖导致的波动影响了货币的稳定性，不可取也。货币不是市场物品，而是减低市场物品的交易费用的工具，以稳定为上也。问题是，只要外汇管制略为放宽（应该完全放宽），政府无从管制货币的炒买炒卖，因为炒家可以在外围大炒特炒。要避免炒家导致币值波动的不良影响，有关官员要少说话，但更重要是把货币下一个固定、可信而又不容易让炒家靠炒而图利的锚。

在货币市场中，我们无从判断货币的大量成交是因为炒家猖獗，还是生意上的需要。懂得做生意，为了避免风险或保障订单的盈利，往往要在外汇的期货市场或长或短地维护自己。期市的运作与功能我曾经解释得一清二楚（见《张五常英语论文选》，四三七至四五〇页），这里不说了。

　　要说的是虽然炒买炒卖可以导致币值不稳定，但政府不要管。一则外围大炒政府管不着；二则我们无从判断哪些是为炒而炒，哪些是为生意上的保障需要；三则货物与资金的进出口皆要通过汇市成交。这样，汇市怎样波动政府不要管，愈管愈头痛，币值愈不稳定。

　　要稳定币值，最可靠、社会成本最低的办法，是把货币下一个固定而又不容易被炒家图利的锚，而此锚也，贵客可以按价在市场买卖成交。这样看，以一篮子物品为锚万无一失，是上上之选。下文再谈。

45

一篮子物品的组合与操作

二〇〇六年三月十日

提出以一篮子物品为人民币之锚,我曾经建议用三十种。要安全地杜绝炒买炒卖,不妨提升至五十甚至一百种。有电脑计算,物品多一两倍不会增加麻烦。

如果考虑用同一篮子物品之价作为社会的物价指数,这篮子物品的选择要大致上按国民的衣、食、住、行的比率分配。不需要很准确,大略地对也会比一般的通胀(或通缩)指数来得可靠。

篮子内的物品是些什么是要公布的。此前我认为物品的比重不公布可能较好,但见去年七月起央行转用一篮子货币,不公布细节人民币有明显的不稳定效果,改变了主意,认为物品的比重也要公布,物品种类够多就有保障。毋庸置疑,篮子内的物品细节愈明确,市场信心愈大。

我的意思,是央行向市场公布,一万元人民币可以在市场买到若干种物品,每种的量的多少是固定的。每种物品的购买地点也说明,央行可以买到,贵客要购买不要麻烦央行,自己去买好了。当然,没有谁会那样做,而除非量大,贵客自理很麻烦。但央行可没有说谎,物价有根有据。炒家可以炒篮子内的任何物品,但不会炒到人民币那边去。

篮子内的物品细节要清楚明确，而更重要是人民币的持有者知道，原则上，他们可以直接地按币值在市场购得该篮子物品。天下间不会找到比这篮子更可信更稳定的货币之锚。篮子内的任何物价皆浮动，而人民币兑任何外币也浮动，只是一万元人民币可以购得篮子内指明的物品量与比重，固定不变。可以人为更改，是后话。守锚是调整人民币的货币量，币值在国际市场偏高，币量调整得不够快，可能要用外汇储备救急，币值略为偏低就不需要什么储备了。

要在什么市场选择篮子内的物品呢？两个地方。一是期货市场，二是批发市场。只要市场可靠，在什么国家或地区都可以。重要的是篮子内的每种物品都要（一）有竞争性，（二）有质量鉴定。这二者，期市的物品没有一样不及格，但批发市场的物品则要小心选择了。不要集中，选期市要分散，选批发也要分散，二者的比重最好大致相等。期市之价可以频频更改，也可以一天改一次；批发之价三几天改一次也无妨。重要是人民币守着的一篮子物品的各自比重，不经央行调整不变，而人民币兑所有外币皆自由浮动，每天公布多少次由央行决定，原则上电脑可以秒秒钟算出来。

以一万元人民币可以购得篮子内指明的各种物品的固定量作为一个指数，称一百，换锚时以人民币的国际币值平过。固定守锚是指这指数不变，无论篮子内的物价怎变，物品之量与比重不变——即是说，指数不变，不管物价怎样变，一万元人民币可以购买同一篮子的物品。

原则上，货币政策的重心是稳定币值，不应该伸展到经济的其他方面去。但通胀或通缩是货币本身的事，如果真的认为通胀年率百分之二对经济有好处，央行可以说明那篮子物品每年可调高两个百分点：最高的每年调幅是一万零二百元能购得同一篮子。回顾一九九七到今天的数据，中国不需要像美国那样，每年要有百分之二至五的通胀率来协助经济。九七年起大约有五年时间，考虑到物品与服务质量的急升，中国有相当严重的通缩。然而，除了购买了房地产的中计，失业率低而不变，经济稳定上升。没有约束工人竞争的工会，最低工资不够高，为祸不大，市场灵活，是不需要有通胀协助经济的原因。以一篮子物品为锚，所有汇率自由浮动，外间要求人民币升值是要求该篮子的指数调低，是通缩。让他们把自己的货币贬值好了。

下文再谈。

46

人民币思维的回顾

二〇〇六年三月十四日

我曾经是二十世纪货币大师 Karl Brunner 的学生，算是出自名门了。其后六七至六九在芝大那"货币圣殿"待了两年，耳闻目染，加上货币大争议炒得如火如荼，要不知道不容易。但我没有考过货币的博士试，不是专家。只是自己对价格理论的操纵流水行云，有恃无恐，任何经济问题都可以简单地看，而从价格理论的角度看货币，有旁观者清之效。是的，二十多年来，我对宏观经济的推断自己很满意。

一九九六年末，洛杉矶加大邀请我于九七年十一月到该校做一年一度的哈伯格荣誉讲座的首届讲者。据说是哈伯格选我开锣，受宠若惊（跟着有格林斯潘等名家），当然用心准备。我选的题目是《邓小平的伟大改革》，然而，自九三年的秋天出版了《中国的经济革命》，之后三年减少了跟进中国的发展，于是求教同事萧耿中国那几年的情况。言谈中他说了一句今天记不起怎样说，是关于人民币量的调控机制的，我如中电击，闪一下仿佛见到光明大地一片，没有见过的，于是跟着想下去。

看官须知，当时中国的货币制度满是沙石，还有相当的外汇管制，人民币不能正规出口，外人在国内开户口难过考状元,而另一方面地下的成交无日无之。我于是想,撇开沙石,央行究竟是在搞什么?向乐观或理想那方面推,人民币与美元挂钩,一般化地看是下了一个可以直接地在市场成交的锚,而人民币量的变动,跟着外汇进账变动,一般化地看是只为守锚而变,以美元稳定币值之外央行没有把货币政策伸展到经济的其他事项去。

以美元为锚守得住吗?逻辑说,只要央行不手痒,单为守锚而调整人民币量,没有困难。然而,逻辑归逻辑,实践如何要待沙石清除才知道。沙石是经济学的一种局限,观其转变而推其后果我是专家。于是,从那时起我一方面留意中国的外汇管制与银行管制的变动,另一方面跟进地下交易与灰色市场的相应效果。后来的结论是,管制的沙石愈少,人民币的潜力愈强。观察了好几年,大约二〇〇二年吧,我肯定朱镕基时代的货币制度是上上之选,币值稳定,锚可以稳守,只是沙石误导了旁观者。

中国之外,历史没有出现过这样的货币制度。不是昔日的本位制,不是钞票局制,不是欧美的 fiat money 制,不是管制汇率制(下锚与管制不同),就是九七的亚洲金融风暴人民币也视若等闲。沙石转变与逻辑推理带来一个可靠的结论:解除所有外汇管制,朱镕基时代的货币制度会发挥得更好。是那么简单的制度,奇怪其他国家没有采用过。

于今回顾,这个自一九九四至去年七月、我称之为中国货币制度的,对中国这十多年的发展如有神助。还有不少沙石要清理,而因为解释过的原因,这制度不要改,但要考虑换锚。前思后想,从"中国制"一般化,改用一篮子物品为锚是最理想的了。可惜今天央行看来是脱离了中国制,转向美国的没有固定的锚的货币制度走。这样，将来历史回顾，中国制只是昙花一现，而没有读到我这系列文章的解释，将来的历史学者不会知道曾经有过这样的货币制度。

头痛是目前人民币一小点一小点地提升，短期内为祸不大，而央行处理小心，好景还会继续三几年。然而，在市场不知不觉中一个史无前例的上佳货币制度是放弃了，换来的是早晚央行权力大升，牵涉到太多经济变数要由央行以货币政策处理。一石二鸟是奇迹，一石多鸟不可能。

从评格林斯潘的政绩说起，这系列文章共九篇，下足心机，宝刀未老，到此为止吧。

47

人民币观的总结与补充

二〇〇六年三月十七日

发表了九篇关于人民币与货币制度的文章。反应好，两位老师要求我来一个总结，应该的，也趁这机会作一点补充。

（一）货币不是市场物品，而是协助市场减低交易费用的工具。于是，稳定币值是重点，而这稳定需要下一个锚。无锚的货币是国民党在大陆时的关金、银圆券、金圆券等。昔日的本位制与今天香港的钞票局制是下了固定的锚，各有各的问题，解释过了。今天欧美的 fiat money 制度也有锚，但不固定。他们以目标（targets）为锚，调控复杂，加上目标不一而足，牵涉到的经济范围广，央行权力大，手忙脚乱，利率、物价、失业、产出等波动不易避免。撇开沙石，朱镕基时代的中国货币制度是我知道最好的：简单、稳定，但央行的权力要限于以调整币量来守锚，与货币没有直接关系的事项不要管。

（二）货币有了一个固定的锚，央行的权力就是那么多，这重要，尤其是中国还在改革，币值稳定可让温家宝心安理得地搞他的，搞坏了我不会骂错人（一笑）。然而，人民币以美元或一篮子外币为锚有两个问题。其一是汇率的浮动受到约束,其二是中国的经济会较为容易地受到外间波动的影响。是中国之幸,人民币与美元挂钩(为锚)十多年,美元的币值刚好是历来最稳定的一段长时期。但几天前侯运辉正确地向我指出,如果中国解除所有外汇管制,人民币与美元挂钩中国的利率会不幸地跟着美国的轮上轮落。这是因为如果没有汇管,利息套戥(interest arbitrage)会出现。不会像香港钞票局制度的利率波动那样发神经,但不妥。中国内地早晚要解除所有外汇管制,而利率的变动应该有自主权,脱离以外币为锚多了一个理由。

(三)人民币要有一个固定的锚,不用外币,以一篮子物品为之是首选。容易处理,杜绝炒买炒卖,可以调整,也保存着炎黄子孙足以为傲的中国货币制(解释过多次,不再说)。更重要是以一篮子物品为锚,人民币兑所有外币皆自由浮动。这样,外间再没有理由要求人民币升值(他们可以自己贬值),而大家心知肚明,谁作币值调整谁就要付出代价。这里要补加一个重要注脚。人民币以一篮子物品为锚,美元贬值,人民币兑美元上升,但如果人民币自己升值,是兑所有外币皆升,包括所有对中国工业发展有威胁的廉价劳力地区。

(四)以一篮子物品为锚而让先进外币自由贬值,我敢打赌,他们不会大幅贬值。通胀的代价他们付不起,而更重要是他们正在享受着价廉物美的中国货。人民币自己升值,外间的市民以为中国要多赚他们的钱,要骂也不便骂出口;外币自己贬值(人民币因而升值),他们岂有不骂之理?最近美国联储局新主席伯南克上场,提出首要任务是稳定美元币值。说得对,只是不明白为什么美国要稳定自己的币值,却要求人民币升值（不稳定）呢？他们应该知道，人民币值稳定对整个世界都重要。

（五）自去年七月脱离了以美元为锚后，央行对人民币的处理令我失望。证据是人民币的期市汇率与现市汇率有了大分离（兑美元一年期价 7.75，现价 8.05）。去年我以为这分离是过渡程序，但八个月过去了，这分离不减反加。市场显然认为央行言而无信，于是炒、炒、炒，扰乱视听，对工商业的发展为害不浅。也可能市场认为央行言而有信：那里的主事人不断地说有什么供求压力，要浮动升值。这样一来，外间协助炒买炒卖的国际大经纪行兴风作浪，说什么人民币至少要升值多少才有效云云。瓜田李下，乱七八糟——是北京手起刀落的时候了！

VI 政治与货币

48

参议员弄巧反拙

二〇〇六年四月十一日

美国参议员 C. Schumer 与 L. Graham 最近访神州，为人民币升值施压不遗余力。此二君于二〇〇三年九月提出"汇率报复案"，说如果人民币兑美元不大幅升值美国要对中国货加上惩罚性的进口税。施压频频，应该是去年七月人民币脱离与美元挂钩的主要原因。今天人民币兑美元上升了百分之三强，议员先生说远为不足，起码要再升百分之二十多云云。

二君又说有成功先例。八十年代他们以此法逼使日元升值，成功，却没有指出日本因为日元大幅升值而经济一蹶不振了二十个年头。今天的国际形势与二十年前很不相同，几天前我蓦然惊觉：人民币与美元脱钩对后者不利。

去年底，格林斯潘快要退休，我对朋友说自一九九一波斯湾之战后，持续了十多年的美元稳定强势可能不保。不小看新联储主席伯南克——认识伯氏的朋友都给他高评价——而是货币信心要日积月累。格老在国会的应对好得我从来没有见过。是一种特别的天赋，伯老兄有没有这种能耐要有一段长时日才知道。

对美元不看好已有一些日子了。起于伊拉克之战，布什总统大勇，不加税。虽然老友弗里德曼支持不加税（弗老今天认为进攻伊拉克是大错，但不认为财政有大问题），但六十年代越战的经验，是不速战速决早晚会带来不可以接受的通胀，因而弱化美元。想当年，越战加上后来的石油危机，美国的通胀达双位数字，而到了七十年代后期，美国三十年债券的孳息率高达十九厘——经济不景长达十多年。

今天从国际局势看美元，不令人看好的因素不少。首先是伊拉克问题的终止遥遥无期，一波未平，一波又起，伊朗的局势愈来愈不对头。说美国的经济实力可以支持得起是一回事，但战争不是免费午餐，最忌持久。以国债支付只是推迟时日，而其间要付的利息则要靠美元强劲才能减轻。

形势不对。欧元看来有意抢占国际市场（其实人民币早应打进去，但犹豫不决），今天看，欧元的生意前景不错。如果多年来以美元为主要外汇储备的国家加速减持美元，或市场人士一般减持美元，又或者国家或国际市场减持美国债券，美元出现大弱势不难想象。以加息支持美元非上策。

这就带来本文要说的话。如果人民币能像去年七月之前那样，与美元挂钩，那么不管世界怎样大变，对美元如何不利，中国的央行是担保每一美元可以购买当时是八点二六人民币的中国货。美元大幅下跌会拖低人民币吗？少许可能，但不容易。美元拖不低多少人民币，其本身就有人民币的支持，不可能大幅下跌。我说过，中国今天的生产活力仿佛七十年代初期的日本，但不是一个日本，而是十个。这样看，如果有人民币钩住，美元是有着不可能更强的外币支持。

不要误会，我不是说没有人民币钩住，美元会有大问题。我的意思,是看今天的局势,美元有人民币钩住是很好的保险——不是全保,但妙不可言。是的,如果人民币继续钩住美元,美国的通胀率不可能大升,而美国债券的利率及孳息率也不会升到哪里去。

美国的货币制度不容许美元下一个固定的锚,联储局因而不能主动地钩住欧元或人民币。但只要中国的货币制度不改,央行主动地钩住美元是可以的。

49

日本的可怕故事

二〇〇六年四月二十八日

阿康传来两篇文章。一篇是斯坦福大学经济学教授 Ronald McKinnon 四月二十日发表的,内容是中国没有"操纵"人民币的国际币值。他指出逼使人民币升值不会改进美国的外贸赤字,也支持人民币兑换美元的汇率不变。看来是刻意地安排在胡锦涛访美时发表于《华尔街日报》,帮中国一个忙,炎黄子孙要感谢这位教授。

为中国好,McKinnon 反对人民币升值有一些日子了,这次再澄清论点。他对日本的经济发展有深入的研究,指出日本当年发展得头头是道,却给美国频频施压,把日元币值赶上去,害得日本经济兵败山倒。是可怕的故事,也属无聊:害死了日本,美国却没有得到好处。此君的分析角度与我的不同:他用四十多年前我读过的 absorption approach,加上变化,令人大开眼界。

另一篇是洛杉矶加大的 Deepak Lal 教授写的,二〇〇三年二月发表。Lal 是印度人,年多前访神州,我跟他畅论天下大势,解释中国的发展情况。在比我年轻一辈的经济学者中,Lal 是难得一见地懂世事,对经济理论基础的掌握有分寸,会面后我在文章中赞过他。

Lal 的文章，论日本，也评论 McKinnon 与 Kenichi Ohno 合著的一本题为《美元与日元》(*Dollar and Yen*) 的书，赞。加上自己的，Lal 论日本数十年来的经济盛衰，日元被迫升值而弄得财政近于破产 (virtually insolvent) 的故事，比 McKinnon 说的更可怕。

记得日元被迫升值不久，我于一九八七发表《日本大势已去》，不幸言中。当时日本还有另一项严重的政策失误，上述两位教授没有提及的。那是他们禁止农产品进口，搞起高地价。一个番茄零售五美元，土地种出黄金，上帝也保不住。感谢上帝，今天中国没有那样傻。

我曾经提及，中国目前的经济活力仿佛七十年代初期的日本，而日本从一九五二至一九七三的增长速度，与中国八九十年代可以相提并论。日本当时有三个比中国优胜的地方。其一是以时代衡量，日本当时的科技基础远比中国好。其二是在制度上，日本不需要像中国那样经过千山万水的大改革。其三是日本当年不需要面对数之不尽的拥有大量廉价劳力的竞争者。这样，中国二十多年来的发展远比日本昔日困难。如果说日本当年是经济奇迹，中国今天是奇上加奇。

更神奇的是，撇开沙石，我认为中国今天的经济体制比日本当年优胜。这显然是因为中国的改革有动力，今天还在改，以后会不会改坏了是以后的事，但今天看，中国的发展势头是比日本七十年代初期可取的。很不幸，在这重要关头，中国的货币制度开始走上歪路，央行的言论令人担心，而外间施压人民币升值，一方面是强逼中国走上日本的灾难性的路，另一方面会促使央行放弃我屡次高举的中国货币制。

这里有两个重点。第一，原则上，如果人民币只对所有先进之邦的货币升值，中国容易接受。这是说，如果其他地区不存在，人民币上升百分之二三十先进之邦还要买中国货，中国的收入会增加。问题是今天的人民币早就按着廉价劳力的竞争地区调整，这升值会被竞争地区在背后一刀斩过来。第二，说过了，谁调整币值谁就要付出大代价。人民币升值中国会有通缩，外币自己贬值（人民币因而升值）他们会有通胀。从北京的立场看，当然让外币贬值为上。

解决上述两个重点的最佳办法，是人民币转用一篮子物品为锚，然后稳守。这样，先进之邦的货币大可自由贬值，廉价劳力之区继续与中国平手竞争，而朱镕基时代的中国货币制度保持不变。

50

人民币的历程

二〇〇六年五月十一日

人民币出现于解放前，有六十年的历史了。历史上，中国没有哪种纸币曾经存在这么久，虽然历尽沧桑，满是血泪。有谁会想到，今天地球上的先进之邦会联手强逼人民币升值呢？这是炎黄子孙终于抬起头来的铁证。

八二年回港任职后不久我跟进人民币。外汇券与人民币并存的一国二币有研究价值。国民党时期的一国多币，是乱来，但外汇券是货币制度的一部分，不是乱来的。

一九七九年中国开放改革，游客涌进，物品质量较佳的友谊商店为游客而设，国内的人不准到那里购物。问题是后者委托游客朋友代购。为了杜绝这种行为，该年四月北京推出外汇券。较高级的商店与酒店只准用外汇券，不准用人民币。这样，作为货币，外汇券也是通行证或入场券。只两年，此法证实行不通，因为国内的人可以在市场以人民币购买外汇券。

虽然人民币与外汇券的公价币值一样，但后者用途较广，也可以按公价兑换外币，过了不久，在灰色市场外汇券比人民币值钱，大约高三分之一。这样，在市场购物，懂得讨价还价的人，拿出外汇券可获大折头。如下情况出现：两种公价相同的货币，购买同样物品，讨价还价后二币不同价，其实价格相同；另一方面，不懂得讨价还价的老外，以外汇券付人民币之价，中了计，价格分歧（price discrimination）就出现了。

到了一九八四，以外汇券阻止国内人购买较佳物品半点作用也没有，但北京的朋友要保存外汇券，认为上述的价格分歧会带来较多的外汇进账。我数番向他们解释不一定，但牵涉到弹性系数分析，他们不明白。后来还是老外不傻，没有几个不懂得讨价还价，北京才知道外汇券是多此一举。

这里顺便一提，一国二币，人民币是劣币，外汇券是良币，只要市场知道，可以讨价还价，劣币是不会把良币逐出市场的。那大名鼎鼎的格雷欣定律（Gresham's Law）错得离谱，我在一九八五年一月与一九九二年三月两次为文解释得清楚。正相反，二〇〇三年北京要在香港搞"离岸中心"，让香港的银行大做人民币生意。但人民币有上升压力，是良币，港币钩着美元，是劣币，我立刻发表文章说良币会把劣币逐出市场，因为街上卖花生的会选收人民币！可能给我吓了一下，这"中心"到今天还搞不成。其实香港早应转用人民币，或改为与人民币挂钩。政治问题我不懂，但天生一个浅白脑子，经济解释信手拈来。

一九八六年六月，北京公布取消外汇券，跟着八月说十一月起外汇券不再使用。我手痒，于该年九月发表了不应该发表的《外汇管制可以休矣！》。北京的朋友说，因为这篇文章，他们推迟七年才取消外汇券。文章长，但论点简单，浅而妙。

我说有人民币与外汇券的共存，市场讨价还价后表面不同价其实是同价，再其实是非法行为，因为含意着的是一个黑市汇率。不明显，因为外汇券的存在是一重烟幕，把非法行为盖着了。取消外汇券，是拿开烟幕，非法会变得黑白分明。如果取消外汇券后中国容许外币（如港币）在国内流通（当时容许），以公价汇率算外币购物之价低不少，摆明是非法，纠正要外币价格管制。如果取消外汇券后外币不准在国内流通，在与市场脱节的公价汇率下，外贸、旅游及外资炒黑市会明目张胆，约束要加强外汇管制。这样，如果北京不走回头路——不加强价格管制与外汇管制——取消外汇券，拿开烟幕，外汇管制守不住。

一九九三年外币的灰市变为白市，北京取消外汇券，人民币进入了朱镕基时代，大略的发展我在《铁总理的故事》说过了。这里要说的是一九九七年我再跟进人民币的发展时，思想有大冲击。我是个不受成见约束的人，但传统的货币分析左右了我的思想。是拜师学艺的时候，我记不起有哪项经济问题我是那样反应迟钝的。

看官须知，传统的货币分析是环绕着一个古老的币量理论（quantity theory of money）。理论基本上没有错，虽然分析可以变得非常复杂。这理论的弱点，是不管货币制度——制度如何与这理论的方程式是没有关系的。

一般专家同意，如果金或银有适当的供应量，金本位或银本位是最可取的货币制度。金属本身是货币，也是货币之锚，物品的市价会因为金属之价稳定而稳定，以金属之价有变而变，币量理论容易处理，而以货币政策调控失业、不景等问题是谈不上的。问题是这种本位制守不住：金属供应不足，或外流过多，或其价暴升暴跌，都会带来严重的经济波动。

脱离了本位制，大师弗里德曼认为，小国可用英国殖民传统的钞票局（currency board，今天香港用的），可以看为局部本位制，但大国则要走 fiat money 的路，这是欧美今天的制度了。在这制度下，货币没有一个固定的锚，而是以调控币量或利率的办法来达到某些经济指标或目标，例如通胀率、失业率、产出增长率等。这是间接地以指标为锚，货币政策是指以调控币量、利率及其他法例来达到指标。非常困难，历史上没有一个国家真的处理得好。这是蒙代尔及一些货币专家跟弗里德曼之见有出入的关键原因。没有谁不同意货币要有锚，只是一个大国的锚不易找，专家一般这样看。大家都赞成汇率浮动，但没有固定的锚而浮动是一回事，有了固定的锚才浮动是另一回事。这一点，对经济一知半解的人老是搞不清楚。他们认为所有物价以自由浮动为上，货币也应如此，但他们忘记了货币的重点是协助交易，不是一般物品，币值要稳定，而这稳定最好有一个固定的锚。

脱离了本位制，大国的货币找不到一个固定的锚，是弗里德曼的观点。十多年前我向他建议以一篮子物品为锚，他回应说原则上可行，但费用高，太麻烦。殊不知在朱镕基掌政下，人民币钩着美元为锚稳如泰山，根本不需要有多少外汇储备，条件是央行不手痒，要集中于守锚来调控货币量。这是要放弃大部分以币量的变动来调控经济，或起码货币政策——例如以增加币量来减少失业——要在守锚之后有空间才考虑使用。这是说，单为守锚而调控货币量，或集中于稳定币值而守锚，任何国家都可以做到。欧美的货币制度的困难,是指标过多,顾此失彼——这一点,弗里德曼一九六八的一篇文章说过了。

回头说弗老当年认为以一篮子物品为锚费用过高,太麻烦,中国的经验证明是不对的。以一篮子物品取代美元为锚,贵客自理,可以在市场直接地购买这些物品,央行不需要存货,也不需要自己在期市活动,只是稳守锚价。我把朱老时期的中国货币制度阐释为:用一个可以直接在市场成交的指数为锚,钩着美元可以这样看,钩着一篮子物品也如是。

这其中有一个重要含意。币量理论是局部理论,范围不广,没有大用场。有一般性的货币理论一定要把货币制度的本身——尤其是锚的选择——加进去,而币量理论只是其中一个注脚罢了。有一个上佳的货币之锚,下得好,守得稳,币量多少由市场需求取决(不是锚价由市场取决),是多是少币值也稳定。

回头说昔日国内的银行是出粮机构,人民银行也如是,我骂过不知多少次。一九九五年,人民银行成为真正的中央银行,法定不准做生意,而其他银行则商业化起来了。都做得对。今天中国的银行制度,沙石不少,奇怪的,没有跟进,不理解。还存在的主要困难是国营。监管银行借贷永远不易,职员出术的方法层出不穷,国营监管当然头痛。另一方面,银行有坏账,何必要国家负担呢?

51

是港元转钩人民币的时候了

二〇〇六年五月十六日

一九八三年十一月,香港财政司彭励治考虑回复到一九七一之前的钞票局(称联系汇率)制度时,我参与商讨。当时英国决定了把香港交还中国(还未公布),九七问题的吵闹使港元暴跌,风声鹤唳,而中国虽说开放改革,但民不聊生,高干凶神恶煞,香港人叫救命。是一场噩梦,对中国前景看好的只有我一个。撒切尔夫人的私人经济顾问是好朋友,他说服我香港要回到钞票局制度去。

彭励治向美国打了招呼,不作异想,单钩美元。当时浮动汇率是八点二兑一美元,他考虑以七点二下锚。没有谁兴高采烈,一个星期二的下午,公布下锚的前四天,彭老召我到他的办公室。我跑进去,还没有坐下,他问:"我打算以七点二港元兑一美元,你怎样看?"我回应:"还是近市价一点为上。"他点点头,说没有其他要谈了。只一人一句,我没有试过那样简短的会面。以七点八挂钩后,过了三个月,港元的货币量止跌回升,我写封短信给彭老,恭贺他。他得意洋洋地回应:"知道你要近市价一点,又知道香港人喜欢那个'八'字,你说我是不是天才?"

二十三年过去了,今天的中国与昔日的是两回事,而人民币成为地球最强货币，已有三年多的日子了。昔日彭老与我的共识，是有朝一日，中国改革有大成，香港要转用人民币：一国二币（加澳门是三币）不成体统。

今天我们要问：香港应否取消港元，也取消钞票局，转用人民币？我的答案是：可以转用人民币，但不妨稍等一下。这是因为北京还没有完全解除外汇管制。可以转用，沙石不多，但等到中国解除所有汇管较高明。第二个问题：暂时保存钞票局，港元应否在今天转钩人民币呢？答案是应该的。

如下的好与坏给读者考虑吧。先说可取的。一、转钩人民币顺理成章，既为一国，何必其中一个城市是离群之马？如果人民币是弱币无话可说，但其势甚强，只有傻瓜才舍强取弱。二、这些日子美元呈弱势，而几天前某美国名报说美元是有策划地逐步贬值（我怀疑此说），港元跟着美元下跌没有好处。三、钩着美元，二十多年来港元的利息率跟着美国走，大上大落，香港以地产挂帅，其祸害有目共睹。四、如果港元转钩人民币，立刻变为大强币，外资会涌进香港。五、钩人民币不需要多少储备，因为可以随时转用人民币，而外围要打击港元图利，是发神经。

不可取的另一面，只有一点。如果人民币守不住政治压力，被迫大幅升值，港元钩着人民币也要跟着升上去。这样，楼价会下跌。频频出外旅游的可能无所谓，有部分人士会高兴；然而，日本的惨痛经验岂可不鉴乎？

如果我们能肯定人民币会在一两年之内解除所有汇管，那么等一两年直接转用人民币，不再搞钞票局，可取。问题是基本法说明香港可以自有其币，一下子转用人民币，民主不民主总会有人吵起来。先以钞票局转钩人民币，再取消钞票局，政治上应该比较容易接受。

如果香港今天不听老人言，可能很尴尬。等到北京解除所有汇管，人民币杀到香港，良币淘汰劣币，圣诞权与任老弟岂非面目无光？

朋友，到马来西亚走走吧。那里的商店今天抢收人民币，把自己的货币视为次货。今天不识时务，港元会这样收场！有谁敢跟我赌一手？

52

曾荫权的坚持是劣着

二〇〇六年五月二十六日

（五常按：此文推断香港将会出现的不幸，不出两年都出现了。）

五月十六日发表《是港元转钩人民币的时候了》，引起争议，热闹的。三天后《明报》说曾荫权坚持，人民币不解除外汇管制，港元不转钩。再过两天某刊物引用《香港经济日报》，指特首说中国取消汇管后会考虑转钩人民币。我的分析如下。

（一）中国的外汇管制九十年代初期大幅放宽后，灰色市场有弹性，要不然，中国不会有我们见到的可观发展。只要汇管某程度存在，香港转用人民币有沙石，而北京很可能不同意。另一方面，特首说得对，依照基本法，港元要保留到二〇四七年。

（二）曾荫权说只要人民币有汇管，港元不能转钩人民币。这不对。如果香港保存钞票局，转钩所需的人民币储备甚少，或者向北京打个招呼就成。我看不到北京有反对港元转钩人民币的理由。如果香港不保存钞票局，只要不试图以币量调控经济（钞票局也不能玩这一套），只为守锚而调控货币量，港元随时可以转钩人民币，可以稳守。换言之，转钩人民币不需要有钞票局制度。（这方面，蒙代尔的看法与我不同。我知道他在哪里有误解，会向他澄清。）

（三）目前人民币以一篮子外币为锚，美元兑人民币的浮动幅度要看美元在该篮子内的比重，以及这比重会不会有所更改。

（四）今天人民币兑港元大约是一点零二兑一，港元微胜。钩着美元，这"微胜"可以随时消失。不出一年，人民币值高于港元的机会存在。如果人民币值高于港元，而美元不回升的话，那么港元要与人民币打个平手，没有简便的方法。

（五）如果美元较为大幅地下跌，港元跟着跌下去，香港会有通胀。主要靠内地供应的物品，例如蔬菜等，物价上升会立竿见影，而港人到内地旅游也不利。美元下跌对整个地球都不利，但中东形势不妙，而美国的货币制度不可以下一个固定的锚。

（六）这就带来一个经济学无从分析的问题。美元下跌，港元币值低于人民币，意识上对香港是负面的。我不这样看，但街上的人会这样看。以币值高下排列经济优劣可以很无聊，但历史满是这样的看法。

结论是明显的。港元应否转钩人民币不论，如果曾荫权认为港元早晚要转钩，他要尽早作决定。转钩，现在做可以保持港元继续略强的意识，也可以等到与人民币一兑一时才做，打个平手容易计算，但要事前决定。等到港元低于人民币才转钩，蠢也，愚不可及也！

让我再说一次。在地球一体化的今天，美元稳定重要。

如果人民币继续钩着美元,互相稳定对方,曾荫权用不着考虑港元转钩,因为钩着美元与钩着人民币都是一样。但情况改变了,不管美元是强是弱,人民币兑港元的波动愈小双方愈有利。

53

汇管有无与脉搏倒跳

二〇〇六年五月三十日

中国今天还有外汇管制吗？很难说。写这个问题，因为几天前发表《曾荫权的坚持是劣着》，提到港元转钩人民币不需要等到中国完全解除汇管，跟着说："这方面，蒙代尔的看法与我不同。我知道他在哪里有误解，会向他澄清。"

几位同学要求我向读者澄清。有两点。其一是中国货币制度的经验与西方货币政策的困难，解释过多次，这里不再说。其二是外汇管制。很多时，希望北京清除所有汇管，我会强调汇管还存在。其实，如果我说中国今天没有真的汇管，打起官司，会赢。在中国做生意，暗度陈仓地避开汇管，不需要很"暗"有好些日子了。

翻阅自己的英语旧文，有两处提到汇管若有若无。其一是一九八八年九月写的："很难说在哪个意义上，目前的中国还有汇管存在。"（见《张五常英语论文选》，六九七页。）其二是一九九七年十一月写的："外汇管制仍然官式地存在，但随时可以绕道而行，花一点额外费用——我的估计是汇款的百分之零点二与百分之一之间——通过漏洞。"（见《张五常英语论文选》，九十二页。）

可不是吗？香港人熟知的地上钱庄或银号，顾客要买或要卖多少人民币皆可成交,而汇钱到中国去,通过钱庄比通过正规银行简便——这些方便有十多年的日子了。巨额款项的出出入入,有灰市可走。北京不可能不知道这些活动,只是见到效果可以接受,忙顾左右而已。如果大事压制,中国的经济不会有今天。

外资大量涌进中国起码十年了。有汇管?难道他们发神经?我在《南窗集》数次提及的中外合资合约,清楚写明,发明专利与商标的使用费,一律可以汇到外地去,没有汇管。

上述可见,这些年中国有汇管之说不绝于耳,其实政府没有说要管的,可以做。这样,灰色地带多得很。所谓灰色地带,是政府可管也可以不管。北京不傻,知道发生着些什么事,但见不到不良效果,反对压力不大,不管。老外机构一般不敢或不懂得走灰色地带,出现了我见到的中外合资合约。今天的情况当然比九七年还要宽,只是官式汇管还存在,国内银行的正规操作出现了千奇百怪的"准"与"不准",高深莫测,反映着交易费用略高。这是说,官式汇管存在,多了一点麻烦。这样,说因为有效应所以有汇管,也是对的。

说过了,跟踪中国的经济发展,要懂得掌握那里的脉搏跳动。中国的经济改革是摸着石头过河,旁观者在岸上大声疾呼,听到,于是这里摸一下,那里摸一下,奇怪是这样过河可以过得那么快。熟能生巧吧。

要掌握中国的脉搏跳动,任何法例你要读到字里行间。在中国,法例说可以做,一定可以;说不可以做你要细想有哪个弯可以转，或哪个洞可以穿。政府不堵塞漏洞，多半是默许，不妨调查一下有多少人尝试过，你多半会发觉自己是最蠢的。美国的情况刚好相反。在美国，法例说不可以做，一定不可以，试走弯路会焦头烂额；但法例说可以做，往往不可以。后者可见于土地的发展及使用。法例说得清楚可以这样那样，但到申请依法使用时，要通过多个部门审核，其中环保最麻烦；更头痛是要通过聆讯会议，市民联手反对，你的投资会血本无归。

朋友，你选哪一种？中西双方的脉搏倒跳，是奇怪的世界。

54

人民币的"困境"要解决

二〇〇七年一月二十六日

最近国内的银行收到通知,从今年二月一日起有两项新规限。一、目前外币户口每月限兑换不超过五万美元的人民币(或其他外币每月限不超过兑换值五万美元的人民币),二月一日起这上限改为每年兑换五万美元的人民币。这是减了十二分之十一。二、目前外币户口可以无限量地提取外币,二月一日起每天不能提取超过一万美元所值的外币。这二者都是史无前例的外汇管制,与通常的汇管倒转过来,但算是汇管增加了约束。

原因明确。人民币上升的压力增加,央行要以压制人民币的需求来给这压力降温。加强限制在银行以外币兑换人民币是直接地压制这需求;限制提取外币是希望约束在街坊市场兑换人民币。

人民币兑美元上升的压力增加,有几个原因。其一是格林斯潘猜中的:人民币与一篮子外币挂钩,篮子内的美元成分下降了。其二是北京的言论,杯弓蛇影。其三是美国最近在伊拉克增兵——这场仗是打得太贵了。

以压制人民币的需求来舒缓上升压力,不容易见到功效。不是不可能,要看你怎样压制,而如果压制成功,对经济为祸不浅。说过了，一只货币的币值要下降与要上升是不对称的。币值要下降，政府没有能力把货币收回来，麻烦兼头痛；但如果币值要上升，要之不升易过借火：多印钞票放出去，外汇进账如猪笼入水，不喜欢有那么多外汇大可到澳洲把铁矿或其股票买下来。（蒙代尔曾建议买矿藏多的加拿大；我曾建议买农地相宜的新西兰。一笑。）

是的，打开大门，取消汇管，大手把人民币放出去，不仅国家赚大钱，而绝对肯定的是人民币的上升压力会烟消云散。只有一个大问题：国内的通胀会因而卷土重来吗？答案是：如果人民币的货币量急升，主要用于国外，国内是不会有通胀效应的。问题又来了：取消汇管，央行无从控制人民币量的急升是用于国外还是国内，如果通胀重来，外汇储备多得很，收回人民币是举手之劳，问题是西方的经验说，币量上升与通胀效应有一段颇长的时日分离，而减少币量与通胀收敛也有一段颇长的时日分离——怎么办？

西方的不良（甚至惨痛）经验，源于他们的货币制度（fiat money）没有一个固定的锚。以通胀率或失业率等目标为"锚"，经验说很头痛。以一篮子外币为锚好一点，但会因为外间的波动而波动。最可取的办法，是我曾经多次建议的，以一篮子物品为锚。只要这篮子内的物品够广阔，选择得宜，下了这个锚物价就会一次过地稳定下来了。守锚是守着那篮子物品的物价指数，买卖人民币是按这指数算出来的汇率成交，政府无须提供篮子内的物品。守锚是担保持有人民币的可以在批发市场或期货市场，按着指数购买该篮子物品。人民币兑所有外币的汇率皆自由浮动。守锚调控，央行或增加人民币的发行量，或以储备收购人民币——从中国目前的情况看，是万无一失的。还有，以一篮子物价指数为锚，该指数可以随时调整。略为调高是微通胀；略为调低是微通缩。毫无调整币量与物价变动的时间差距，因为指数的本身就是物价。当然，篮子内的物品的相对物价可以变，而不在篮子内的物价更可以变。

货币大师弗里德曼的思维错了一个重点：他认为一个大国的货币不可以下一个固定的锚。他那篇有名的支持汇率自由浮动的文章写得好，但因为货币没有一个固定的锚，基本上是错了。本着弗老的无锚货币思维，我批评过朱镕基。一九九七年我认为朱老可能对，五年后肯定他对，弗老错。

55

中国的货币制度与人民币的兴起

二〇〇七年七月

（五常按：本文是拙作《中国的经济制度》第十节的中译，二〇〇七年七月完稿，二〇〇八年七月发表。）

朱镕基是个精明的人。虽然职位转来转去，一般的意见，是从一九九三年七月到二〇〇三年三月，他是中国经济的舵手。表面看他是个计划经济者，是个独裁者，也是个不相信市场的人。一九九五年我批评他处理通胀的方法，后来以文章及在电视公开道歉：他对，我错。

我们不能以一个改革者的言论甚至行动来评价他的政绩。他的成败只能以效果衡量。这样量度，朱先生可以拿满分。看似权力欲强，但在他掌政时中央的权力是大幅地下放了。不相信市场，但他在任时国内的市场变得那样彻底地自由，就是崇尚新古典的经济学者也会感动。你可以指责市场有假货，但产品质量的急升大可与当年的日本一较高下，而市场的合约，无论产品的或劳工的，显示着的自由其他地方难得一见。

一九九三年，中国的通货膨胀加剧，人民币暴跌。我在该年五月二十一日发表文章，说控制货币量不会有效，因为无法做到。[注一]我指出困难所在,是中国的银行乃出粮机构,有权势的人可以随意"借"钱。于是建议,中国人民银行要负起一间正规中央银行的职责,不提供任何商业借贷。更重要的是:以权力借贷的行为要杜绝。

一九九三年七月一日,朱镕基接管人民银行。掌此职仅两年,但他创立了中国货币制度的架构,并一直监控着这制度的运作,直到二〇〇三年三月从国务院总理的职位退休。一九九五年他把人民银行转为正规的中央银行。他控制通胀的方法,是直接地约束借贷与消费,把人民币与美元挂钩。我当时对他的约束办法有怀疑,但也认为可能是斩断权力借贷的唯一办法。受到弗里德曼的影响,我反对人民币挂钩而不浮动。

一九八三年香港的财政司考虑港元采用钞票局的制度,让港元与美元挂钩,我参与了讨论。英国的 Charles Goodhart 建议港元要下一个锚,而弗里德曼支持采用钞票局。人民币怎么办呢?八十年代后期出现不少困难,九十年代初期开始崩溃。我求教过米尔顿好几次,遇上任何关于中国的事,他的时间是非常慷慨的。

米尔顿之见,是像中国这样庞大的国家,不能采用钞票局制度。他认为我提出的把人民币与一篮子物品挂钩原则上可行,但费用会是高的。他的选择,是中国采用美国的无锚货币制,严谨地控制货币量,让汇率自由浮动。

[注一] 张五常,《权力引起的通货膨胀》,一九九三年五月二十一日,《壹周刊》,转刊于张五常,《二十一世纪看中国的经济革命》,花千树出版,一七五至一七九页。见本书一〇五至一〇八页。

一九九七年，亚洲金融风暴发生后不久，一组来自北京的经济学者邀请我到深圳会谈。他们对中国的前景很忧心。在讨论中我突然间乐观起来，因为意识到朱镕基做对了。只三年他把中国的通胀率从百分之二十以上调整至零，而当时的产品质量正在急升，通缩一定存在。我于是推论，亚洲的金融风暴是人民币突然而又迅速地转强的结果。当时大多数的亚洲国家，包括中国，都钩着美元，所以当中国的通胀骤然间终结，在国际竞争下钩着美元的亚洲小艇纷纷脱钩，因为他们的币值是偏高了。^{注二}

　　一年之后，我更为理解朱镕基的货币制度。他的方法可以理解为把人民币下了一个可以成交的指数为锚。得到朱的启发，我意识到一个国家的货币可以用一篮子物品的物价指数为锚，用不着要有真实物品的储备，条件是央行当局要有些外汇储备，必要时左右一下，而更重要的是不用货币政策来调控经济。把货币的用途限于货币现象，将汇率与一个可以成交的指数挂钩是不难维持的。

　　是市场合约的自由与弹性协助中国在九十年代幸免于经济衰退的蹂躏。就是不算当时产品质量的急升，通缩率逾百分之三，而房地产的价格下降了三分之二以上。然而，失业率徘徊于百分之四，增长率约百分之八。分红合约与件工合约当时盛行，协助了真实工资的自动向下调

注二　当时我没有发表这个解释，因为恐怕扰乱外汇市场。当这解释二〇〇六年四月二十七日发表时，一位曾经专注于该金融风暴的北京朋友惊叫，说我的解释一定对。该风暴出现时，他和同事狂热地找解释，但后来回顾所有解释都不对。见张五常，《铁总理的故事》，二〇〇六年四月二十七日发表于《壹周刊》。

整。[注三]再者，为了确保他要达到的百分之八的增长率，朱镕基把市场全部放开，大力推行国企的私有化，拿开约束劳动人口流动的限制，也加速了经济决策的向下分散。上马时朱可能是个市场怀疑者，下马之际他必定转为信奉市场了。

回头说中国的货币问题。二〇〇二年在天津南开大学的一次讲话中，我说人民币是世界最强的货币——当时的黑市汇率还低于官价的。[注四]到了二〇〇三年三月，在一篇评论朱退休的文章中，我说人民币那么强劲，两年之内西方的国家会强迫人民币升值——那时黑市与官价汇率大致打平。[注五]这样用黑市与官价汇率的互相运作来估计一种货币的强弱，一九九三年与米尔顿研讨过，加上我跟进了地下钱庄的非法交易活动。这些活动的存在，北京当然知道。

外国施压要人民币升值来了，不是两年后，而是四个月。我坚决地反对人民币大幅升值。理由是如果要改进农民的生活，他们要被鼓励转到工业去。除非农民的生活提升到城市工人的水平，中国的经济改革不能说是成功。多个世纪

[注三] 分红合约有工资自动向下调整的机能。件工合约有同样的弹性，因为有新订单时件工之价往往由劳资双方再洽商。见张五常，《制度的选择》，第四章，第六节，二〇〇二年花千树出版。

[注四] 张五常，《以中国青年为本位的金融制度》，二〇〇二年六月二十日发表于《壹周刊》。

[注五] 张五常，《令人羡慕的困境——朱镕基退休有感》，二〇〇三年三月十一日发表于《苹果日报》。

以来，中国农民的故事永远是血，是苦，是泪与汗。记忆所及，这是第一次农民看到一丝曙光，而人民币汇率的大幅提升会消灭这希望。

一九九一年在斯德哥尔摩，参加科斯获诺贝尔奖的盛会，我对米尔顿说世界将会见到十到二十亿的廉价劳动人口加入国际贸易，二十年后地球的经济结构会有很大的转变。这竞争来临了，而我关心的是虽然中国的工资低廉，比起印度与越南等地还是高出相当多。这些国家也发展得强劲，我当然高兴，理由简单：他们愈富有，跟他们贸易中国赚的钱会愈多。然而，把人民币的国际汇值提升是让赛。很多农民到今天还没有见过真的飞机在天空飞行，人民币升值怎可以改善他们的生活呢？

目前中国有无数的我称为接单厂家的工厂。他们既没有发明专利也没有注册商标，只靠客户交来样板与设计，有单就接。当一个订购者要求复制样板及开价，这要求通常寄到多处，到几个国家也是常有的。我的观点，有大量的事实支持，是农民尝试工业一般由接单工厂做起，学得点技术与知识然后向上爬。感谢蒙代尔，他也曾多次大声疾呼地反对人民币升值。

要清除人民币升值的压力不困难。与其愚蠢地压制人民币的需求——央行目前正在这样做——他们大可取消外汇管制，让人民币大量地流进国际市场。一种货币的下降与上升的压力是不对称的。有下降压力很头痛，但上升压力绝对不坏。让人民币外流，国家赚钱，而中国目前的外汇储备泛滥，有需要时可以容易地把人民币买回来。通货膨胀的担心可以用一篮子物品作为人民币之锚而解决了。

得到朱镕基的启发，二〇〇三年我建议，也重复过几次，人民币转用一篮子物品为锚，正确一点地说是以这篮子的可以成交的物价指数为锚。央行不需要有这篮子的物品存货。他们只要担保一个币量可以在指定的市场购得这篮子物品。

这个可以成交的指数容易调整，即是说物价的水平可以容易地调整。物品的选择与比重的分配要慎重考虑，做得对通胀再不会是关心的问题。把货币钩着一篮子物品，多年前与米尔顿研讨过，而这思维与蒙代尔的货币观是一致的。朱镕基的经验显示，实践的成本不高，因为货币之锚只是个可以成交的物价指数，央行不需要持有这些物品。

北京考虑了我的建议良久，那其实是朱镕基的货币制度加上一点变化。这变化是向旁站开一步，避去与其他国家争吵，对他们说："我们是回复到古老的本位制，只是我们用一个可以成交的物价指数为锚，没有真实物品的储备。这是我们选择的确认自己的币值的方法，与所有其他外币的汇率是自由浮动的。"当然，要防止通胀，以一个可以成交的实物价格的指数为锚，远胜一篮子用纸造的货币。

央行没有接受建议我不感到烦扰，但两三年来他们的操作使我担心。上述提到之外，我的感受是他们要尝试美国的无锚货币制。货币政策早晚会大手采用。这会大幅地增加央行干预经济活动的权力，到后来可能把县制度破坏了。

让我重复上文说过的一个重点。互相竞争的县的权利结构不容易瓦解。任何不明智的政策，侵犯了县的利益而县有权说话的，我不担心。例如我不担心价格管制或租金管制，如果这些管制出现，我敢打赌要不是不被执行，就是执行也不会持久。我担心的是县无权过问的政策。这方面，货币政策居于头痛项目之首。

56

若要马儿好，让马儿吃草
——从通胀说一篮子物品

二〇〇七年八月二十三日

最近北京公布通胀上升加速，是大新闻了。与去年七月相比，物价指数上升了百分之五点六，其中农产品之价上升尤甚，是百分之十五点四。媒体纷纷求教，只复一处，说："我一则以喜，一则以忧，你要先听哪一则？"是女孩子访问的，聪明兼漂亮，难道老人家动了凡心乎？女孩子说要先听"以喜"的那一则。

一时间我有无限感慨：神州大地满是伪君子！又要马儿好，又要马儿不吃草！大家不是抢着说要改善农民的生活吗？人均的农地面积那么小，而这些年数之不尽的农作青年随着流动人口流到工业那边去，加上炎黄子孙的袋里多了一点钱，要吃得好一点，农产品之价岂有不升之理？我反对福利经济，反对补贴农民，但同意取消农业税，而更喜欢见到的是农产品之价上升了。这是我期待了很久的事，不出现中国农民的生活不会有大好转。三年前农产品之价明显地上升了，我高兴，这次升得急，大吉大利也。朋友，要协助农民的生活吗？长贫难顾，补贴不是好办法。多花一块几毫购买他们的蔬菜，才是通过市场来协助农民的妙方。

在北京的物价指数内，农产品约占三分之一。算起来，农产品之价升百分之十五点四，非农产品之价的升幅只百分之零点九，近于零。如果要物价指数整体的升幅是零，即是说毫无通胀，那么非农产品的物价指数要下降百分之七点七。农产品相对非农产品的物价一定要上升，中国的农民才有希望的。最近的指数，显示这相对物价上升了百分之十七点一，是大好形势，可喜可贺也。

转谈"以忧"的一则吧。中国的物价指数何止上升了百分之五点六？一年来，人民币兑美元上升了百分之七强。逻辑说，币值上升，物价指数理应下降才对。这次币值上升而物价指数又上升，物价的真实升幅应该是百分之十以上。跟与美元挂钩的港元相比，一年来人民币兑港元上升了百分之七强，内地物价指数上升了百分之五点六，从香港游客的角度看，以港元兑换人民币到内地消费，内地的物价升幅约百分之十三。不是说百分之十三才是去年中国物价的真正升幅——对香港游客来说当然是——但因为内地的对外贸易一般以美元结算，外资的进入的投资成本与中国的出口货价是大幅提升了。这可能加重了内地的人的通胀预期。不要误会，我不是说通胀预期已经在中国形成了，也不是说因为最近公布的物价指数与人民币值的上升，这预期早晚会出现。我不知道，也无从知道，只是说，近今的数据变动在逻辑上可以是通胀预期的一个成因。

近今世界大乱，什么恐怖活动，什么次贷风波，而各地股市无不大上大落，到处汇率、利率皆如冇尾飞砣。中国呢？还是尽可能避开外来的波动为上。这不是说中国要独善其身，只管自扫门前雪，不管他人瓦上霜。地球一体化，可以帮助他家中国要考虑，但如果中国因为外间的影响而自己波动起来，说什么协助他家是不自量力了。

我因此不能不旧话重提，建议北京把一篮子物品的物价指数作为人民币之锚。只要这篮子的物品选得适当，人民币之锚稳守，通胀可以一次过地解决，而通胀预期必去如黄鹤。这个以一篮子物品为锚的货币制度我解释过多次，这里不重述。以近今公布的物价指数为例，升幅百分之五点六，其中农产品升百分之十五点四，非农产品升百分之零点九。如果人民币以一篮子物品的物价指数为锚，而该篮子与北京统计物价指数所选的物品有同样的代表性，那么坚守这篮子的指数不变，如果农产品的物价上升了百分之十五点四，非农产品的物价一定会下降百分之七点七——通胀率是零。为锚的一篮子物价指数既可调高，也可调低。我认为每年调高百分之二，即让物价上升至百分之二，是可取的。

有了一篮子物品的依凭，要舒缓人民币上升的压力，北京大可解除外汇管制，把人民币推向国外。人民币外放国家有钱可赚，而有了以一篮子物品为锚的维护，通胀无技可施。央行把人民币外放，要放到人民币的上升压力毫不存在为止。每放一元，国家赚一元。如果人民币的币值因为外放太多而偏高，回头走，内地会有通胀的压力。如果每年的物价调高百分之二不够，或守不住，央行大可把人民币收回来。外汇储备那么多，兵来将挡，水来土掩，何难之有哉？有钱可以做很多有意义的事，不单为炎黄子孙，懂得怎样花对地球会有重要的贡献。

57

人民币的困境

二〇〇七年十一月八日

（五常按：此文乃二〇〇七年十月二十九日于贵阳贵州财经学院讲话之大略。是日也，朝雨送寒，午后讲座，老师同学云集者二千。随后挥毫数纸，晚宴贵州茅台，夜叙法国红酒，老生常言该地贫瘠，盖前日事耳。）

一、提升币值不如撤销关税

我老是想得简单，这次讲话，每点要说的都简单，但因为有多点，加起来就变得复杂了。所以同学们要听得留心，否则加不起来。

一个国家的经济发展得快，历久不衰，其货币币值强劲，在国际上有上升压力，是大吉大利的形势，与货币呈弱势是两回事。好比一个男人找不到女人，相当头痛，但如果有多个美女追求，则过瘾之极，处理何难之有哉？目今人民币在大好形势下遇到不容易解决的困境，恐怕源于处理失误，为何如此，怎样解救，说来话长，让我说说吧。

二〇〇二年我在南开大学说人民币是天下第一强币（当时黑市还低于官价），二〇〇三年三月说两年内先进之邦会强迫人民币升值（当时黑市与官价打平）。不出所料，只四个月后这"强迫"就出现了。我当时是反对人民币升值的。

这反对今天依旧——为何反对我会解释。感谢货币大师蒙代尔。他也屡次公开反对人民币升值，后来我知道他的理由与我的差不多，可谓英雄所见略同矣。

首先要说的困境，是人民币兑美元上升了百分之六至十之间后，中国对外贸易的顺差急升。说过好几次，货币汇率上升会导致顺差上升的机会很大。经济本科一年级的弹性系数分析，说物价上升，需求量下降，但总消费可能增加。到了三年级的对外贸易课程，这弹性系数增加了好几个，方程式长而复杂，都支持着货币汇率上升不一定可以减少贸易顺差，但没有谁可以事前推断弹性系数是哪个数字。当然，如果人民币升得够高，到某个价位中国的贸易顺差一定会下降，但到那一点，或到顺差不存在的那一点，中国的经济很可能会走上日本的路。我大概是一九八六年发表《日本大势已去》的。

是的，当年发展得头头是道的日本，经济不景已有二十个年头了。二〇〇一年在旧金山与弗里德曼畅谈日本的困境，他说日本看来有转机，六年过去，这转机还看不到。这可能是因为日元币值在国际上大幅上升了，受益的多是有钱人，话得事。三十年前红极一时的日本，在经济政策上犯了两项大错。其一是禁止农产品进口，使地价急升，飞到天上去。其二是让日元汇率升值，从三百六十兑一美元升至八十兑一（今天约一百二十兑一）。斯坦福一位教授作过深入研究，两年前发表所得，直指日元升值对日本经济的祸害。像蒙代尔一样，这位教授支持中国，反对人民币升值。

不容易明白为什么诺贝尔经济学奖十之八九落在美国学者手上，但那里的议员老是认为人民币值上升会改善美国对中国的贸易逆差。更不容易明白为什么外国坚持要求中国货价上升。说会增加本土的就业机会是浅见。最近见报，中国货的价格在美国是明显地上升了，需求弹性系数低于一，中国货的总消费于是上升了。

这里有一个关键问题。人民币兑美元上升，中国的贸易顺差大幅上升，我敢十对一打赌，外国施压要人民币再上升必将加剧。另一方面，虽然中国贸易顺差上升的本身不一定会导致人民币值上升，但市场一般这样看。如此一来，政治施压，市场又施压，人民币要不升很头痛。

不止此也。最头痛的关键，是如果人民币受到压力而再上升，中国的贸易顺差会继续上升的机会很大。这是因为中国货在外地畅销已有十多年，那里的消费者养成了惯性，这是会促成弹性系数下降的。我们无从知道人民币要升到哪个价位这惯性才会改为有利中国贸易顺差下降的弹性系数。这样，人民币值再上升，中国顺差又再上升，外国加重施压，一重一重地推上去，中国会被迫走上日本的不幸的路。前车可不鉴乎？

只有两个可取的改"善"中国贸易顺差（指减少）的途径，肯定有效的。其一是中国大幅施行出口关税。这对中国的工业发展极为不利，但总要比外国大幅提升中国货进口税为佳，因为前者税收由中国获取。其二，最佳的选择，是废除外国货进口中国的关税，或起码大幅减少。废除所有进口关税是妙着，最好的，贸易顺差一定下降，而炎黄子孙可以大享鬼子佬的名牌真货之乐矣。不妨考虑与外国洽商，大家一起取消所有关税，但中国单方面取消所有进口税也是正着，何况这后者潇洒好看，干脆利落，有大国之风。这也是对世界公布：地球一体化，我们不跟你们婆婆妈妈，身先士卒地表演一手，成为天下第一个自由贸易大国。

纵观天下大势，我认为中国取消所有进口税不仅要做，而且迫在眉睫，要尽快做。这是一项肯定可以大幅减低中国贸易顺差的法门，而又因为有那么多的外资要到神州大地下注，我们无需担心取消进口税会对中国目前的外汇进账有不良影响。说过了，中国的外汇储备那么多，要烧也要烧好几天。

取消进口税对中国的工业会有负面影响吗？也不用担心。一个原因是中国货的竞争者绝大部分不是先进之邦的优质名牌，另一个原因是让优质名牌免了关税杀进中国，这些产品会迫使中国提升产品质量，很快的。今天，我绝不担心中国的工业家会那样不争气，见到外来的名牌就心惊胆战，鸣金收兵，躲起来了。

六年前，在某次讲话中，我说如果举世取消关税，全球一体化竞争产出，我会将身家押在炎黄子孙那边去。这类推断我从来不错。

二、农转工泼冷水愚不可及

说过多次，反对人民币升值是为了中国的农民。也说过多次，中国农民的生活搞不起，经济增长怎样了不起也没有用。说要改善农民的生活说了几千年，得个"讲"字，但今天是看到曙光了。

近来我反对人民币升值有点火气，情难自禁也。可不是因为农民的生活没有改进，或改进得太慢。正相反，大约二〇〇〇年起，中国农民的生活改进得快，上升速度超过我的期望。形势好，是关键时刻，泼冷水愚不可及。左盘算右盘算，我认为这几年农民生活改进的速度，如果再持续十年——从历史看是很短的时日——中国的农民会达到小康。还要鼓励城市的工商业发展。农民生活的改进，是要靠工商业的继续励进带动的。不容易看到农民的生活与城市的人均收入打平，因为后者有大富人家。但农民的人均收入，要达到城市的中等人家水平不苛求。那是小康，大约还需要十年吧。这是以目前农村的发展速度算，也把二〇〇三年起农产品价格上升的速度算进去。

说实话，要一下子大幅提升农民的生活，易过借火。那是拜当年的日本为师，禁止农产品进口。但这样做，中国整体的经济发展会变得溃不成军，无从再进矣。我反对禁止农产品进口，或抽进口税；我也反对最低工资，反对补贴农业，反对福利经济——因为这些会扼杀农民自力更生的机会。我赞成大事推广农村子弟的知识教育，认为最好鼓励私营的慈善机构办学，赞成在农村推广适用于中国的农业科技，也赞成大学取录学生时，农村子弟的高考成绩不妨让个折头。

我也认为两年前取消农业税是对的。这"取消"协助了在农民大量转到工商业去的情况下，农产品的总量还继续上升：弃置了的农地再被耕耘，雇用全职农工开始盛行，而农作的机械与建设投资，虽然还简陋，是明显地急速上升了。

不要相信农民的生活愈来愈苦，或贫富两极继续分化。就是北京也难以估计流动人口，以户籍人口算农民的人均收入不对，而外国机构的什么分化指数统计，根本不知道中国发生着些什么事。在收入的差距上，城市与农村之间可能还在加阔，但相对的百分比升幅，这几年农民比市民升得快是没有疑问的。这发展继续，农民的收入早晚会追上城市的居民。

北京目前的统计，是全国农民人口下降至总人口的百分之五十六。是以户籍人口算吧。我调查了几个农村（包括河南、江苏、浙江、广东、贵州），图案竟然一样：可工作的农村劳力，十个走了七个。近城市的走得较少，因为容易半农半工。大略地算一下，从总人口看，今天农村的实际人口只有总人口的百分之三十五左右，而从劳动人口看，操作农业的大约是百分之二十（一位作过比较深入调查的专家朋友，说只剩百分之十五左右）。六年前在广州讲话，我说中国操农作的要下降至总劳动人口百分之二十左右才算及格。这言论给人痛骂，说永远不可能。曾几何时，今天应该是达到了，比我六年前想象的快。今天看，农作劳动人口再下降五个百分点就差不多了。

无可置疑，近两年建筑工人的收入上升得很可观，反映着从农转工的速度缓慢了下来。雇用的农工兴起，而他们的全职收入，目前是略高于工厂的低薪工人。这里要指出一个考虑重点。以低工资从工商业学起，只要勤奋，知识与日俱增，假以时日，其收入的上限有机会高到天上去。换言之，工商业的知识有很大的争取空间，机会有很大的变化，因而收入增长的弹性高。农业可没有这样的际遇。中国的农作知识了不起，但主要是数千年的智慧积累，农村的孩子从小耳闻目染，长大后一般都学满了师。不是说先进的农业科技对中国毫无用处，但地少人多，好些外来的科技没有多大用场。技术上，这些年中国的农业有长进，而以塑料布建造温室这几年盛行了。那天我见到农民投资五千,用塑料布建一间房子,可养鸡千只,有无限感慨。是新法饲养,而令我心跳加速的是一户农家拿得出三个五千元。

无论怎样说,一个地少人多的国家,加上农业的本质,农民收入的上升弹性远不及工商业。所以我认为一个年轻力壮的农工收入,只略高于工业的低薪是不够的。这几年农产品的价格比工业产品的价格上升得快,是好现象。假设工业产品之价不变,农产品之价再升一倍至一倍半,加上设备投资与新技术,农民一般可达小康。这样盘算,我的估计是再要大约十年。

漫长的黑洞,中国的农民终于走到尽头,见到光亮了。为什么不让他们走出洞口呢?说过无数次,农转工,中国的农民起步时是转到我称为接单工厂去。这些工厂的产品没有自己的商标,也没有任何专利,只是有单接单,有办照造,他们的竞争对手不是什么先进之邦,而是越南、印度等工资比中国还要低的地方。人民币升值,大家用美元结算,订单会容易地跑到这些后起的地区去。今天的中国可没有日本当年那样着数,可以让日元上升一两倍还有竞争力。一九九一年,在瑞典,我跟弗里德曼说得清楚:世界大变,不久的将来地球会增加十至二十亿的廉价劳力在国际上竞争。没有看错,这竞争出现了,是地球之幸。我为印度、越南等的兴起感到高兴,而对中国来说,落后之邦有点钱是大吉大利,因为与之贸易可以多赚一点。但让人民币升值是让赛,是轻敌,是未富先骄。

是的,就是农转工到了一个饱和点,北京还不能让人民币升值。原因是要提升农民的收入,我们要让工商业的收入上升。这上升会自然地迫使工业改进产品的质量与引进科技，而这几年中国的研究投资的上升率是世界之冠。人民币不升，中国的接单工业总会有抬头的一天。是的，中国早晚要放弃低下的接单工业，让改革较慢起步的接单去吧。绝对不是看人家不起，而是中国的劳苦大众吃了那么多年苦，今天的形势是他们的血汗换回来的。

五年前说过，人民币强劲，主要是因为中国的人民大众吃得苦。人民币升值，对富有的炎黄子孙无疑有利。但劳苦大众呢？难道他们会旅游巴黎喝拉图红酒吗？

三、人民币上升压力易解除

上文提到人民币面对两项困境。其一是兑美元上升，外贸以美元结算，弹性系数不协助，中国的外贸顺差不跌反升。这会带来外间再强迫人民币升值，有可能一重一重地逼上去，使中国走上日本当年的不幸的路。其二，中国的劳苦大众的工资，高于跟他们竞争的印度及越南等地，人民币再上升，这几年发展得很有看头的农民生活，会遇到严重的打击。

这里转谈第三项困境。那是这几个月中国的通胀是明显地上升了，到了近于不可以接受的水平。这里我们要冷静下来，思量一下。首先，近来的通胀加剧主要是农产品的价格上升得快。这是好现象。农转工的人数那么多，农产品的价格上升是自然的现象，而如果农产品的价格不升，农民的生活不容易有抬头的一天。然而，普通常识说，农转工的人数多，非农业的物价理应下降才对。但没有，只是上升得少。原则上，中国的物价指数，农产品占三分之一，其价上升一个百分点，其他物价下降半个百分点可以抵消，使通胀率为零。但没有。在目前中国的发展中，通胀年率低于五可以接受，目前是在六至七之间，不好，也不大坏。

大坏而又头痛的，是人民币兑美元上升了百分之十，按照经济常规，币值上升是会带来通缩的，但没有。以香港为例，近两年港人到内地消费，物价是上升了百分之二十强。不是说内地的人也遇到同样的通胀，分析复杂，但可以肯定地说，因为人民币值在国际上升了，内地的通胀率其实不止目前公布的六至七之间。

这就带来一个有趣的经济学问题。币值上升，应该有通缩——读者不妨想象人民币值大幅上升，通缩必至——但为什么上升了百分之十还会有通胀加剧的现象呢？

我的解释有两方面。其一，贸易顺差急升，外资继续涌进，外汇储备激增，这些进账或迟或早是要用人民币兑换代替的。这会导致人民币的内地流通量增加。不是说外汇进账要下降至零才没有通胀，但因为这进账的激增使人民币量上升，央行加息约束的主要是内地市民的消费与投资，不是明智之举。其二，央行以压制人民币需求的方法来舒缓其上升压力，例如禁止在内地自由地以外币兑换人民币，有适得其反的效果。压制需求会促使市场预期人民币会继续上升，争持人民币会使币量被迫提升。

这就带来我曾经说过的一个重点：要舒缓人民币上升的压力，约束需求（目前做的）是*劣着*——正着是增加人民币的供应。后者，为避免内地的通胀加剧，央行要把人民币大量地放出国外——这是要解除目前的外汇管制了。

解除汇管,把人民币大量放出去,要人民币变得毫无上升压力很容易,而放出去够多人民币值是会下降的。要注意:把人民币放出去与此前决定(而最近煞掣)的天津"直通车"到香港买股票很不相同。"直通车"是内资外流,但人民币外放有引进外汇的效果,国家是有钱赚的。这里要说清楚:从经济学的角度看,我不反对内资外流,但指明是购买股票却是劣着。股票之价,原则上,是反映着上市公司的回报率,市场应早有定论。无端端因为"直通车"而使港股上升了百分之四十,反映着股民一般无知,早晚会损手烂脚!买股票不是移民潮买楼,不是自由行购物,而是市场投资,要看上市公司的投资回报。

炎黄子孙有钱出外投资,那很好,但要让他们自由选择投资的项目与回报的预期。说实话,当今之世,不容易找到一个地方投资比神州大地更可取,但如果炎黄子孙要分散一点,那到外间下点注,过瘾一下,也无不可,但不要强迫他们通过港股市场。

要舒缓人民币的上升压力,大量把人民币推向国际是最上选的了。这里还有一个很少人注意到的重点。这两年人民币上升,主要是兑美元上升,而我说的接单工厂今天叫救命,主要是他们一律以美元结算!是个尴尬的问题,炎黄子孙很有点面目无光:既为泱泱大国,经济搞了起来,震撼世界,但外国人购买中国货,为什么不能用人民币结算呢?这是因为中国还有汇管,人民币不自由外放。

北京的朋友要为国家的尊严设想一下吧。但在目前的形势下,解除汇管让人民币自由外放,有机会带来相当头痛的麻烦:内地的通胀因而上升的机会存在。这里我们有两方面的考虑。一方面,有两点对通胀是有利的。第一点,如果北京依照我的建议,取消进口税,贸易顺差大跌,有舒缓通胀的效果。第二点,以提升人民币的对外供应来减少该币的上升压力,市场再不争持。另一方面,人民币自由外放,对通胀不利也有两点。第一点,人民币的强势下降的本身,会增加通胀的压力。第二点,如果外放了的人民币回流,内地的人民币量增加也会导致通胀。人民币留在外地则不会,但外放了的总会有某部分回流,尤其是投资中国这些年成为风气了。我们无从估计外放了的人民币的回流比率会是多少。

两点会舒缓通胀,两点会增加通胀压力,一起合并,内地的物价会向哪个方向走呢?很难说。如果一定要我猜一下,我认为在目前的物价明显地趋升的形势下,解除汇管,外放人民币到没有上升压力的那点,内地通胀加速的机会较高。因此,我不能不旧话重提,建议人民币与一篮子物品挂钩。这后者我分析过多次,但好些读者还是不明白。应该是传统的货币观误导了他们。我要从另一个角度再说一次。

这里要补充一下的,是人民币大量外放,中国的外汇储备会相应上升。与贸易顺差及外资涌进的储备上升不同:除非人民币大量回流,其外放带来的储备上升是不会增加通胀的。

四、货币多目标是劣政策

不久前在报章上读到周小川先生在十七大的言论,有云:"中国当前货币政策仍要坚持多目标,并强调促进经济发展……他大称,中央银行首先要注重通货膨胀的防治,保持币值稳定,其次在宏观调控和制定货币政策时要考虑促进就业……"

上述的观点无疑是西方某传统的货币政策观。可以办得到吗?地球历史没有成功过。今天欧元币值稳定,主要是因为他们放弃了"多目标"。可不是吗?欧元成立以还,德国与法国的失业率毫无改进,其他的欧盟国家有失业率低很多的。欧盟之邦有不同的经济困境,是弗里德曼当年认为欧元行不通的原因,而今天欧元成功,是因为主事者只求币值稳定,不管其他。货币政策的"多目标",在实践上没有成功过。原则上行得通吗?理论说很困难,困难重重也:一石多鸟要碰巧。国家大事,岂同儿戏哉?

虽然不是我的研究专业,但自六十年代初期起我跟进货币,有名师指导,同学了得,而后来认识弗里德曼、哈里·约翰逊、蒙代尔等货币大师,要不跟进也艰难。记忆所及,弗老当年认为没有一个联邦储备局的主席是及格的。后来到了格林斯潘,弗老认为最好。格老的政绩如何呢?处事临危不乱,国会应对一流。然而,他在任的二十年间,美国的利息率轮上轮落凡八次之多。我早就说过,利息率辘来辘去,辘上辘落,早晚会有投资者或借贷者被辘瓜。言犹在耳,次贷风暴就出现了。

费雪的利息理论说得清楚:投资的回报率应该与市场的利息率相等。很显然,投资的回报率不可能像格老任内的利息率那样辘上辘落。换言之,格老的货币政策基本上是违反了经济原则。弗里德曼当年是反对以利息率调控经济的,但以币量调控,困难重重,格老转用利率也就无话可说。可惜弗老去年谢世,否则见到今天的次贷风暴,足以仰天大笑矣!中国的央行最近加息五次,也是以利率调控,拜格老为师,放弃了比格老高明的朱镕基传统。不敢说朱老比格老聪明，而是美国的"无锚"（fiat money）货币制度有不容易解决的困难。佩服蒙代尔，他四十年前就这样说。

西方的币量理论（quantity theory of money）起于亚当·斯密之前，其后参与的天才辈出，实证研究的大好文章数之不尽，可谓精英尽出矣。然而，理论归理论，实践归实践。实践上，该理论有一个无可救药的要点：我们不知道方程式内的货币量究竟是些什么！是 M1？是 M2？是 M3？还有其他吗？

我肯定币量理论有严重的失误，始于一九九五。该年我的师兄麦萨尔（A. Meltzer）访港，我带他到雅谷进午餐。在货币研究上，这位师兄非同小可。他是布鲁纳（K. Brunner）的学生，与老师拍档研究货币得享大名。单以调控银根（base money）来调控币量的主张，是这位师兄一九六三首先提出的。这个"银根"法门后来被西方的国家普遍采用，是以利率调控之前的事了。可以说，从货币理论实证研究的角度衡量，这位师兄的成就不在弗里德曼之下。

在那次雅谷午餐中，师兄向我提出一个困扰着他的问题：美元的币量急速上升了好几年，但美国见不到有通胀复苏！他说想不通，唯一的解释是当时美元在国际上强劲。分手后我再想，得到的解释是：一九九一波斯湾之战后，苏联解体，国际上要持美元者急升，而外间多持美元是不会导致美国本土的通胀上升的。三年前，弗里德曼直言他对自己多年来的币量观有怀疑，那是大师的风范了！

于今回顾，我历来敬仰而又拜服的弗里德曼，币量之说外，其货币观还有两处失误。其一是他对美国三十年代经济大萧条的解释，是货币的顶级研究，详尽得前无古人，但轻视了当时的美国工会林立，福利大行其道，最低工资半点也不低。这些加起来约束了劳工合约的选择，而重要的件工合约当时在美国是被判为非法的。我绝不怀疑弗老说的，当年美国的联邦储备局做错了，失误频频，币量应加不加，或应加反减，也不怀疑在合约选择自由不足的情况下，大幅增加货币量，搞起一点通胀，对当时的大萧条有助。然而，朱镕基的中国经验却令人大开眼界。神州大地一九九三的通胀率越百分之二十，一九九七下降至零，跟着有负三强的通缩，如果算进当时的产品与服务的质量急速提升，通缩率达两位数字应无疑问。楼房之价下降了三分之二强。就是在这样的极为"不景"的时期，中国的经济增长保八，而失业率徘徊于百分之四左右。长三角的经济就是在那时飙升，只八年超越了起步早十年的珠三角。是重要的经验，明显地否决了弗老的单以货币理论解释大萧条的分析。

弗老的另一项失误，是他认为金本位制度放弃了之后，一个大国不容易甚至不可以用实物为货币之锚。昔日以金或银为锚的本位制，导致西方太平盛世很长的时日，今天还有不少经济学者向往。可惜此制也，金或银本身的价格波动会导致其他物价的波动，而这本位制的瓦解，起于经济增长或行军打仗，金或银的供应量不足。

没有谁不同意有实物为本位的货币制度最可取，只是找不到可取的实物。是朱镕基在九十年代处理货币的方法使我霍然而悟，站了起来：以实物为货币之锚，市场要有实物存在，但政府不需要提供实物，而市民是不需要储存有关的实物的。解释是后话。

这里要向周小川先生澄清一下。多目标的货币制度虽然老生常谈,但历史的经验没有成功过。货币的基本用途是作为计算单位(unit of account),亦即是协助市场交易的单位了。凯恩斯是这样看的。作为计算单位,货币的主要目标是稳定物价,而如果只针对这单一目标处理,成功不难。这应该是中央银行要集中的唯一职责。经济的其他方面应该是央行之外的责任。不要羡慕美国联邦储备局的主事者基本上是管到经济的各方面去。看似大权在手,其实手忙脚乱。是那个无锚的fiat money制度使然。货币无锚,以币量调控物价很不容易,顾此失彼,于是不能不管到多方面的目标去。

君不见,西方常说的商业周期(business cycle),开放改革后的中国从来没有出现过。不是说经济没有波动,而是没有周期性。货币制度不同,市场合约选择的自由度不同,所以有别。个人认为:朱老搞出来的中国货币制度是好的。非常好,要不然中国不会有今天。我同意蒙代尔为此而提出的格言:还没有破坏,不要修理它!

五、货币下锚的选择

有数之不尽的理由一个国家的货币要下一个固定的锚,然后让所有汇率自由浮动。人民币目前的主要困境,是一方面要解除外汇管制,让人民币外放来舒缓币值上升的压力;另一方面,这汇管的解除有很大的机会带来不可以接受的高通胀。在这样的情况下,我几次建议的把人民币与一篮子物品挂钩,即是说以一篮子的物品价格指数为人民币之锚,就更加重要了。

解释过几次，明白的朋友拍手称善，但好些读者不明白，可能他们想得太深了。不是我的发明。我只是把古老的本位制与朱镕基的货币政策结合起来，知道可行。与一篮子物品挂钩的想法二十多年前向弗里德曼提出过，但要等到十年前，得到朱老的政策启示，我才知道提供货币的政府机构是不需要有篮子内的物品在手的。当年大家都想错了。

让我从金本位说起吧。黄金的本身值钱，以金币做货币，金的所值就是币值。金有重量，携带不便，提供货币的机构可以发行钞票，是纸钞，面额说明可以换取多少重量的金，发钞的机构是有黄金储备的。这个古老的本位制有两大缺点。其一是金价的波动会导致其他物价的波动，其二是发钞的机构可能遇上黄金储备不足的困难。后者其实是误解，是错觉，起于发钞的政府或机构营私舞弊，或言而无信，或上下其手。中国清代的一些钱庄与后来国民党的关金、银圆券、金圆券等，说明有金或银作本位，都是骗人的玩意。我们有理由相信今天中国的央行再不会那样做，而如果他们那样做，没有谁有理由去关心中国的经济改革。

今天，我们要把问题倒转过来看。央行发钞，大可说明一千元（或某面值）可以在市场买到某重量的金。短暂的波动当然存在，但可以容许。央行本身不提供金，只是见市场金价上升，央行把部分钞票收回；见金价下跌，则多发钞票出去，那钞票面值的金量可以稳守。目的只一个：稳守金价，其他货币政策不管。这样稳守就是以黄金作为货币之锚，也是本位制，是另一种，增加了不需要储备黄金的弹性。容许短暂的金价波动，稳守币值的金价不困难。困难是其他两方面。一、市场的黄金需求或供应可以大上大落，稳守币值的金量，其他的物价会跟着大幅波动，对经济有不良影响，可以是很坏的。二、市场中的大富君子可以跟政府赌一手，炒金图利。这是说，以市场的黄金为货币之锚，金量的多少不是问题，其他物价的可能大幅变动才是。

这就带来以一篮子物品作为货币之锚的建议了。曾经建议用三十种物品，认为不够安全用六十种吧。要选对衣、食、住、行有代表性的，物品的质量要有明确的鉴定准则，要从没有讨价还价的期货市场及批发市场选择。不难选出约六十种，但再多不容易。篮子内的物品各有各的不同价，比重也不同，而这篮子中的相对物价是自由浮动的。固定的是一千元人民币（或某面值）可以在市场购得那篮子内指定的物品的质与量，及物品之间的固定比重。最简单是用一个指数处理。说一千元可以购得一个固定的篮子物品，称指数为一百，央行如果调高指数为一零一，是说要有百分之一的通胀，调低为九十九，是说有百分之一的通缩了。容许每年有上、下限百分之三左右的变动吧。篮子内的相对物价自由浮动，人民币的对外汇率也自由浮动。篮子内的物品是些什么要公布，每种选哪个市场不一定要公布，物品的不同比重也不一定要公布。

这就是了。西方考虑过以物价指数为货币之锚。这不成，因为这指数不能直接在市场成交。物价指数只能作为币值的目标，牵涉到不少困难。以"目标"为货币之"锚"不可能固定，算不上是真的锚，是今天西方的 fiat money 制。这里提出的以一篮子物品为锚，是可以在市场直接成交的，任何人都可以。央行掌握资料，每天甚至每个小时的篮子内的物价变动清楚，整个篮子的物价指数是随时明确的。短暂的篮子物价指数波动容许，如果这指数上升过高，央行把部分人民币收回来；如果下跌过多，多放人民币出去。从中国目前的货币运作看，集中于钞票的收回与放出应该是立竿见影的。最简单是由央行以外币在国际市场处理人民币的交易，而如果外币在内地自由流通（目前差不多），在内地买卖货币对通胀的调控会快一点。外汇储备那么多，有需要时用很小的一部分足够，何况把人民币外放，有一段时期外汇储备还要急升。

民无信不立。经过那么多年的风风雨雨，今天我们要假设央行不会营私舞弊。这假设容易接受，因为我们没有其他选择。以一篮子物品为货币之锚无疑会增加人民对央行的信心，而外间给人民币升值的压力会消散：汇率自由浮动，你们要对人民币贬值或升值自便吧。主要是与中国竞争的廉价劳力之区，尤其是亚洲一带的发展中国家彼此之间的汇率。大家搵食，懂得做他们的货币会以人民币为锚。另一方面，内地的通胀预期会因为人民币以一篮子物品为锚而烟消云散。

在地球一体化正在演变的今天，举世的经济形势很不妥。金融（包括股市与国际币值）的大幅波动，半个世纪以来没有见过那么严重。石油之价达百美元一桶，而如果伊朗事发，不知会升到哪里去。不对头，因为这几年大油田屡被发现。中国呢？屋漏更兼连夜雨，最近深圳推出的约束人民币提款，与明年初举国推出的"新《劳动合同法》"，皆令识者心惊胆战。读者相信吗？不久前两家欧洲机构，说明年起中国会领导世界经济。不知是欣赏还是中伤，树大招风肯定是大忌。

在制度上，中国还要清理的沙石数之不尽。非清理不可：还有太多太多的同胞的生活水平不可以接受。未富先骄，花巧的经济政策是来得太多太早了。要先稳守然后清理。这几年我最担心的是人民币的问题，因为只要在货币政策上一子错，其他沙石怎样清理也帮不到多少忙。要一次过地稳定币值，不要管花巧的理论或政策，要把改革的精力集中在教育、医疗、宗教、言论、法治、知识产权等事项去，大家都知道是沙石很多的。最好用自己想出来的方法，不要管外间的专家怎样说。

是不容易明白的现象。西方的经济专家云集，但政府一般不听他们说的。中国的经济专家不多，但今天却喜欢引进西方的不成气候的经济思维。希望北京的朋友明白，中国的经济改革是历史奇迹，方法主要是中国人自己想出来的。科斯最近读了我那篇关于中国制度的英语文章，非常欣赏我提到的邓小平说过的一句话："试一试，看一看。"这是中国改革走了近三十年的路，继续这样走下去看来最上算。

58

中国的通货膨胀

二〇〇七年十二月二十七日

报载：与去年十一月相比，中国今年十一月的物价指数上升了百分之六点九，是一九九六以来最高的。曾经说过，因为人民币兑美元上升了百分之十，今天的通胀其实高于公布的。这里不管国际币值上升的关系与含意，只管这百分之六点九的性质与因由。

曾经说过，百分之五以上的通胀率是不应该接受的。分类再看，农产品占指数统计的三分之一，上升了百分之十八点二；非农产品占三分之二，上升了百分之一点四。农产品相对非农产品的价格是上升了，上升得快，基本是好现象。这些年农民转到工商业去的甚众，上述的相对价格转变理所当然，而如果农产品的相对价格不升，农民的生活不容易改进，贫富悬殊的不幸会继续。不要相信西方的什么专家或机构的胡说八道：说中国的基尼指数正在危险地上升——贫富加大分化。农产品相对非农产品的价格这几年上升得大有看头，证明着在相对上农民与市民的收入分化不断地收窄。

物价的整体一年上升了百分之六点九，不应该接受，但也不近于灾难性。要通胀率为零，农产品上升了百分之十八，非农产品要下降百分之九。这不容易。如果容许物价整体上升百分之三,可取的,非农产品要下降百分之四点五,也不太容易。但如果容许物价整体上升百分之五,强可接受的,非农产品之价只要下降百分之一点五,应该不难。当然,这是容许农产品之价上升百分之十八。如果通胀率下降,农产品之价是不会升那么多的。乐观一点地看,我们不求农产品之价继续急升,但求上述的相对价格能继续相近的转变率,而国民整体的收入增长继续徘徊于百分之十左右,那么太平盛世指日可待矣。

中国目前的百分之六点九的通胀率不应该接受,北京是要做点工作的。但五次加息,十次调高银行的准备金率(reserve ratio),约束提款及借贷,压制投资及消费等,不是对症下药,或药种太多,也显得有点手忙脚乱了。今天的情况与朱镕基一九九三年七月接掌人民银行时的情况不同。当时的通胀困境,起于我称为"权力借贷"的无可救药,朱老推出他的直接压制借贷与消费的"宏观调控",当时我不同意,但这个大教授也真可怜,要几番公开认错。今天可不是当年,权力借贷再不是大问题,朱老的"宏调"手法用不着也。

今天要怎样处理才对呢?为此我托一位同学找到一些我认为是关键性的数据,知道问题的所在,不难处理。不一定对:货币政策这回事,没有谁有胆赌身家。然而,找到的论据可靠性甚高。

这是同学提供的货币发行量数字,是从货币当局的资产负债表找到的。这是人民币钞票的发行量(currency issued),不是钞票在银行之外的流通量(currency in circulation),虽然二者的变动对物价指数的影响差不多。这里要提出两个可靠的理论与实践的重点。第一点是我的师兄麦萨尔（A. Meltzer）于一九六三提出的：要约束通胀，最可靠的方法是约束银根（monetary base）。第二点是十多年前与弗里德曼研讨后得到的结论：中国的"银根"基本上只有一种——钞票的发行量。这样看，调控通胀中国应该比西方容易。另一方面，钞票的流通量只是"银根"的一部分，而在中国来说，M0、M1、M2等数字对稳定物价都不是那么重要。

让我们看看人民币钞票的发行量的每年增长率吧。不算一月份，因为有农历春节的左右，而今年的数据只到八月份。按每年的月均升幅算，与上一年相比，钞票发行量的升幅如下：〇一年上升百分之七点一；〇二上升九点六二；〇三上升十一点九三；〇四上升十一点五七；〇五上升十点一三；〇六上升十二点零五；〇七上升十六点九九。

如上可见，自二〇〇三年起人民币的钞票发行量是加速了，不坏，但〇七年跳升至近百分之十七的增长率是太高了。比较可靠的货币理论说，以钞票的发行量作为银根，其增长率应该与国民收入的增长率相等。如果国民收入的增长年率为百分之十，钞票发行的增长率也是百分之十，那么赌钱下注，应该买通胀率近于零。国民收入升百分之十，钞票发行升百分之十二，赌通胀百分之二最上算。目今国民收入的增长年率约百分之十强，钞票发行增十六点九九，赌通胀百分之六点九，命中，是巧合，但赌注是应该这样下的。

要注意的，是中国的钞票发行量的变动与物价的变动，时间上比西方来得快，快相当多。十多年前跟弗里德曼研讨过这个现象，他提出的我不大满意的解释，是经过那么多年的风风雨雨，中国人对物价的变动很敏感。既然我自己没有解释，算他对吧。

依照上述，处理中国目前的通胀，最简单的办法是把钞票的发行量减少百分之五左右，那是从约三万亿（八月份）减至二万八千五百亿，即是把一千五百亿的钞票收回来。这二万八千五百亿是高于去年的月均数量百分之十强，收回那一千五佰亿不应该有不可以接受的震动。稳守这二万八千五百亿约六个月，然后按每年升幅百分之十与十二之间增加钞票的发行。至于将至的农历新春怎样处理，则要靠央行的专家经验从事了。

钞票的发行量升得过多，中国市场的通胀反应快；减少发行量，通胀的舒缓会是同样快吗？很难说，但朱老从九三至九七的经验，是通胀率下降快得很。那是从百分之二十以上的通胀下降至零至严重的通缩，今天要舒缓通胀，比起来是小儿科，对经济的持续增长是不会有大影响的。

要怎样收回约一千五百亿的钞票发行量呢？方法不一，央行的专家比我知得多。一个新奇的建议，是由央行发售钞票债券，指明通过银行用钞票才能购买。另一方面，央行其实可以不收回钞票，只是稳守三万亿的钞票发行，守一年，才按国民收入的增长率增加。选这后者，百分之五以上的通胀率大约会延长九个月，而不幸的是市场对通胀的预期有机会变得较为顽固。预期这回事，怎样形成，如何更改，只有天晓得，经济学者看错过无数次。

上文分析的，是按目前中国还有汇管的情况下笔。如果中国解除所有外汇管制（应该这样），让人民币周游列国，打天下，钞票发行量的数字要怎样看是另一番天地了。为此我曾建议人民币与一篮子物品的物价指数挂钩，也即是下一个没有任何外币在其中的锚。这又是另一番天地。

59

从世界大变看中国通胀

二〇〇八年三月二十七日

今年二月份中国的通胀率高达八点七,不可谓不严重。新春雪灾当然有影响,但怎样扣除其严重性仍在。此"胀"也,早在半年前就令人担心。这是骤眼看。中国的通胀真的是严重吗?很难说。

是不容易解释的通胀现象。如果弗里德曼仍在,有我在旁提点"怪"处,一下子他也不容易说出道理来。人民币量的增长率无疑过高,但为什么央行出尽八宝也不能把通胀压下去呢?单是去年,国内银行的储备金率提升了十一次,破了世界纪录,而利息率则记不起加了多少次。这些不是上选的压制通胀的方法,但西方的经验,是这些方法历来生效。然而,这一轮的中国通胀,老生常谈的撒手锏不灵光!另一方面,我们没有理由怀疑北京要压制通胀的决心:上述的两项货币政策大手下笔,其他宏观调控的措施五花八门。然而,中国的通胀我行我素!北京是不能也,非不为也。

还有另一个不容易理解的现象。目前人民币在国际上甚强,而强货币是不容易有通胀的。当然,如果让人民币大幅上升,到了某一点通胀必会终止。这样做愚不可及:日本昔日的经验是前车可鉴,何况今天的中国要面对印度、越南等廉价劳力地区的竞争。问题是，历史的经验说，只要币值强劲，不升值也不会有通胀。换言之，像人民币这样强劲而还有百分之八强的通胀率，人类历史没有出现过。我们要怎样解释目前中国的情况呢？

六十年代在芝大跟进当时吵得热闹的货币理论时，以弗老为首的芝加哥学派认为物价上升与通胀是两回事。他们认为通胀带来物价上升，但物价上升了不一定含意着通胀。弗老认为，通胀永远是货币的现象，必然牵涉到通胀预期（inflationary expectation）这个重要但在观察上难以捉摸的话题。这是说，一次过的物价上升，没有带来再上升的预期，不是通胀。话题不肤浅，这里不详述。

我认为目前中国的通胀，主要的一部分是物价上升，不算是通胀，所以除非央行转用一篮子物品与人民币挂钩，采用西方的货币政策不容易生效。另一方面，很头痛，物价的不断上升会引起通胀预期，不是通胀也会变为通胀了。

首先要重复说过几次的：中国的农产品价格上升是好事。目前中国的通胀，绝大部分是农产品价格上升使然。想想吧，中国农民的劳动人口，十之七八转到工商业去，农产品相对非农产品的物价，怎可以不上升呢？另一方面，中国的人均农地那么少，农产品之价不升农民的生活怎可以改进呢？关心农民的炎黄子孙，还是多花一块几毫购买农民的蔬菜，多花十元八块购买他们的猪肉吧。

细看中国农产品的价格上升，可不是那么简单。中国农民的生活急速改进，始于二〇〇〇，农产品价格明显地上升，则起自二〇〇三。可能由中国带动，自二〇〇五年起，举世的农产品价格也在急升。我们农转工,经济成就举世瞩目,其他落后之邦也跟着农转工。以心为心,我们要向他们拍掌。如此一来,举世的农产品价格也因而急升了。严格来说是物价上升,不是通胀,虽然目前我无从估计,中国农产品的物价上升,多少是起于农转工,多少是起于人民币量的变动,也无从估计这上升有多少是因为农产品的进口价格急升而上升的。

今年二月,非农产品的物价只上升了百分之一点六。真的是上升了吗?还是下降了?相对价格当然是下降了,但我认为实质上也是下降了的。这是因为原料的价格,尤其是金属那方面,进口的,这些日子上升得非常快!这几年中国低下阶层的收入上升大有可观,在进口原料价格急升的情况下,非农产品的价格一年来只升了百分之一点六,反映着劳动的生产力也正在急升。从工业那方面看,中国不仅没有通胀,工人的生产力正在急升,抵消了一部分的原料升价,虽然最近的新《劳动合同法》是把这发展搞乱了。

上述是说,今天中国的通货膨胀,一个主要原因是昔日的落后之邦,正在一起农转工地发展起来。无疑是由中国带动,没有理由反对大家的生活一起好起来。这个发展无可避免地导致农产品的相对价格上升,而工业需要的原料,尤其是金属性的,这些年的价格上升以倍数计。

外来的物价大变对中国当然有影响,但更头痛是两个其他问题。其一是金价与油价上升得很不正常:前者达每盎司美元一千;后者达每桶美元一百一十。这样的升幅是不可以用农转工来解释的。有两个其他解释,你选哪一个?一、中东局势不稳,伊朗战争随时可发;二、举世出现了通胀预期,而这预期最明显是反映在金价与油价的变动上。不懂政治，但从报章读到的局势变动消息衡量，近来金价与油价的变动与中东局势无关。余下来的就是这样的一个大麻烦：通胀预期是地球性地出现了。有传染性，不少外资跑到中国来找避难所。

地球性的通胀预期何自起？起自美元急泻。这是第二个头痛问题。从一九五三到父亲的店子学做生意到今天，我没有见过美元跌得那么厉害。一九九一波斯湾之战后，美元一直强劲，举世争持美元，但五年前再攻伊拉克，这强势不再，跟着是倒转过来，弱势变得明显了。这其中美国的议员严重地做错了一件事：他们强迫人民币升值，人民币于是与美元脱钩，转钩一篮子货币。跟进人民币的国际汇率的朋友会知道，其后美元在那篮子的外币中的比重，逐步减低了。如果人民币继续单钩美元，美元不会跌到哪里去。如果人民币不钩美元，只钩其他，美元不知会跌到哪里去。如果局部钩美元，美元下跌，人民币兑美元上升，但对其他主要货币却下降了，是给美元拉下去的。后者不是经济学，是小学生的算术课程吧。

美国的经济历来举足轻重。世界经济大变，伊拉克之战显然打不过。政治我不懂，但在物价调整后，每天算，今天伊战比昔日越战的费用高出一倍。我同意弗里德曼说的，攻伊是大错。不同意弗老，认为财政上美国负担得起。能否负担不是问题所在——问题是费用或成本总要与利益比较一下。此比也，目前看，尤其是看美元与金、油价的走势，此战是输局。

如果美元继续下跌，美国的通胀急升是无可避免的。目前这通胀不明显，经济不景是原因。次按风暴当然不幸，但协助了美国债券还没有大跌。如果长期债券大跌，等于长线利率大升，联储局是无能为力的。昔日越战后的经验岂不是可鉴乎？这些可能的不幸我早就看到，但没有写出来。二〇〇六年五月十六日我还是发表了建议港元转钩人民币的文章，在同一天就给某评论骂了。不听老人言是要付代价的。今天我不建议港元转钩，因为时日有别，局限是转变了。

世界大变，中国稳定自己可以协助稳定世界——虽然比不上美国那样重要。央行要做的还是我提出过的三点。一、约束钞票的发行量，不要多管钞票之外的货币量；二、把人民币与一篮子物品挂钩，但要让这篮子的物价指数每年上升百分之三左右；三、解除汇管，把人民币放出去。这后者可以立刻舒缓人民币的上升压力，困难是一旦解除汇管，人民币的钞票发行量的上升率应该是多少，要眼观六路才知道。我的水晶球说，如果新《劳动合同法》不变，目前中国的外贸顺差会在一年内变为逆差。到那时才放人民币出去，与今天相比亏蚀甚巨。

是世界大变吗？还是世界大乱了？

VII 金融危机与货币政策

60

北京要立刻撤销宏观调控！

二〇〇八年九月十二日

（雷曼兄弟事发前三日）

弗里德曼在生时屡次说我是世界上对中国经济看得最乐观的人。事实证明我对，他错。九三年朱镕基大手推出他发明的宏观调控，我对中国经济还是审慎地乐观。九七亚洲金融风暴，北京的朋友悲观，但我的乐观却变为不"审慎"了（理由可见于〇六年四月发表的《铁总理的故事》及最近发表的《中国的经济制度》）。跟着的通缩与房地产之价暴跌，我乐观依旧。

年多前，我见央行处理人民币的手法频频出现问题，认为不妥当。去年十月收到新《劳动合同法》的文件，一读就跳了起来，转为悲观了。其实这新《劳动合同法》本身的杀伤力不是那么大，但加上人民币升值（尤其有外汇管制使做厂的不能以人民币结算）与宏观调控，结合起来的杀伤力极强。是复杂的经济分析，不是三几篇文章可以解释得清楚。

科斯的芝大会议我全力协助，而跟着是北京奥运的热闹了。另一方面，我要多观察市场才动笔。历来不大重视官方的统计数字。不是说官方不诚实，而是公式化的统计有问题。因为种种原因，公式化的统计在中国更不容易算得准。

我相信自己用了数十年来的调查方法：到街头巷尾跑，加上在不同地区有自己认为是可靠的查询站。

可以这样说吧：半个世纪以来我没有见过一个经济像中国今天那样，只几个月就变得面目全非。外来的因素存在，但从时间的先后判断，我认为主要还是中国本身的政策出现了严重的失误。见不到失业率暴升吗？那当然，因为五个月前在厂打工的开始辞工归故里，耕田去也。倒闭的工厂不是那么多吗？厂房出租随处可见，有租金切半也租不出去的实例。减产或停产所在皆是，但统计上不算是倒闭。比较偏僻的县政府不认为形势转劣吗？五个月前他们是这么说，但最近改了口，说洽商好了的投资者不知躲到哪里去。六个月前我说中国的庞大对外贸易顺差，会在一年内转为逆差，香港几位朋友在某电台作评论，说我的推断胆大包天，难以置信。可幸他们又说我的推断历来可靠，否则今天要找他们赌一手。

股市我没有跟进，或像牛顿那样，不懂，但房地产的市价是过高了吗？九十年代后期的楼价下跌了三分之二以上，我没有说什么。今天也应该暴跌吗？经济高速增长了那么多年，人民收入的积蓄投资要放在哪里才对呢？房地产之价是反映着人民投资的财富累积，无端端地减半愚不可及。当然，楼价可以被炒得脱离了财富累积的现实，是否过高的判断非常困难。我喜欢拿上海的楼价与世界各大都会的相比，衡量市民的不同收入后，认为上海的没有偏高。

转谈此文的重点，我认为中国的通胀，就是年来最高的八点七，不是那么严重。绝大部分的升幅是因为农转工的人多，农产品之价急升了。求之不得，最好不要管。炎黄子孙老是得把口，声泪俱下地说要帮助贫困的农民，说了数千年，但当农民的收入因为农产品之价上升而上升了，他们却破口大骂！在内地，蔬菜及白米今天还是两块人民币一斤，你去种吧。朋友说猪价飞天，建议投资养猪。我说农民比朋友聪明，怎会轮到我们去赚他们的钱呢？看来猪比朋友聪明。

重点是非农产品的物价上升，来来去去只在百分之二左右。我大略地算过，这升幅补偿不了国际的原料价格上升，反映着中国工人的生产力是上升了。加上新《劳动合同法》增加了非农产品的成本，工厂用不着宏观调控也容易关门。不明白在原料价格急升、外国市场不再满是中国货的情况下，北京会推出那些对工业不利的政策。也不明白为什么近来美元兑所有其他主要外币是相当可观地上升了，但兑人民币却升得甚少。人民币还是钩着一篮子外币吗？是何时脱钩了？

因为国际原料价格上升而带来的中国通胀，用西方的早就证明是有问题的货币政策来搞中国的宏观调控，当然不妙。原料价格上升不是货币现象，不应该用货币政策来处理。这一点，我自己也曾经看错。中国本身无法控制的物价变动，大势所趋，可以不管不要管。如果认为这原料价格的上升的一个主要部分是起于中国的需求，那么要压制，把人民币以一篮子物品为锚是最上选的方法，用不着宏观调控的。

目前我最担心的燃眉之急，是中国可能出现企业破产大潮。坚持目前的政策三个月，最多六个月，这大潮出现的机会不小。就是立刻修改政策也可能是太迟了。新《劳动合同法》一定要大改或取缔，央行的运作多处不对，也一定要处理，但这些不能急办。可以急办的是撤销宏观调控。这里还有另一个重点：货币及利率的变动，与经济反应的时间差距有六到十八个月。十多年前跟弗里德曼研讨过，大家同意中国的反应时间较短，约六个月吧。这样看，如果北京在一夜之间撤销所有宏观调控，正在下降的通胀还会下降一段时期，而通胀短期内复升的机会是零。快要破产的企业是不能等的。

要小心了。目前濒临破产的企业究竟有多少大家不知道，银行放宽贷款虽然是正着，但可以惹祸上身，引起挤提就大件事。要先挽救哪些因为宏观调控而近于破产的，不容易判断。其他因为政策而近于破产的，不幸地要等一下。与政府政策无关的破产，市场经济说不要管。

两项宏观调控的货币政策要大手切。其一是银行的储备金率年多来提升了十多次，其二是利率提升了不少。不要慢慢来，要一次过地大手切。大手地减储备金率要做，但判断上有困难。那就是银行可能贷给不应该贷出或无可挽救的企业。减息是安全的，一手减两至三厘吧。

可能太迟了。不要一点一滴地做，也不要斤斤计较。让银行少赚一点是高棋，因为少赚一点比收不到坏账好得多。

61

地球风暴与神州困境

二〇〇八年九月二十三日

年多前次贷出事后,几位相熟的朋友听到我没有发表的分析与推断,今天说我的水晶球天下独有。尽管如此,最近突如其来的大风暴还是把我吓坏了。资产数千亿美元的名牌宝号,接二连三地一叫救命就立刻出事。六国央行联手救市,而美国考虑或决定融资抢救的天文数字很混乱,我搞不清楚。本想等一下,看清楚一点才动笔,但细想后认为要先说几句。此际也,美国还没有落实要怎样做,众说纷纭。效果如何,变局如何,太复杂了,我的水晶球锤碎了也失灵。

整个问题的重心牵涉到经济学的最弱一环:市场或人民对前景的预期。不是没有预期这回事,但此物也,既看不到,也摸不着,怎样形成,为何转变,能否调改,经济学者的分析要不是一片空白,就是事后孔明。我也是。我们只能从一些无从解释的现象而引申到预期的转变是这样或那样的。

好比上星期市场出现了两个现象,互相矛盾,加不起来,我们逼着要从预期有变那方面想。其一是美国债券之价急升,其二是金价曾经在几个小时内上升了百多美元。前者否决了通胀预期,后者否决了通缩预期。我们要怎样解释才对呢?事后孔明,我砌出来的预期转变,是人们抢着去找避难所。不相信银行够安全，于是购买债券；认为大难将至，仿效我的母亲当年逃难，购买黄金。当然还有其他性质的预期转变逻辑上说得通，孰对孰错只有天晓得吧。令人忧心的，是这些加不起来的现象，三十年代的经济大萧条出现过。

基本的理论架构是相当肯定的，可惜对目前的麻烦用场不大。这里姑妄言之，读者姑妄听之吧。大手简化，篇幅所限，很短的分三课说。

第一课。费雪昔日提出的利息理论精彩正确，但简化得厉害。没有货币，没有风险，也没有交易费用，变数主要是三个：收入、利率、财富。收入由生产力决定，利率由市场决定，财富是被动的，由收入及利率决定（再简化是财富等于长期收入除以利率）。

第二课。加进货币，有通胀或通缩的可能，市场对前景的预期于是引进，上述三个变数的关系可能变得深不可测。更头痛是利率往往由政府左右，再不是全由市场决定的，人们预期的转变更加复杂了。如果再加上交易或讯息费用，市场的借贷或与金融有关的合约不易做得安全。年多前出现的次贷风暴，究其因，是一组重要的、牵涉广泛的合约，由于种种讯息的误导而出错，保不住。说过了，把利率辘上辘落早晚会辘出事来。

第三课。费雪的理论说财富是由收入与利率决定的，没有其他——Wealth is a derived concept。然而，因为上述第二课的复杂因素的引进，财富可以不管收入或利率而暴升或暴跌。这就是楼价或股市的大落大上可使市民哭笑无常的原因。一般而言，这些是政府及央行的责任。目前的主要问题也是费雪理论之外的一个大麻烦。这就是财富暴跌之后，因为市场对前景的预期有所转变，这转变来得固定，在种种原因下，费雪的方程式会倒转过来，财富的暴跌会导致产出的收入下降。费雪提出的三个变数的关系早晚会体现，但由于财富本身暴跌，有了固定性而带来的收入下跌，是灾难。如果上述的预期有了固定性的转变，很麻烦，政府不容易知道要怎样处理才能把这预期扭转过来。

赶着写这篇文章，因为我认为中国可能在半年左右从通胀转为通缩。通缩出现，灾难一定跟着发生。我不要在这里再解释中国的通胀其实不严重，也不要细说昔日芝加哥之见：何谓货币现象、价格上升与通胀不一定是同一回事，等等。这里要说的，是在目前的形势下，中国宁要通胀，不要通缩。最近北京公布的，是物价通胀率下降至四点九，但工业产品的出厂价指数却比去年同期上升了十点一。这后者一则反映着原料价格上升，二则反映着新《劳动合同法》对产出成本的为祸比我预期的为高。

重心问题是这样的。如果中国通缩出现，达到九十年代出现过的负三强的水平（其实当时的产品质量上升得快，通缩高于负三强），大灾难一定会在神州发生。九十年代时中国没有新《劳动合同法》，而最低工资微不足道。今天的局限条件是明显地改变了。工资向下调整缺乏了弹性，合约的自由有了新法的左右，而近来劳资双方出现了的敌对局面，九十年代是没有的。本月十九日北京推出的《劳动合同法实施条例》，于事无补。

通缩在神州出现的机会真的不小。中国本身的政策频频出错，国际形势会使原料价格大幅下降，外资内资皆裹足不前，再加上几个月来神州到处出现不妥情况，我听也听得厌了。北京的朋友不可能不知道我说的是实情。

有预期转变协助着的通缩出现，不是放宽银根那么简单就可以化解的。如果通缩真的严重地在神州出现，效果会是怎样呢？告诉你吧。因为工资下调出现了困难，大量员工会被解雇（因为人口流动，北京不容易有可靠的失业统计）。回乡耕田吗？几个月前开始了一点，但转为不容易，因为有些耕地换了承包者，而职业农工已经普及了。被解雇的会到处流浪，治安会出现大问题。政府大手推出福利不容易养起那么多人，而治安混乱甚至上街的行为，福利政策只可助其威势，解决不了。唯一可取的明智之举，是不管工资多低，让工业或企业养着这些人，继续给他们工作，守住，希望守得云开见月明。

因为上述，除了不久前发表的《北京要立刻撤销宏观调控！》外，如下建议是重要的。

（一）撤销新《劳动合同法》，连最低工资也要撤销。这是重要的未雨绸缪：今天撤销也不容易，到时撤销更困难。不要忘记，香港发展得最好的日子——穷人生活改进得最快的——是完全没有最低工资或什么重要的劳动法例的。同样，中国穷苦人家生活改进得最好的几年，绝对不是靠这些法例——正相反，是靠没有这些法例约束着。

（二）取消所有楼房买卖政府要抽的税。这会协助稳定正在下跌的楼价，对人民的财富预期是有帮助的。

（三）以企业减税的方法来稳定股市，比出钱救市高明得多。过了目前的困境再算吧。

（四）货币的政策与制度要大幅修改，不要把西方的出现过那么多问题的制度引进。这项不能急，而困难还是有争议存在。举个例，在基础上，蒙代尔和我对货币用途的看法没有两样，但怎样安排却意见不同。要找机会跟他坐一下来研讨一下。英谚有云：有道理的人，只要大家明白，永远是互相同意的。

62

人民币与中国工业

二〇〇八年十一月十四日

先要澄清两件事。其一，有些言论把目前中国工业遇到的大困难，归咎于地球金融风暴。这风暴无疑带来杀伤力，但对中国来说这些是今年九月十五日雷曼兄弟出事之后的麻烦，而中国工业遇难是早上大半年开始明确的了。厂商们的看法很一致。风暴之前让他们亏蚀的主要是人民币兑美元升值，但关门主要因为新《劳动合同法》。后者使他们从失望转到绝望去。厂商们的意识，是人民币升值及带来的损害很可能是过渡性的，北京上头知道他们的困境或会改过来。新《劳动合同法》则说得实牙实齿。大半年前港商听到北京派去的说出的一番话，纷纷感到大势去矣。

要分析及处理目前中国的经济困境，千万不要有混淆：人民币与新《劳动合同法》加起来是一回事，金融风暴是另一回事。以后者作为前者的藉口是严重的错失，因为二者的性质差别大，解救或处理的策略是不同的。我大略地估计过前者给国家带来的损失，大得不说算了。这种估计要算得精确很困难，但大略的估计不难，也不会离谱，比较聪明而又有观察力的研究生可以算得及格。

第二件要澄清的，是一些读者读到我批评新《劳动合同法》的文章，说他们所在的地方政府没有真的执行，有等于无，何害之有哉？我知道执行有地区性的分别。北京与上海执行得相当紧，据说劳资双方打官司劳方的赢面在九成以上。一些地区忙顾左右，劳方不吵起来不管。还有一些地方，有关干部对厂商们说最好大家不提新《劳动合同法》，或明或暗地教厂商们怎样避重就轻。这些都不是问题。问题是只要新《劳动合同法》存在，北京随时可以坚持此法的严厉执行，地方政府怎样打松章，投资者也不敢下注。

目前的形势非常严峻。三项观察皆凶兆！一、厂房租金暴跌，空置厂房无数。二、工人的收入明显下降。三、几个月前我观察到而又写过的工人回乡潮，目前正在急升。这三项严重的不幸皆起于金融风暴之前好几个月。北京不要再等了。

复杂的问题要找简单的角度看；简单的问题要寻求复杂的一面。这是我处理经济问题的方法。人民币升值这个问题看似简单，其实相当复杂，让我分点解释一下吧。

（一）大约二〇〇三年五月起，我反对人民币兑美元升值。这绝对不是因为要维护或增加贸易顺差，而是当时中国的农转工发展得好，亚洲及一些落后之邦的发展也有看头，大家有着一个互相共存、一起发展的均衡点。人民币升值，中国对廉价劳力之邦的竞争是让赛，生活改进得头头是道的农民会受到打击。

（二）人民币升值不容易改善美国的贸易逆差——弹性系数的关系我分析过了。没有那么明显的是人民币升值不会改进美国工人的就业机会。美国少买了中国货，代之者是其他落后之邦或发展中国家的产品。目前中国出口的产品美国一般不会造，就是轮到美国投资墨西哥产出的，也不会轮到美国本土。美国本土的产品要不是先进就是档次高，人民币升值不会鼓励美国的产品转到低档次的去：他们的最低工资是太高了。从另一个角度，这观点格林斯潘在任时也看到。他认为人民币要升值，不是为了增加美国工人的就业机会，而是认为人民币不升值守不住。我不同意格老这点，因为币值有压力下降不容易守，有压力上升则容易，二者是不对称的。

（三）中国有庞大的贸易顺差不智，何况会惹来国际上的反对或政治攻击。解决这顺差的办法不是把人民币升值（弹性系数不协调会适得其反）。要减少中国的贸易顺差，最上选方法是废除中国的进口税。这肯定会增加美国及其他先进之邦的就业人数，皆大欢喜。北京没有这样做是不对的：进口税鼓励了冒牌货，鼓励了卖假药，既不能让炎黄子孙多享受一下国际名牌，也不能改善先进之邦对中国的不友善意识。虽然几个月前我推断过，一年后中国的贸易顺差会变为逆差（此见今天不改），取消进口税还是正着。这会舒缓外间要人民币升值的压力，也协助一下欧美目前面对的金融困境。是的，多购买他们的产品，远比借钱出去高明。

（四）想到一件非常重要的事。二十多年前与曾获诺奖的英国经济学者希克斯（John Hicks）相聚，论天下大势，他说三十年代美国的经济大萧条导致灾难扩散全球，主要是因为国际贸易大幅收缩。他认为如果当时的国际贸易没有收缩，大萧条不会扩散。他给我的解释很有说服力。

不久前我说过，因为今天国际间再没有用上三十年代的本位货币制，通缩是不会像昔日那样容易扩散的。问题是今天的情况，国际贸易也有收缩的迹象。这也是灾难地球化。如果希克斯之见没有错——我认为没有错——那么不管贸易收缩不收缩，今天是要设法扩张国际贸易的重要时刻了。北京要跟其他国家洽商，大家一起撤销关税。以扩大国际贸易的方法来协助目前的地球不幸，是高棋。

（五）人民币升值对中国工业的为祸，不限于升值本身带来的与发展中国家竞争的问题。同样重要的——有些厂商认为更重要——是中国还有外汇管制，出口不能以人民币结算。这是说，因为有外汇管制，外商不容易购买人民币找数。中国的厂商逼着用作外贸交易的，主要是美元。

另一方面，人民币兑美元升值的趋势明显，但有外汇管制，中国的厂商不容易在外汇市场以对冲合约来保护自己。再另一方面，几年来某些人士对人民币的上升速度看得相当准，在汇市炒作图利，使人民币兑美元的现货与期货的相当大的差额，持续了好几年。在上述的情况下，中国的出口厂商定价很困难。读者想想吧。工厂产出，毛利百分之三十到三十五是正常的，含意着的纯利约百分之十。人民币升值，一般没有专利的厂商的毛利下降至百分之二十左右，尽量节省，纯利约百分之三至五。这小纯利会容易地给币值的变动或现货与期货之间的差额废了。

（六）有汇管，加上央行用压制需求的方法来约束人民币升值，厂商们通过正规银行兑换与汇款有不少沙石（就是存在国内银行的外币，要提款也有限制）。这些沙石迫使厂商用地下钱庄来处理兑换及汇款事宜。问题是，地下钱庄是非法的，久不久受到政府封杀。这是做厂的另一项头痛问题。

读者须知，香港与内地的地下钱庄存在了数十年，早期甚至不到十年前，这些钱庄的存在主要是为赚黑市汇率的一小部分差价。今天的情况不同了。黑市汇率不再存在，地下钱庄赚的主要是靠运作效率比正规的银行高。要兑换人民币，银行有麻烦手续，钱庄半点麻烦也没有；汇款通过银行要几天，通过钱庄只几小时。我认为央行要好好地检讨一下。今天地下钱庄的存在不是因为有什么黑市汇价可赚，而是正规银行在运作的效率上斗不过钱庄。怎么可能呢？有同样的效率，没有谁会光顾在信誉上要打个折扣的钱庄。今天钱庄的存在显然是因为央行对银行的兑换、汇款、提款等管得太多。我明白地下兑换或汇款有时牵涉到客户的非法行为，撤销汇管会使之合法化。

（七）撤销外汇管制对中国的工业发展是重要的，而在目前工业因为种种原因遇到困难的情况下，这撤销是更为重要了。另一方面，撤销汇管会带来其他的复杂问题。篇幅所限，是后话。

（八）因为中国的工业遇难，近几个月人民币的强势已去！如果在这个时刻人民币被迫而再升值，会是灾难。

63

乱花钱必闯大祸

二〇〇八年十二月二日

竟然活到七十三岁，是实龄，路走慢了，思想还速。不可能跟大自然斗法，几年后智力退化必然。只有文笔书法，有机会像孙过庭说王右军：老年多妙。孔夫子七十三谢世，是虚龄，斗不过我。

那天晚上挂个电话给巴泽尔，说美国的金融灾难可能比三十年代还要糟。他回应说一位大家认识的旧同事也这样看。该同事对古灵精怪的资料掌握得广泛而又深入，对那些复杂无比的借贷衍生工具，行内不会有谁的认识比得过他。我怎样说是门外之见，他说的是另一个层面了。

最近花旗银行的不幸使我感到困扰。是国际老牌子，曾经雄视地球，这次出事与什么挤提无关，而是坏账太多了！经验老到如花旗也中了计，其他的醉卧沙场君莫笑矣。我因此认为，在本质上，今天的困境与三十年代不同。放宽银根或花钱挽救可能别无选择，但核心问题还是美国的金融制度出了严重的错失，要修改。该制度复杂无比，作为局外人我不敢作任何建议。最理想的可能，是这里放宽那里挽救，制度的本身会自动地修改过来。研究制度多年，我深信任何制度都有自动调整、自动修正的机能。政府协助这调整重要，但主导地插手修改不容易找到成功的例子。

何谓协助、何谓主导，不容易分开。回顾可以，身在其中不易。以中国的经济改革为例，从拙作《中国的经济制度》可见，发展得好的县竞争制度，整个过程政府一般被动，见行得通就加以协助或肯定而让之进化出来。近几年北京的朋友变得热衷了，作主导，中计频频也。

人类历史没有出现过今天的情况：整个地球的所有国家纷纷大手花钱挽救经济。没有什么可取的理论支持，只是大家意识到信贷收缩得快，失业急升，减息起不了大作用，于是凯恩斯学派去也。问题是今天多花不值得花的钱，后患无穷可以肯定。弗里德曼不是说过吗？天下没有免费午餐这回事。待得雨过天晴，国债那么高，几代也偿还不尽，大通胀看来无可避免。这样一来，退休的老人家要怎样安抚才对呢？

中国是比较幸运的。让我集中于中国之幸与不幸吧。说中国比较幸运有四点。一、相对来说，中国受到金融危机本身的影响是小的：输掉数千亿美元，或较多一点，不用哭出来。二、有钱可花，用不着担心庞大的赤字财政。三、通缩之势已成，花三几万亿不用太担心不可以接受的通胀会重临神州。四、这点可能最重要：中国有足够的公共措施项目，本来就应该推出的，审时度势，提早及加速推出是正着。美国不是个发展中国家，所以没有这最后一点的方便，要大手花钱非常头痛。据说他们要修桥补路，还好，如果大搞福利失业率会飙升。

写《北京出手四万亿的经济分析》一文，我从正面下笔。跟着的发展使我担心：地方政府要在五年内推出十多万亿的公共措施投资。当然要得到北京的批准，当然北京不会那样傻，鼓励乱花一通。趋势不可取，而就是北京决定要花的两年四万亿，选择项目的排列不容易，监管更困难：监管不善而产生的浪费与干部上下其手的行为一定大幅增加。就是让我们假设不容易相信的选得好、管得善，《四万亿》一文提出的第八点有关键性：四万亿是公共措施的投资，无可避免地会削弱了私营的工业发展，有很大机会导致一浪接一浪的工厂倒闭潮。是的，北京的四万亿投资要尽量压低成本，压低工资，让私营企业有一点呼吸的空间。

让我再提出说过多次的要点：像中国人口这么多、天然资源这么贫乏的国家，私营（或民营）的工业发展是唯一的可以搞起经济的途径，要放在首要位置，其他皆次要。花四万亿去建什么公路铁路，工业不成用不着，是浪费的投资。

大约二〇〇二年起，珠三角出现民工荒，跟着长三角也出现了。是好形势。同时，农民与劳苦大众的收入上升得快。到了二〇〇三，农产品之价开始明显上升，形势是更好了。农转工也是在这时转得快，非常快，大约到二〇〇六年，工作年龄的农民四个有三个转到工、商业去。这个大家期望了不知多少个世纪的大转移，始于二〇〇〇，不幸地止于二〇〇七。说不幸，因为还差约十个百分点，农转工就大功告成了。低下阶层的收入当时上升得好，贫富两极分化在相对上开始收窄。因为市场的工资上升，工业产品的质量在九十年代后期急升后，科技的提升随处可见，研发投资的上升率冠于地球。这些是市场压力促成的，用不着对中国发展一无所知的回归新秀建议的"强迫"转型政策。二〇〇四年我大声疾呼，说接单工业是中国发展的命脉，因为这些没有什么租值可言的工业是协助农转工的主要角色。

一九九七年我说人民币是强币；二〇〇二年我说人民币是世界上最强的货币；二〇〇三年三月我说老外会强迫人民币升值；同年五月我反对人民币升值；二〇〇四年初我建议人民币转钩一篮子可以成交的物价指数；二〇〇六年五月我说港元要转钩人民币。着着洞烛先机，没有一次说错，不听老人言老人是管不着的。就是我没有写出来的美国将会遇到的困境，两三年前几位听到的朋友今天啧啧称奇。是科学的推断，跟昔日牛顿推断树上的苹果会掉到地上没有两样，何奇之有哉？经济学的悲哀，是太多鱼目混太少珠，一般人不相信可以是科学。

盛筵难再！人民币的处理失当我写过不记得多少次，而去年十月收到新《劳动合同法》九十八条的文件，只一翻就成个弹起。当时正以一系列文章分析中国的通胀，到十二月才评论，一连骂了十篇，皆似石沉大海也。今年初的雪灾与五月的川灾扰乱了我对神州经济的观感，但七月我肯定新《劳动合同法》是灾难。当时到佛山一间印刷厂为一本书签名，听到工人回乡耕田的事。跟着到处查询，知道约百分之五的工人弃工转农。这耕田潮后来的急升今天大家都知道。读者要明白，工作年龄的农民约农民人口的三分之一，一个出外打工的要寄钱回乡帮助两个，百分之十的工人回乡是大踏步地走回头路了。目前，农产品的价格下跌得快，而数以万计的倒闭工厂，清一色是接单工业。农转工的主角遇难也。昨天收到的资料，是东莞厂房的月租下降至六元一平方，空置的无数。这与官方的言论大有出入。今早收到的资料，是河南的小厂也纷纷倒闭，而这倒闭潮是起于雷曼兄弟出事之前的。

让老人家发点牢骚吧。跟进了中国那么多年，用尽心力解释自己所知，几年前荒山摄影，见农民有钱请吃饭，以为鸿鹄将至，大势定矣，怎会一下变成这个样子的？

纵观天下大势，我不反对北京大手花钱，提早及加速应该投资的公共措施。问题是这些投资与私营工业的发展有冲突，待到政府的基建投资对工业有助时，工业可能变得溃不成军！

64

人民币要以实物为锚

二〇〇八年十二月九日

拙作《鼓励内供远胜鼓励内需》一文发表后,一些读者问:内需不足,何来鼓励内供了?问得好,先略作解释吧。

西方经济学有一个故老相传的定律,大名鼎鼎,相当经典,称为萨伊定律(Say's Law)。这定律说:供给自动创造需求。在一个物品换物品的经济下,这定律一定对;在以真金白银作货币的情况下,这定律也对。然而,一旦用上纸币,出现了信贷膨胀与收缩的情况,这定律就不一定对了。有错,但不是全错,这定律今天可怜地被学者们遗忘了。

写《内供》一文时,我没有想到萨伊定律,只是发稿后觉得相近。我当时的想法,是物品凡有市场,价够低一定有需求,而供应者的收入增加,自己需求去也。至于产出成本那方面,市场势弱是会自调下降的,所以政府不要在劳工或其他生产要素市场阻碍价格下降。三十年代时美国的经济出了大事,一个主要原因是工资下调有困难。无意间我把萨伊定律救了一救。

《内供》一文还有其他要点,归纳起来主要是说,今天国内有出口退税、有来料加工、有国际歧视、有复杂税制,等等,加起来对内供有很大的杀伤力,要大手清除。读者可能不知道，今天在国内产出的档次较高的产品，在国外销售，其价格比同样产品在国内低相当多！这是政府鼓励外销而不鼓励内销所致。今天要清除其中障碍，清除后，以自由市场的成本算，内销之价当然要比外销为低。这里还有另一个要点：因为政府历来漠视内销，国内的产品市场虽然发展得好，但批发与零售之间的运作就有不少问题。国产外销之价低于国产内销的，国内的批发与零售之间不容易运作得好。

转谈人民币。先要澄清的，是我认为无锚的货币制度（fiat money）不可取。首先是在地球一体化的情况下，我们再不知道一个国家的货币量要怎样算才对。确知这困难是一九九五年，师兄 Meltzer 访港，跟我到雅谷进午餐。他是货币量分析的顶级专家，说有点糊涂了。他说几年来美国的货币量上升率很高，但通胀却不回头。几天后我想到的解释，是九一波斯湾之战后，举世争持美元，美元币量的上升因而对美国本土的通胀没有多大影响。这问题一九六八年另一位朋友（Tom Saving）注意到，弗里德曼当时持不同看法。弗老谢世前两年——约二〇〇四吧——也意识到他信奉多年的币量理论出现了问题。

北京考虑解除外汇管制，屈指一算，有二十年了，时宽时紧，汇管今天还在。今天工业的发展遇难，北京的朋友看来是意识到解除汇管有助。我认为此管也，一两年内会撤销。撤销汇管当然对，但让人民币自由进出，在无锚货币制下内地的通胀或通缩很难处理。这就是一九九五年师兄提到的头痛问题。还有另一个可以是更头痛的问题：没有汇管，外间的汇市可以大炒特炒，导致人民币的国际汇率有反复无常的波动，对中国的发展是不利的。

以一篮子外币挂钩算是有锚，但几年前我说过，这会惹来一篮子的麻烦。事实上，人民币跟一篮子外币钩了几年，效果真的不是那么好。再者，以一篮子外币挂钩，外汇的炒买炒卖不能摆脱，而以小人之心度君子之腹，一篮子国家联手来炒是头痛万分的事。

不管是无锚货币制，或以一篮子外币为锚，那所谓货币政策不能不用。西方之邦，大约有十多年，主要的货币政策是采用师兄的建议：调控银根（monetary base）。格林斯潘任美国联储主席后，转用利率调控。辘上辘落，辘了八次。我早就说过，这样辘上辘落早晚会闯祸。利息是一个价，而在市场竞争下，利率会与投资的回报率看齐。利率不依市场地辘上辘落，投资的回报率却不这样，投资者只能以利率的平均预期作决策。看错了，出了大错，怎么办？这就是今天金融灾难的一个起因。可以这样看吧。美国的金融制度大有问题：浮沙指数（借贷与抵押的比率）太高，金融市场合约的交错织合不对。跟着是次贷容易出事，年多前的出事是导火线。我认为这导火线的点火，起于格林斯潘退休前与退休后，美国的利率一连上升了无数次，跟着高企不下，推翻了市场的一般预期，投资者一起中计去也。

以一篮子物品作为人民币之锚，可以避开了上述的种种困难。多年前与弗里德曼研讨过，他认为原则上可行，但需要的物品储存及交收成本太高。当时大家都没有想到主事的央行根本不需要有物品储存，物品的交收与央行无关。央行只要把人民币钩着一篮子可以在市场成交的物品的指数。这是我从思考朱镕基的货币政策时想到的。原则与昔日的金本位与银本位差不多，是以实物为锚，但央行不需要有金或银在手，而篮子内的不同物品种类够多，避开了单以金或银为锚可能遇到的市场金价或银价波动太大而惹来的麻烦。曾经解释过好几次以一篮子物品为锚的方法，读者一般想得太深，不明白，这里从浅再说。

（一）选取三十至一百种物品，最好依照中国人民在衣、食、住、行这几方面的大概分配，不需要精确。需要精确的是每种物品的质量，例如是哪种白米、哪种棉花，等等。跟着需要的，是每种物品要随时有一个清楚明确的市价，不能讨价还价的，所以要在期货市场及批发市场选择，在哪地的市场都可以。

（二）假设篮子内的物品有六十种，每种的量有多少，选好后固定不变（有必要时可变，也可改换物品）。例如篮子里有多少只鸡蛋、多少两花生油、多少毫克黄金、多少公升石油……等等。金、银、铜、铁等要有，木材、水泥等要有，农产品要有，衣料等都要有。

（三）央行选出一个人民币的整数，说五千元吧，固定了这五千元可以在指定的不同市场购买这一篮子有多大，把这五千元化作指数，说是一百。可以调整。如果一年内容许这篮子的物价上升百分之五，是说该年容许上限五千二百五十元购买这篮子，指数上限是一〇五，是通胀。倒过来，指数九十八是通缩百分之二。我认为每年上五下二是适当的上下限选择。

（四）不调整指数，整个篮子的总价不变。篮子内的每种物量也不变，但物与物之间的相对价格是自由变动的，由市场决定，政府不要管。央行只是稳守上述的一篮子物价指数。

（五）央行完全不需要有物品的存货，不需要负责物品的交收。任何人真的要购买这篮子物品，可以在指定的市场自己购买。不需要百分之百跟央行选定的相同，很相近足够。这就是我说过多次的可以在市场成交的物品指数了。多年前美国曾经吵过以消费者的物价指数为美元之锚，行不通，因为该指数是不可以在市场成交的。我说的一篮子物品可以容易地在市场成交（五千元只购一篮子量太少，按价购买三十篮子容易）。

　　（六）央行可以心安理得地解除所有外汇管制了。人民币对所有外币的汇率完全自由浮动。央行春江水暖鸭先知，不管汇率，只守一篮子物品的物价指数，见有压力下降（即人民币有上升压力），就把人民币放出去，大手放出则大赚外汇。见该篮子的物价指数有上升压力（即人民币有贬值压力），则倒过来，以外汇储备或其他办法把人民币收回。是放是收，主要是调校人民币钞票的发行量，其他的货币量度不重要。只要篮子内的不同物品种类够多，没有谁会炒人民币。

　　有了上述，中国不可能再有不可以接受的通胀或通缩。央行不需要调控利率。利率由市场决定，也即是由银行与顾客的供求关系决定了。市场的投资会活跃起来。这方面央行的工作与权力是少了的。监管银行的工作不减，管理储备的工作不减。另一方面，因为汇管的解除，无数的外地与金融有关的机构会涌到浦东去，让央行一起监管，恐怕有点手忙脚乱了。过瘾精彩，北京的朋友怕什么呢？

　　回头说起笔提到的萨伊定律。人民币采用一篮子物品为锚，这定律会再大显神通。

65

复姜建强同学

二〇〇八年十二月十九日

（五常按：本文节录拙作《何日君再来？》起笔提出的关于货币的五点。）

先复复旦姜建强同学提出的关于货币制度的一些问题，不浅的，但此文还要写其他，不能详复。看不懂的同学要再读我此前发表过的货币分析。这里只简述几点。

（一）金本位制的一个主要困难，是黄金本身就是货币，因而受到币量理论（Quantity Theory of Money）的约束。这理论得到休谟（David Hume）、费雪（Iriving Fisher）、弗里德曼等大师的发扬，考证研究无数，当然有分量。然而，在今天，一个国家的币量要怎样算出现了无从处理的困难，尤其是采用无锚货币制的国家。不知为何当年师兄Meltzer建议的调控银根之法，到了格林斯潘就不再用。以利率调控违反了经济原则，早晚会出事。美国中计姑且不论，中国的央行这些年学人家以利率调控，不是调得一团糟吗？

（二）我建议的以一篮子物品为人民币之锚，与昔日的本位制有一个大分离：物品本身不是货币。那固定了的篮子物品的总价（指数），只是一个基标，任何人可以按这指数在市场自己买卖成交，央行不用出手。没有价格管制，因为篮子内不同物品的相对价格是自由浮动的。央行管的只是那可以在市场成交的基标指数，也即是管着物价水平，依照价格理论，相对物价不管就是没有价管。

（三）我建议的货币制度有四个优点。甲、央行不需要管如何算货币量这个头痛问题。只守那篮子的物价指数，见人民币有压力上升就多放出去，有压力下降就把钞票收回一些。乙、不用利率调控经济，利率由市场决定，回到经济原则的基础去。丙、守住指数，物价就稳定了。要调控通胀或通缩，央行调控篮子物价指数就是，主动地占了先机。丁、篮子内的物品选择得好，不会有谁炒人民币汇率（有需要时央行对赌是必胜的），而因为所有汇率皆自由浮动，四方政客不容易在汇率的话题上再吵。

（四）建强同学提出金本位的主要困难，是黄金不足时，物价不易下调会导致萧条。感受不错，但有两处不对。甲、币量理论中还有其他问题，建强没有顾及。这理论今天的致命伤是我们不知道币量要怎样算才对，但不等于该理论本身没有斤两。乙、物价下调历来容易，困难是工资下调。就是没有什么劳动法或最低工资法例，工资下调也不易——有谁乐意接受减薪呢？

（五）中国九十年代的经验是非常重要的一课，深深地影响了我。当时内地的楼价下跌了四分之三，而如果算进物品质量的急升，通缩应达双位数字。然而，那时中国的失业率低，经济增长保八。如果当时中国有今天的劳动法例，效果不堪设想。这重要经验也使我不尽同意弗里德曼与蒙代尔等大师对三十年代美国经济大萧条的看法。他们漠视了美国当时大搞福利，有相当高的最低工资，工会也林立。今天大家看到，美国的汽车工业遇难，工会不让步是大麻烦。让小步不成，要让很大步才有转机（国会最近要求让的也不够大步）。汽车如是，其他行业不少也会如是。这是我对美国经济看不到转机的一个主要原因。

66

救金融之灾有三派之别

二〇〇九年一月六日

不久前蒙代尔在广州接受访问,说美国的金融灾难几个月后会平息,经济复苏,而欧洲会迟三几个月。我问他的一位朋友:"罗伯特怎么这样乐观了?"此君回应:"罗拔去年九月,雷曼兄弟之后,接受访问,也是在广州,说两星期后灾难会平息,但今天看显然是错了。"

蒙代尔是我知道的经济大师中对目前的金融灾难看得最乐观的人。最悲观的可能是克鲁格曼。此君说一切都太迟了,真正的大萧条要到二〇一一年才出现。两个极端之间,大师们各持己见。贝克尔初时乐观,后来逐步调校转悲,可能还要调校多次(一笑)。卢卡斯看好美国联储的应对,比较乐观,不知会否调校一下。其他几位诺奖得主的看法我拜读过,悲喜不论,看法各各不同,没有冲突,只是不同,加起来是一幅看不通的图画。

作为一门科学,经济学这次真的令人尴尬了。是发展了二百多年的学问,参与的天才无数,怎么事发后好几个月,大师们还是众说纷纭呢?显然是因为目前的金融灾难历来少见,也非常复杂。

读到的报道加不起来,我自己也糊涂了。然而,几个月后的今天，我还是认为自己开头的直觉分析大致上没有错。有两点。一、美国的借贷与抵押的比率——我称为浮沙指数的——远高于一，是太高了。究竟有多高我不清楚。二、通过衍生工具与保险安排，美国金融市场的合约纵横织合，以致一出事牵涉到的层面甚广。从这两点看，今天美国的金融风暴比三十年代的大萧条严重，但过了七十多年，知识增加了，政府的反应远为迅速。

起因与三十年代的有不同之处，但带来的效果大致相同。这就是人民的财富一下子暴跌，使前对退休、后要养育的五六十岁的职业有成的人士纷纷采取防守策略。可以节省的节省，可以不花的不花，而雇主们得过且过，可以减少人手就减少了。我不同意几位美国专家的估计，他们说美国今年的失业率会高达百分之九。我认为会是两位数字。

明显地，要挽救上述的困境，我们要把人民的财富再推上去，或把人民对未来的收入预期改善。大唱好调，或高呼抢救，皆无补于事。更改预期要有事实的转变才有说服力。从经济学的角度衡量，政策上有三方面可以做，也可以三方面一起做。问题是哪方的效率最高。第一方面是以宏观政策刺激投资与消费，属凯恩斯学派，鼻祖当然是凯恩斯。第二方面是推出货币政策，掌门人是两年前谢世的弗里德曼。第三方面是以微观或价格理论的分析处理——这方面，经过半个世纪的勤修苦练，我熟习如流水行云，虚无缥缈之境不见前人矣。

在分析上述三派政策的孰高孰低之前，我要再提出费雪的简单而重要的方程式：财富等于收入除以利率（$W=Y/r$）。这方程式不可能错，只是阐释要有点功夫。财

救金融之灾有三派之别

富（W）是指资产的价值，包括人本身也是资产。利率（r）有多种，这里浅说，是指市场的大概利率。比较困难是收入（Y）的阐释。费雪含意着的是年金收入（annuity income），到了弗里德曼则称为固定或永久性收入（permanent income）。这是说，一个人向前看未来，他预期的收入可以有或高或低的转变，但不管怎样变，预期稳定了，高低不平的未来预期收入可以化为一个固定的年金收入，而财富是这年金收入除以利率。通常以人寿无限算，有寿限，方程式要略为更改，但财富是收入以利率折现的观点不变。

人民对收入的预期是可以转变的，这转变会导致财富的转变。另一方面，财富也可以受到冲击而转变，而此变也，通过复杂的变化，会导致收入的转变。篇幅所限，这里不分析财富转变带来收入转变的过程，只是指出财富与收入有互相影响的关系，费雪的方程式不会错。目前的金融困境，是财富一下子暴跌，收入正在向下调整，要怎样处理才可以挽救呢？

兹试分析上述三派的处理方法如下：

（一）宏观派。这派主要是由政府花钱投资，刺激消费，加上一个乘数效应。这就是不久前北京推出的以四万亿鼓励"内需"的方法了。无可避免的浪费不论（多半会有的贪污也不论），这种"宏观"出手是可以增加就业与收入的，容易明白，今天地球纷纷采用。此派的大缺点，是人民的收入增加只是过渡性或暂时性的，transitory income 是也。不是费雪的 annuity income 或弗里德曼的 permanent income。以北京提出的惊世骇俗的四万亿为例，某些参与政府投资项目的机构的股价可能上升，但十三亿多人口，人均三千，什么乘数效应会多加一小点，有谁会因为这暂时性的收入增加而去购买房子呢？台湾每人派一点钱，澳门每人派多一点钱，与北京提前及加速原定的公共项目措施相比，只是给人民一点圣诞礼物。以之救金融灾难吗？做白日梦！

是的，宏观派可以增加短暂的收入，有短暂的增加就业的效应，但花钱更多也不可以把收入与财富的恶性预期扭转过来。另一方面，如果这宏观派之法不断继续，最终的效果是"非中国特色的社会主义"。

（二）货币派。这里的处理手法是大手减利率及放宽银根，是弗里德曼之见。说实话，这方面目前美国联储主席伯南克做得好，一百分。弗老地下有知，当可告慰矣！问题是：如果六个月后美国的经济还见不到有明显的复苏迹象，弗老研究多年所得的一个重点恐怕要付诸流水。

在某些情况下，大手地放宽银根可以增加财富，可以刺激消费，二者相加是会增加人民的收入预期的。目今所见，是信贷推不上去，是以为难。美国联储把贴现利率减至零点五，是历史新低，而借贷储备一个月内提升了几倍。然而，银行贷款的利率高企于六厘左右，信贷总额推不上去。究其因，可不是凯恩斯发明的流动性陷阱（liquidity trap），而是讯息（或交易）费用左右着。银行不愿意借出，更不愿意低息借出，因为市场形势恶劣如斯，他们无从肯定借者会还钱。别的不说，信用卡也收不到钱不是很有说服力吗？另一方面，人民一般自身难保，大手借钱恐怕要准备申请破产了。

如果货币政策能解决美国目前的困境——原则上是可以

的——有过半机会带来另一项麻烦:通胀急升,债券大跌,而在利率大升的情况下美元可以跌得面目无光。今天我认为伯南克做得对,如果他能以货币政策成功地扭转劣局而不惹来这些麻烦,我恐怕要站起来给他三鞠躬。货币政策的困难是适度无方。

(三)微观派(也即是价格理论派)。此派也,主张的是我提出过的鼓励"内供"的方法,也即是鼓励人民自己增加投资与产出。以美国为例,最重要的是取消最低工资(目前连福利算每小时约十一美元)及撤销工会的约束竞争的权力。这里的关键,是美国先要让物价迅速下降,从而守住人民的实质财富与实质收入会继续下跌的劣势,稳定了基础再上升。这是中国九十年代的经验。然而,目前的美国,因为工会与最低工资法例的存在,物价调整的灵活性被锁住了。撤销工会的权力及最低工资,不仅物价易于调整,工资的下降会立刻协助就业,企业的租值会立刻上升,股市的弹起会协助楼价止跌,而财富的上升会把人民对收入的不良预期扭转过来。再者,没有工会及最低工资的左右,市场增加了灵活性,货币政策会远为容易生效。

没有最低工资法例,今天在最低工资之上还有工作的受损甚微,换来的是减少了炒鱿的恐惧,睡得好一点,收入的预期会增加。因为工会而获高薪的可能会受损:他们可能宁愿赌一手不会失业。企业老板会见到生意上升,也会见到租值重来。政府花那么多钱救市,买断工会的权力应该会相宜一点吧。是政治上不容易处理的困难,我不懂。

宏观派效能短暂;货币派运作维艰;微观派政治不容!

67

人民币汇率的科学观

二〇〇九年二月十日

美国新财长盖特纳不久前指责中国操控人民币汇率,要逼使人民币兑美元升值。不是新闻,这老话题吵了五年多了。经济学怎样看呢?可以很复杂。让我分十点说,从浅入深,到最后相当深,读者要小心细想了。

(一)人民币兑美元贬值是中国货减价输出,对美国的消费者当然有利。我们从来没有听过顾客要求商店加价这回事,所以要求人民币升值不可能是美国消费者的要求。格林斯潘在任时曾经说,中国货廉价在美国出售协助了美国的通胀率持久偏低。

(二)美国对中国有贸易逆差也不是要求人民币升值的理由。姑勿论逆差的本身是害还是利,经济学者跟街上人的看法有别,美国的专家不可能不知道,因为弹性系数有决定性,人民币升值很可能会导致美国的贸易逆差增加。两年前我说多半会有这样的反效果,推中了。今天形势有变:中国的出口急跌,外资撤离,贸易顺差正在下降,在不久的将来中国出现贸易逆差的机会是高的。几个月前我对朋友说人民币的强势已去,跟着写了出来。如果人民币的强势再现(最近没有跟进),那只能是因为在地球金融遇难的情况下,多了外客选持人民币作避难所。如果因为避难所的需求而促使人民币升值，对中国工业发展的祸害是无妄之灾。

（三）六个月前，一些不懂经济的鼓吹人民币升值，说会协助解除通胀云云。他们不知道当时中国的通缩之势已成。其时也，我说中国将会出现通缩，跟着去年九月十二日（雷曼兄弟事发之前）大声疾呼，发表了《北京要立刻撤销宏观调控！》。如果当时北京依我说的，一手减息二至三厘，今天的情况会较好——不会好很多，但会较好。人算不如天算：如果北京在该文发表那天（雷曼事发前三天）减息二厘半，今天的情况会好相当多。

（四）为了维护及增加国民的就业机会无疑是美国要求人民币升值的主要原因。很不幸，人民币升值是帮不到忙的。有两个原因。其一是美国的最低工资（连福利算）比中国的高出十五倍，人民币升得发神经也不容易有小助。要求人民币升值来维护美国的最低工资是下策。其二更严重。美国的最低工资比印度、越南等地的高出三十倍以上。压制中国货，美国的进口商当然转到无数其他廉价劳力的发展中国家购买（这几年已经出现了）。中国的竞争对手不是美国，而是其他发展中国家。禁止中国货，容许其他的，于情于理说不通，而美国进口的产品质量会下降。再推远一点，如果美国禁止所有廉价劳力之邦的产品进口，美国的制造商也不会向玩具之类打主意。设厂的人不傻，知道靠国家保护而投资于制造自己毫无成本优势的产品，容易中计：政府一旦撤销保护，血本无归也。

（五）保护主义的一个大麻烦是容易惹来报复（retaliation）。这是三十年代经济大萧条的一个致命伤，二十多年前英国的希克斯（John Hicks）向我解释得很有说服力。今天的形势，是保护主义想也不应该想，而就算美国大手提升中国货的进口税（惩罚也），我也不会支持北京还击或报复。我以为与其强迫人民币升值，美国倒不如要求中国取消进口税。这一羡，信奉经济学的不容易反对。我不是个 optimal tariff 的信仰者。

（六）一九九一年在瑞典与弗里德曼相聚，我对他说世界将有大变，因为会多了二十亿廉价劳动人口参与国际产出竞争。那时中国开放了，印度的开放意识明显；苏联瓦解，东欧呼之欲出；其他要跑出来的落后国家无数。这转变促成了人类历史前所未见的一个大时代。起于神州，中国当然占了先机。抗拒这大潮流的转变不可能不受损，而这些年我反对人民币兑美元升值，可不是要与美国竞争，而是与多个发展中国家的竞争无可避免。

（七）对中国来说，人民币兑美元升值与美元兑人民币贬值是两回事。后者，美国独自贬值不会影响人民币兑其他发展中国家的货币的汇率。是的，人民币与发展中国家货币的汇率均衡点是经济学上的一个大难题，此前没有谁分析过。从中国的立场看，我们当然希望其他发展中国家能富裕起来，因为在穷人身上赚钱难于登天。然而，如果违反了比较优势定理（The Law of Comparative Advantage）而让这些竞争者先得甜头，他们早晚会闯祸，中国本身更不好过。我会回头再解释。

（八）出一试题考考读者吧。国际廉价劳力暴升二十亿，对地大物博、人才鼎盛、人均收入与财富冠于地球的美国是有利还是有害呢？我赌读者答不出来。让我转用另一个较浅的例子吧：如果土地稀缺的香港受上苍恩赐，无端端地从海中冒出五十平方公里的平坦上佳土地，香港的经济当然成为暴发户了。有人反对吗？不少吧。有土地储备的地产商会受损，地产商会会反对，高价购入楼房的会反对，政府多半也会反对——卖地的收益会大减也。于是，香港政府可能立法例，禁止那上苍赐予的大好的五十平方公里土地作建筑用途。

对美国而言，国际廉价劳力的激增是类同的上苍恩赐。可惜的是，虽然国家整体会得益，但资产或财富不多的市民，或知识落后的，或历来由最低工资、工会、社会福利照顾着的，会不幸地受到损害。容许廉价劳力的产品进口等于容许廉价劳力进口，而反对后者进口在美国有多年的历史了。国际廉价劳力的激增会促使美国的有可观资产的人，或知识令我们羡慕的，租值大升，但政治要顾及那些远为不幸的一群。问题是今天国际的廉价劳力排山倒海而来，历史从来没有出现过，传统的价值观与政治观应否大幅修改，是美国不能不面对的难题。

（九）弗里德曼曾经对我说，比较优势定理是经济学上最重要的。这定理简单精彩，经济学行内没有一个不认为是真理。定理说，原则上，像美国那样财富与人才、知识皆雄视天下的国家，遇上国际廉价劳力暴升之际，会赚取巨大的收益。然而，这定理假设的，是没有最低工资的约束，没有工会的左右，没有关税，当然也没有什么保护主义了。这些假设皆明确，这里要分析的，是比较优势定理的一个重要但少人注意的假设：该定理是基于一个物品换物品的世界，没有货币，因而没有今天大吵大闹的汇率话题。

物品换物品的交易费用非常高，而货币的存在，主要是为了减低这些费用。问题是，当引申到国际贸易那方面去时，国与国之间的汇率波动，又或者受到各种因素而使汇率脱离了物品换物品应有的相对价格，比较优势定理会遇到困难。张滔曾经告诉我，多年以前他的老师 Lionel Robbins 也有类同的看法。解决这汇率偏差带来的困难，我想到两个方案。其一是整个世界只有一种货币，但政治看来不容许。其二，从中国的角度看，人民币转以一篮子物品为锚，稳定了物价，从而希望其他发展中国家跟着走，使中国与这组国家之间的汇率能找到一个大家善用比较优势定理的均衡点。

（十）反对人民币兑美元升值，可不是反对这升值的本身，而是这升值会给中国带来与发展中国家竞争的不利。这里的一个头痛问题，是中国还有外汇管制，厂家出口不能以人民币结算。外币有多种，为什么他们绝大多数要用美元结算呢？篇幅所限，读者去问厂家们吧。

68

美国救灾会搞出高通胀吗？

二〇〇九年二月十三日

美国目前的金融灾难，起于制度上出现了问题：一种市场运作与政府管制的混合制度，管错了，于是闯大祸。我曾经说目前美国的情况比上世纪三十年代更糟糕，主要是昔日没有今天这种"毒资产"。毒资产（toxic asset）这个名称起得不错：不是坏账，而是可毒可不毒，要看资产的价格水平而定，好些没有市价，其总量可以高若上苍，或深若无底之潭，可以是天天不同的。这样看，三十年代的困境主要是资产之价或财富暴跌了，国民的消费大降，要怎样才能搞起来呢？今天的困境，是财富暴跌之外，还有毒资产需要处理，处理不善财富会再跌。

今年一月六日我发表了一篇颇受注意的文章，题为《救金融之灾有三派之别》。其中有以凯恩斯为鼻祖的宏观派，主张政府花钱投资，刺激消费。有以弗里德曼为掌门的货币派，主张增加货币量与借贷，从而在制度中加些滑油，使收入与财富上升。有微观派，是我的本领，主张取消工会与最低工资，先让工资与物价下降，增加就业与企业的租值，跟着带动财富与收入的增加。

一月十三日我发表《金融困境再剖析》，写道：

"目前看，是如果六个月内美国的经济复苏而跟着没有急速通胀，以弗里德曼为掌门的货币派的功力最高——此派三个多月前出招，九个月时间足够。六个月之后才有复苏迹象而跟着没有急速通胀，以凯恩斯为掌门的宏观派功力最高。要是这两派不灵，或有急速通胀，微观派有机会胜出擂台。只是有机会，因为还有其他方面要考虑的。"

读者读这段文字，要注意其中一个重要条件：如果跟着没有急速通胀。我说过，政治上微观派是行不通的。目前的美国是货币派与宏观派双管齐下。会有起死回生之效吗？答案是：如果不管通胀，或视若无睹，这两派任何一派都可大发其威。问题是用得不小心急剧的通胀必至。这会带来美国债券暴跌，利率大升，美元跌得面目无光，而可能最头痛的是美国一般老百姓的养老金制度可能崩溃。

遥想三十多年前，越战使美国元气大伤，通胀两位数字，见养老金制可能保不住，当局紧收货币量，成功地压制了通胀，但在这调整过程中，美国的三十年债券的擎息年率上升到十九厘，前前后后有十年的经济不景。这几年伊拉克之战的每天费用，物价调整后比越战的高出近一倍，加上目前计划救金融之灾的庞大支出，国债之高不容易算得准。

急速通胀当然不可以接受。如果可以接受，有可为。大量印制钞票，或大量宏观花钱，以货币的面值算价，财富与收入不可能不增加，最低工资再不会是约束了。通胀本身是抽间接税，抽得够多国债不足道。毒资产呢？通胀够高会变为不毒。是的，只要货币派或宏观派能不管通胀，大手出招，目前的困境可解，但会换来另一类困境。

美国的处理会带来不可以接受的通胀吗？很难说。这是因为他们的联储主席与财政部长显然知道，处理不善不可以接受的通胀必至。二月十一日财长盖特纳的讲话，据说导致美国股市下跌了百分之四点六。读这讲话的全文，字里行间显示着他关心通胀，只是没有说出来。不能不出弹弓手吧。是艰巨工程，经济学可以从这次美国的不幸经验中学得很多。

愚见以为，不走微观派建议的路，要避免高通胀非常困难！

69

再论人民币下锚的几个重点

二〇〇九年二月十七日

萧满章传来斯坦福教授约翰·泰勒（John B. Taylor）最近发表的题为《政府怎样制造了金融危机》（How Government Created the Financial Crisis）一文，是雷曼兄弟事发后我读到的关于美国金融灾难最有含金量的文章了。泰勒没有分析我着重的浮沙指数与金融合约制度的本身——虽然提到这制度复杂无比——而是集中于他专长的货币政策，指出这政策严重出错及跟着的处理失误频频。他说的不一定对，但内容充实，论点明确。有一两点我提及过，但从货币政策的分析品评，泰勒比我知得多了。据说本月底他会经胡佛研究所出版社（Hoover Institution Press）出版一本题为《脱轨：政府行为和干预如何制造、延长并恶化了金融危机》（Getting Off Track: How Government Actions and Interventions Caused, Prolonged and Worsened the Financial Crisis）的书，应该是学问，读者不要错过。

我建议北京的朋友要细读上述的文章及跟着会出版的书，不是为了明白金融风暴的起因，而是能从中体会到无锚货币（fiat money）的处理困难。货币专才鼎盛如美国，那里的无锚货币制度或大或小地闯祸,记忆所及皆频频,而中国的央行目前正在向这制度走!

在整个二十世纪的经济研究中,没有一项题材能比得上货币理论及政策的研究那样大兴土木,有那么多的能人云集的。惊天动地的知识投资,花了那么多的心血,到头来还是中大计,可见无锚货币制要操作得如意难若登天。

虽然我没有用英语发表过货币分析,但跟进这话题却有四十七年的日子了。一九六二师从当时的货币供应的第一把手卡尔·布鲁纳(Karl Brunner),六二与六三的两个暑期作他的研究助理;一九六七到了芝大,认识当时的货币需求的第一把手米尔顿·弗里德曼(Milton Friedman)。或熟或不熟,二十世纪的货币理论大师我差不多都认识——可惜不认识泰勒:此君崭露头角时我已经回港任职了。

弗里德曼跟我很熟,而多年来我屡次求教他关于货币的事,主要是为了中国的发展。弗老当时红透天下,时间当然宝贵,但每次我问及有关中国的,他对自己时间的慷慨令我感动。中国的经改有今天的成就,要感谢科斯、弗里德曼等关心中国的西方学者。在我认识的重量级的西方经济学者中,绝大部分希望中国能好起来。这些大师之中小部分认为炎黄子孙天生了不起,经济搞不起说不通,而大部分信奉比较优势定理,知道中国能搞起来大家都有好处。

弗里德曼支持无锚货币制,可不是认为这制度有过人之处,或容易处理,而是认为一个大国的货币不可以下一个锚,然后让国与国之间的汇率自由浮动。一九八三年底,香港采用钞票局制度,以美元为港币之锚,弗老同意,主要因为香港够小，可以用。没有经济学者不认同金本位制度曾经有两百年使经济稳定繁荣的日子。后来逼着取缔，因为黄金本身就是货币，遇到供应不足，或外流，或金价波动太大，会有大麻烦。我当时向弗老建议用一篮子物品为货币之锚，他认为原则上可行，但有关部门要有这些物品的储存，费用是过高了。那所谓钞票局，是十九世纪后期一位英国爵士的发明，是一种以外币为本位或为锚的货币制，只保钞票，不保支票，有需要时这制度会自动地调整钞票量，从而间接地调整货币量。原则上是不要有中央银行的存在或左右的。香港今天的金管局频加左右，算不上是纯正的钞票局运作。一九七一之前香港的钞票局以英镑为锚，跟着脱锚十二年，八三年后期起再用钞票局，转以美元为锚，任老弟主事后就把钞票局搞得庞大，运作的本质改变了。

我是九十年代中、后期跟进朱镕基时期的央行运作才突然想到，以一篮子物品（或商品）为货币之锚，有关部门是不需要有该篮子物品的储存的。重点是物品的质量要明确，其市价（批发或期货价）要清楚，持有货币的人可以容易地在市场凭币按价购买，由央行担保在小差价的范围内购得，贵客自理，央行不提供物品。因为以一种或三几种物品作货币之锚，物价的个别大幅波动对经济可能有不良影响，一篮子物品（三十至一百种）就安全了。又因为有一篮子的物品存在，整篮子的比率固定的物品最好用一个指数算价，是一个可以在市场成交的指数，央行可以随时上下调整，不妨说明某时期内的上下限调整幅度。至于那些认为炒家们可以在市场兴风作浪，炒买炒卖而图央行之利，则属杞人忧天，因为央行在明，炒家在暗，对赌央行必胜。多年前美国曾经考虑以物价指数为货币之锚，行不通，因为这指数是不可以在市场成交的。

二〇〇三年六月，见外间施压要人民币升值的言论大噪，我认为央行应以一篮子物品为锚，稳定了币值，然后让汇率自由浮动。跟着该年十二月十一日在《信报》发表《怎样处理人民币才对？》那篇自己视如家珍的长文，其后不断地继续想，愈想愈认为自己对。五年多过去，解释又再解释的文章无数，这里用不着再解释吧。旧议重提，因为国际形势有变，如下数点给北京的朋友再考虑。

（一）早就说过以一篮子外币为人民币之锚，最佳的情况也只能是次选。这几年央行以一篮子外币为锚的政绩，使我很失望。

（二）货币政策虽然原则上可行，但运作起来频频失误，而一个像中国这样人多资源少的国家，严重的失误可以是灾难性。以一篮子物品为锚，货币政策的运作范围是大幅地减少了，换来的是远为简单的处理，出错的机会大减。

（三）放开外汇管制是必需的，因为一日有汇管，厂家们的生意难做，而上海也不可能成为一个国际金融中心。问题是，解除汇管，让人民币无阻外流，虽然国家可以赚钱，通胀的复苏不容易处理。以一篮子物品为锚，央行守住物价，有需要时收回某部分人民币就是了。央行一定有足够的资料作判断。

（四）以一篮子物品为锚，先进之邦没有理由再逼人民币升值。他们的货币兑人民币要贬值是他们的自由，因为人民币的国际汇率是自由浮动的。中国要关注的是人民币与其他发展中国家的汇率，务求这些汇率能让大家一起善用比较优势定理，产出交易。

（五）我反对搞亚元。理由有三。一、人民币目前的声誉好，亚元要搞出名堂不容易，而在今天的金融风暴下，欧元能否维持不瓦解是问题。二、人民币的声誉及强势是中国的劳苦大众拼搏得来的，推人民币出去赚钱理应让他们的国家赚。三、搞亚元，政治问题太多，吵得不欢而散是自讨没趣了。

（六）人民币以一篮子物品为锚，放开汇管推出国外，明智的发展中国家会跟着人民币的币值来处理自己的货币。善用比较优势定理的汇率均衡点不难达到。"操控"自己的汇率，为了争取增加出口而放弃了按比较优势产出的利益，愚不可及。

是的，在目前的国际金融风暴下，扩大发展中国家之间的贸易非常重要。另一方面，在这风暴下，澳元曾经在一天内下跌七百点，英镑曾经在一天内波动八百点，而一天波动两三百点的情况常有。这样的神经不知要发到何时方休。无锚的货币当然头痛，而以一篮子外币为锚可能更头痛了。以一篮子物品为人民币之锚，稳定了自己的物价，外间的风风雨雨懒得管，其他的发展中国家怎会不拉住人民币呢？是中国把地球稳定下来的时候了。

70

人民币的故事——与贝克尔商榷

二〇〇九年三月三日

认识贝克尔（Gary Becker）四十多年了。历来欣赏他的分析力。他关心中国，对中国的评论客观，善意明确。二月二十二日他发表的关于中国的文章，好些观点我不同意，认为不是实情，他是被讯息误导了。

我最不同意的，是贝克尔支持美国财长盖特纳之见，说中国操控人民币的汇率，导致庞大的贸易顺差。故事的发展可不是这样的。曾经说过，因为中国发展得快，我要不断地跟进才能掌握其经济脉搏的跳动，才能体会到发生着的是什么事。三十年来，我曾经两次停止跟进约半年，之后要好几个月的努力才能再走进中国的脉搏中去。这些日子不少在内地不同地区的朋友，久不久会收到我的电话。问长问短，为的是要保持这脉搏跳动不会中断。这是我研究中国经济的主要法门，让我反应得快，也推断得准。

一九九三年六月二十九日，我在海南岛，那天人民币的黑市汇率是一元五角兑一港元（兑美元是十一元七角兑一）。这是人民币在历史上最不值钱的一天，之前之后都没有见过。消息传来，两天后朱镕基会执掌人民银行，也就是今天的央行了。

早些时（一九九三年五月二十一日），我发表了《权力引起的通货膨胀》。那是一篇重要的文章。当时中国的通胀恶化，一般舆论主张约束人民币的增长率，是货币学派的老生常谈。我力排众议，说当时内地的银行是出粮机构，有权有势的高干及他们的子弟皆可以权力"借"钱，与银行的职员一起上下其手，什么约束币量云云，根本办不到。于是建议：对权力借贷的行为一定要手起刀落，要杜绝，而人民银行要改为一间正规的中央银行，不作任何商业或个人贷款。

朱镕基执掌人民银行后的处理方案，跟我建议的差不多，但他用上直接管制投资与消费的方法，我不以为然，批评了他，想不到，他做出来的效果，使我公开道歉几次。一九九五年，朱老把人民银行改为正规的中央银行，再不作贷款生意了。

这里要说的重点，是从一九九四至二〇〇五年七月二十一日，人民币以美元为锚，汇率守在八元二角四分兑一美元与八元二角七分兑一美元之间，守得稳如泰山。这是官价汇率，跟起初的黑市及跟着的灰市及再跟着的近于白市的汇率是不同的。

从一九九四到二〇〇六这十二个年头，是中国经济奇迹中最奇的了，我说过不止一次。当然有其他重要因素，而这里要指出的，是该十二年人民币钩着美元（虽然二〇〇五年七月转钩一篮子外币，但在转钩初期汇率的变动显示美元还是该篮子的绝大部分），对中国的发展有助，炎黄子孙应该感激。另一方面，二〇〇一的九一一事件与二〇〇三开始的伊拉克之战，美元保持稳定，我认为其中一个原因，是早就有了实力的人民币，钩着美元，把后者稳定着。今天遇上金融之灾，没有谁知道何时方休，美元会有不小机会因为人民币不再紧钩着而出现对美国经济为祸不浅的波动。这样看，几年前美国的议员迫使人民币与美元脱钩，是美国在政策上的一项大错。如上可见，说北京操控人民币的汇率是没有根据的：紧钩美元不可能有操控的空间。要操控人民币汇率的是先进之邦，尤其是美国，而中国货在上述的十二年间满布地球，协助了美国减低通胀，是我要说的故事的另一面了。

一九九七年初，因为要写阿诺德·哈伯格（Arnold Harberger）的首届荣誉讲座的关于中国改革的文章，我考查当时人民币的货币制度。这考查使我对货币制度的认识达到了一个新层面：无锚的货币制度不可取，下锚不妨用一个可在市场成交的指数，央行用不着提供实物。这些就是后来我屡次建议人民币转用一篮子物品为锚的基础。

一九九七年七月，亚洲金融风暴爆发，个多月后一些北京朋友约我到深圳会面。他们看得很悲观。言谈间我突然乐观起来，心想，朱镕基了不起：他把三年前百分之二十以上的通胀率，在三年后的一九九七下调为零，而又因为市场的劳工合约够自由，失业率徘徊于百分之四，增长率保八。当时国际上的金融机构及大师们对亚洲金融风暴的解释，我一律不同意，而在那次深圳聚会中，却想到一个圆满的解释。没有说出来，因为恐怕扰乱市场。

我的解释，是当时亚洲多个小国的货币，皆或松或紧地钩着美元。紧钩美元的人民币一下子把通胀下调至零，这些小国的货币都一起偏高了，于是纷纷脱钩。从那时开始我知道中国的主要竞争对手不是先进之邦，而是发展中国家。另一方面，亚洲的小国因为那次金融风暴，他们的币值来了一次大调整，与人民币之间达到了一个新的均衡点。这就是后来我极力反对人民币兑美元独自升值的原因。

还有另一个我要到二〇〇四年底才找到圆满答案的重要因素。这就是我高举的、人多资源少的、县与县之间的竞争制度，一九九四年初开始形成及运作。北京的朋友无疑清楚这制度是怎样运作的，但重要的含意他们不知道。其中一个重要含意，是县制度的运作是以速度来增加县干部的收入。我们不容易找到一个在内地投资的人，不被县干部赶得近于发神经。赶快十分之一的时间容易，如此一来，先进之邦有百分之三的增长率很不错，在中国的制度下就变为百分之十三了！我因而反对什么经济过热之说，反对要搞宏观调控。朱镕基当年的调控是对付权力借贷需要有的手起刀落，但在县制度运作得宜之后的调控，则起于北京的朋友未富先骄，对自己的制度运作的含意没有足够的体会。

亚洲金融风暴之后，虽然人民币的黑市汇率还低于官价，我认为人民币是强币。到了二〇〇二，虽然黑市汇率还低于官价，我说人民币是地球上最强的货币。还是以八元二角多兑一美元，但到了二〇〇三至二〇〇六这期间，浮动人民币很可能使汇率市价升达四兑一甚至三兑一的水平。如果中国的国际竞争对手只是先进之邦，人民币兑美元上升一倍对炎黄子孙有着数，但中国的竞争对手是发展中国家，人民币大幅升值会带来灾难。君不见，二〇〇五之后，人民币兑美元升约百分之八，接单工业纷纷输钱，订单转到其他发展中国家去。日本起飞时可没有这样的困境，虽然后来还是中了大计，但那是另一个比较复杂的故事。

我跟得紧：二〇〇三年江浙一带的一个全职农工每月的

薪酬只人民币三百，还需要有大量的农民转到工业去才有作为。当时我意识到，五千年来中国的农民第一次看到曙光，不同意盛行的农民愈来愈苦或贫富急速两极分化的谬论。

人民币紧钩美元十一二年，官价八元二角多不变，一九九三年的最低黑市是十一元七角兑一美元，而如果自由浮动二〇〇五年可能升至三或四兑一！从一只货币转强的速度衡量，这可能是史无前例的，反映着中国的劳苦大众的生产力增长惊人，也反映着在县制度的运作下，外资对中国青眼有加。

目前的形势是，因为这些年落后之邦发展得非常快，先进之邦如在梦中，从汇率的角度衡量，前者与后者之间出现了一个很大的断层，连接不上了。上层之间有竞争，下层之间也有竞争，但上层与下层之间的竞争是脱了节的。北京的朋友认为可以容易地打上去，推出腾笼换鸟，失之轻浮。治安转劣，是腾笼换贼乎？回乡归故里是连笼子也换了吗？

近几年人民币升值闯祸，新《劳动合同法》杀伤力强。几个月前人民币的强势已去。地球金融大乱，朋友传来的国际文章无数，没有一篇提出我认为是可取的建议。看来经济学也完蛋了。一时间我想到明人徐渭写葡萄的一首七绝。诗云：

"半生落魄已成翁，独立书斋啸晚风。笔底明珠无处卖，闲抛闲掷野藤中！"

71

无锚货币与金融之灾
二〇〇九年三月十七日

我不用电脑。这些日子地球的经济有什么风吹草动,朋友们会传来名家之见,希望我能评论一下。我少管他家,但传来的资料往往精彩,提供值得动笔的题材,可以表演一下老人家的真功夫。

今早三位朋友不约而同地传来同一文章。那是三月十一日前美国联储主席格林斯潘在《华尔街日报》发表的《联储局没有造成楼市泡沫》(The Fed Didn't Cause the Housing Bubble)。次贷引发的金融之灾,格老被骂得厉害。个人认为这灾难主要起于美国的金融制度出错,美国联储的货币政策有关联,但应该是次要的。格老的文章是替他在任时的美国联储辩护,写得用心、客观、诚恳。推理方面有点问题,不是逻辑上出错,而是局限情况非常复杂。究竟发生了的是怎么一回事,可能要再吵一段长时日了。

这次金融之灾带出的师级人物实在多,众说纷纭,而其中一个争议要点是货币政策有没有出错。这些言论不少提到两年多前谢世的弗里德曼(Milton Friedman)。皆非等闲之辈,聪明才智兼而有之,大部分是纯学者,著作等身,是我这一代的西方经济学的表表者。有这样的阵容,货币话题还是争论不休，可见其中学问湛深复杂。我希望周小川先生及央行的朋友能多读这些文章，从而体会到无锚货币（fiat money）不是说搞就可以搞得好，货币政策不是说用就可以用得适当。

这里我不要参进大师们的争论。我要从自己熟知的、谢世逾半个世纪的货币与利息理论大师费雪（Irving Fisher）定下来的基础发挥一下，是转了一个角度看货币问题。今天的大师们没有一个不认为费雪是个伟大的经济学者，而过半以上会认为费雪是百年仅见的。弗里德曼曾经直言："我从来不否认费雪是百年仅见的，从来不敢说我比得上他。"

费雪是休谟（David Hume）之后把币量理论发扬光大的人：今天还有不少学者认为他的币量方程式有其独到之处。他的利息理论提出一个市场均衡点：利息率等于投资的回报率。这均衡点不是费雪首先提出的，而是经过他的处理后，利息、资本、财富、收入等都有了一般性的概念，而在各种不同情况下的变化，费雪的利息理论永远是那么清晰，那么有说服力。

费雪之见，利率是由市场的供求关系决定的，而利息是一个价，政府左右利率就是价格管制。这里的问题，是费雪的利息理论没有货币。原则上，把货币加进去，他的主要结论不变：利率是由市场决定的，达到市场均衡利率与投资的回报率相等。这个论点，跟着而来的货币大师弗里德曼同意：弗老早期反对美国联储左右市场利率作为货币政策。弗老当时主张的货币政策，是调控货币量。到了艾伦·麦萨尔（Alan Meltzer）一九六三的鸿文之后几年，欧美调控币量主要靠调控银根（monetary base）之法。麦萨尔是我的师兄，一九九五跟他到雅谷进午餐时，他直言感到困扰，因为当时美国的货币量经过几年的急升，通胀没有出现。后来我意识到，苏联瓦解后，地球开始一体化，美元的货币量从何量度出现了难以解决的困难。

转用调校利率来调控通胀及经济活动，起自格林斯潘。原来反对调校利率的弗里德曼，到了格林斯潘时期就不再反对了。弗老改观，今天看有两个原因。其一是困扰着师兄的：不知币量怎样算才对。其二是格林斯潘以调校利率的方法来调控经济，效果很不错。在触发本文的格老一文内，他提到弗里德曼二〇〇六年初说过的一句话："从来没有一段时间长度可比的时期，联邦储备局的运作有那么好的表现。这是超于一个程度上的分别，而是近于不同种类的分别了。"这是大赞格林斯潘——我没有听过弗老赞美国联储半句。

问题是：费雪的利息理论怎样了？利率不是要由市场决定的吗？利率不是要与投资回报率看齐吗？投资回报率的决定是某些因素，而市场利率的决定是另一些因素，二者怎可以在美国联储左右利率的情况下看齐的？当然，美国联储借钱给银行的利率，不是银行借钱出去的利率，但前者对后者是有着领导性的作用。前者辘上辘落，后者或多或少，或快或慢，也会跟着辘上辘落。我说了几年也说过几次，利率辘上辘落，经济早晚会被辘瓜！

屈指算过，格老主席美国联储时，利率辘上辘落共八轮又大半，每轮约有六七次的提升或下降。最后大半轮，辘上十四次，跟着伯南克接任，再继续辘上三次——合共辘上十七次之多，最后一次是二〇〇六年六月二十九日——然后高企不下。这样，次贷就出事了。我非常欣赏我无缘认识的约翰·泰勒（John Taylor）的有关学问，但不同意他认为次贷之灾起于二〇〇三到二〇〇五之间的利率偏低。利率偏低鼓励买房子，但次贷事发的点火线，是二〇〇五之后的利率不断继续辘上，然后高企不下，要到二〇〇七年八月次贷事发后才减息。伯南克是二〇〇六年二月一日接掌美国联储的。这样看，今天我大赞的主席当时也做错。非战之罪，是学问太深了！

投资的回报率要与利率看齐，不可能错，而如果利率是由市场决定的，经济压力会容易地调校出费雪理论中的均衡点。如果银行的利率，因为美国联储利率的辘上辘落而跟着辘上辘落，但投资的回报率却不这样辘，投资者会怎么办呢？答案是他们会有一个借贷利率的平均预期，购买房子时他们会算一下平均利率。不少美国朋友这样看，而银行也往往提供他们对利率的预期。实际上，一些银行或贷款机构往往提供一些利率几年不变的买房贷款，协助那些恐怕利率波动而供不起的顾客。

这里的要点，是如果市场对美国联储左右利率有一个可靠的平均利率预期，在经济压力下投资的回报率会与这平均的利率预期看齐。交易费用会比较高，而细节上的均衡调校不会像没有美国联储左右那么准绳，但大致上为祸不大。问题是利率辘上辘落的图案可以一下子跟预期的脱了节奏（见上文美国联储的利率变动）。我认为这是两年前次贷出事的一个主要原因。另一个原因，是次贷借款的一般不是富有人家，其中不少以零首期买入房子，房价上升皆大欢喜，一旦下跌在边际上的就立刻要断供了。

上述可不是目前的金融灾难的主要问题。楼房之价下跌一般属小儿科。香港上世纪六十年代后期的楼价下跌至近于零。九七亚洲金融风暴事发后，我不是立刻说香港将会有的负资产几十部货车也载不下吗？九十年代后期的中国，楼价跌了七成以上，远甚于今天的美国。而美国目前的楼价下跌了三四成，跟目前中国的沿海城市差不多。所以我认为美国面对的金融之灾，格林斯潘说的楼市泡沫只是一小点导火线，不是灾难的主因。灾难的主因是金融制度出错——出大错。说过了，有两点。其一是借贷与抵押资产的比率（我称为浮沙指数的）太高；其二是通过衍生工具与保险的安排，金融市场的合约纵横织合，牵一发动全身，金融市场的整层合约结构塌了下来。

这就带来我要对北京的朋友说的话。央行以一篮子外币为锚的效果不对头，而选走无锚货币制，美国的经验是前车可鉴。美国的货币专家比中国的高出很多，是深不可测的学问。那所谓货币政策，他们搞了那么多年还是中了大计。中国人口多资源少，货币政策出现同样的错，后果不堪设想！

基本上，我认为货币政策可以不用不要用。我也认为凯恩斯学派的财政政策历来没有好效果，可以不用也不要用。这不用那不用，要用什么政策来管治经济呢？答案是政府要从资源使用的制度入手：在界定权利的大前提下，政府一方面要保障合约的选择自由，另一方面要设计及维护合约组织的结构。后者是我分析过的县与县之间的竞争制度了。中国有今天的成就，主要是后者办得好。

采用无锚的货币制度，货币政策是不能不用的。采用我建议的以一篮子物品为锚的货币制度，货币政策的需要大减，而利率是由银行与顾客之间决定，也即是由市场决定的了。

美国联储货币制历时甚久，联系着整个国家的经济结构，加上国债高及其他问题，转以一篮子物品为货币之锚他们是难以采用的。目前的中国不仅可以采用，而且容易采用。

在我解释过多次的以一篮子物品为锚的货币制度下，央行调控经济的权力会大幅削减，处理经济的工作要转到制度的改善与维护。权力可以给当权的人带来利益。货币政策与财政政策给当权者的利益很大，但维护及改善制度的权力，利益甚微，不足道。我不懂政治，但放眼地球数十年，我认为这后者是上佳政策不被采用的主要原因。我也认为要是凯恩斯当年不支持大政府主义，今天没有谁会记得他。

72

伯南克别无选择；温家宝大可煞掣

二〇〇九年三月二十日

美国联储处理金融灾难的困境，过了第一关。如果伯南克不行差踏错，今天算起不出六个月会见到起死回生的曙光。做得对会带来另一些麻烦，换得过，也有拆解的方法。

我说的第一关，是美国联储成功地把货币量推上去，导致通胀明显地出现了。五个月前看不到那么容易，但今天他们做到了。先从所谓银根（monetary base，大致上是钞票加银行的储备）的增幅看吧。从二〇〇八年一月到二〇〇九年一月这一年间，上升了逾一倍，而从去年十一月至今年一月这三个月中，上升了百分之五十。这些是美国史无先例的增幅。更重要是货币量终于有了回应：以最可靠的 M1（即民间持有的钞票加支票户口存款）算，最近六个月以年率百分之二十三上升。

转到物价指数那方面，去年的十一、十二月有通缩，但今年一月份的通胀率是百分之零点四，化为年率是百分之四点九。更重要的是一向在时间上领前的批发物价指数，一月份的升幅达百分之零点八，化为年率是百分之十。是高升幅，看来还要上升，也应该再上升。

上述的资料来自两位作者（David Rose 与 Lawrence

White，据说后者是我的师弟）三月十五日发表的文章。这两位作者，跟好些其他经济学者一样，反对通胀的出现，劝告伯南克约束货币的增长率。我不同意，非常不同意。天下没有免费午餐这回事。金融之灾搞得一团糟，代价是要付出的，问题是选付哪一种。我认为在美国面对的多种局限下，以通胀作为付出的代价最相宜。每年百分之十至十五的通胀可以接受，两年这样云开见月明，跟着的通胀调控有不同的方法，今天算起大约六个月后要动工——通胀下调需要长时日，操之过急会有苦不堪言的后果。

今年一月六日我发表《救金融之灾有三派之别》，指出有政府大手花钱刺激经济的宏观派，有大手放宽银根的货币派，也有我主张撤销最低工资及工会的微观派。该文结语的一句话说："宏观派效能短暂；货币派运作维艰；微观派政治不容！"跟着一月十三日发表《金融困境再剖析》时，我写道：

"目前看，是如果六个月内美国的经济复苏而跟着没有急速通胀，以弗里德曼为掌门的货币派的功力最高——此派三个多月前出招，九个月时间足够。六个月之后才有复苏迹象而跟着没有急速通胀，以凯恩斯为掌门的宏观派功力最高。要是这两派不灵，或有急速通胀，微观派有机会胜了擂台。只是有机会，因为还有其他方面要考虑的。"

一月六日我说货币派运作维艰，因为当时的信贷推不上去，而如果信贷推得上去，通胀多半会出现。当时我不便言明，货币派如果能解开金融之灾的困局，通胀既无可避免，也有这样的需要。洗湿个头，有成果，美国联储不妨干脆地定下一个通胀率为目标，刻意地把物价赶上去！我担心的，是当美国的通胀率接近双位数字时，伯南克会受不了舆论及国会的反对，脚软起来，临阵退缩。其实他别无选择：大胆地把通胀率提升是正着。

这样说，因为在我理解的目前的美国困境中，通胀会带来三方面的可取效果。其一是那里的最低工资高企，通胀会减低这法定工资的实质，对就业有助。其二是通胀是一种间接税。跟大家知道的直接税不同，以通胀作为间接税会增加消费，直接税会削弱消费，而通胀的间接税也可以减轻美国的赤字财政。最重要是第三点：通胀带动资产（包括房产）的价格上升，可以把毒资产变为不毒。后者出现是雨过天晴，美国的金融制度要大修一番了。起自美国的金融灾难是经济的奇难怪症，历史没有出现过。除非拜我这个微观派的掌门为师，否则搞起通胀是我可以想到的可靠治方。

我从来不怀疑，如果美国联储要提升市场的货币量，他们可以做到。但三个月前看不是那么容易。伯南克名不虚传。今天看，美国国会通过的八千亿美元刺激消费的财政政策，是劣着，是大错。既然货币政策有成果，而通胀是不能不接受的、在美国的局限下的最低代价，其他代价可以不付就不要付。我是个不相信财赤多少无所谓的人。这些日子美国的冤枉钱实在花得太多了！战争不论，通用汽车与 AIG 的摊大手掌令人发指。

最近美国的货币资料显示，我早就说得没有错：地球上没有流动性陷阱（liquidity trap）这回事。去年获诺贝尔经济学奖的克鲁格曼，信奉凯恩斯，多次坚持有流动性陷阱，政府花再多的钱也认为不够。看来在学问的判断上此君一铺输清光！我对自己怎样打分呢？重读十多篇发表过的关于金融之灾的文章，大致上满意。主要因为弹弓手出得高明（一笑），我一家独赢了。

回头说通胀，其不良效应老生常谈，但在金融之灾下不足道。有三项不是老生常谈的说不得笑。其一是美国的强迫养老金（social security）制度会遇到压力。解之不难：既然政府打算花那么多钱刺激消费，不花，留下来协助养老金用不着那么多。余下的两项远为头痛：通胀升得急美元会跌得急；长期债券之价也会跌得急，促成长线利率大升。后二者有解救之方吗？有，绝对有，一招可解。这里我要卖个关子，不说，考考美国的经济大师们的功力如何。

写完了伯南克，转写我们的温家宝先生吧。去年十二月二日我发表《乱花钱必闯大祸》，今天是开始闯小祸了。早些时（去年十一月八日），在《北京出手四万亿的经济分析》一文内，我指出花钱于既定要做的项目中，提早及加速，无可厚非，是发展中国家比较着数之处。但跟着地方政府建议要花的是另外十八万亿。我不知北京会否批准或批准了多少。中国是这么大而人口又是这么多的国家，监管花钱谈何容易哉？

这里我只谈一项。因为新《劳动合同法》的引进，回乡归故里的人实在多。为了安抚而补贴我不反对，但出现的问题一大箩。补贴购置机械，无良的供应商与干部联手，提供近于废物的劣品，而较佳的有些农民获得后转卖出去。补贴灌溉以每亩算，报大数之风不胫而走，上了年纪的农民对我说当年的"大跃进"今天卷土重来了。今时不同往日。往日的人民公社报大收成之数，政府的征收增加，饿死农民无数。今时国家有了钱，报大数有钱分，但据说地方干部上下其手，农民分得的不多。

我在去年十月八日发表《保零也艰难》，是回应林毅夫说保八以上容易之极。当然是我对。该文发表于北京公布四万亿之前三个星期，今天看，没有这四万亿负增长可以肯定（一年二万亿是国民收入的百分之八）。今天看，连地方政府花钱，加起来远不止四万亿，保八也不容易。保零应该可以，但我不敢打赌。

我认为温家宝不应该保任何一个数字，而事实上他今天说保八不易。中国的经济有看头，举世皆知，虽然面对金融灾难，人民币的处理失误及新《劳动合同法》出错，经济实力还算好。这些日子我只重视一个数字，其他皆次要。那是工业区的厂房租金，下降了一半以上，到目前还没有回升的迹象。沿海城市的楼价是回暖了，但厂房租金还是一蹶不振。厂房租金不回升，不管成功地保什么，中国的经济发展不会好到哪里去。我认为，无论北京怎样花钱鼓励内需，厂房的租金是不会上升的。厂房租金上升是要回乡的农民再回到工业去。

因为上述种种，加上美国看来有转机，温家宝先生要开始煞花钱之掣，不要煞得太急，但要增加慎重与监管，因而花得慢一点是正着。

73

汤姆逊的金融灾难分析
二〇〇九年四月三日

周小川先生的魄力了不起。最近他一连发表了三篇文章，都有分量，其中一篇——《关于改革国际货币体系的思考》——提出以一种超主权的货币来作为国际的储备货币，有替代美元之意。（SDR何物有机会再谈；周先生的建议有局部替代美元的间接效果。）话题吵得热闹，要求我分析的读者及机构无数。

我认为周小川的建议有思考、有道理，但我反对。理由简单明确：在今天推出周小川的建议，有不小机会导致美元大跌（原因不浅）；如果美元大跌，有不小机会导致中国出现灾难性的发展（原因也不浅）。另一方面，在今天举世皆或大或小出现经济困难的情况下，对美国经济不利的，地球人类半点好处也没有。

本文发表的时间是公元二〇〇九年四月三日，地点是香港《信报》。立此存照：我愿意出钱打赌，一博一，周小川的建议如果成功地推出，中国会是天下第一输家。要跟读者博一手，赌一元吧——希望赌不成。

正要为文分析为何我反对周小川的建议，萧满章传来一篇汤姆逊（Earl A. Thompson）三月二十二日于《美国思想者》(*American Thinker*) 发表的文章，题为《关于衰退总统奥巴马需要了解什么》(What President Obama Should Know About Recessions)，是雷曼兄弟事发之后我读到的西方学者分析金融危机最具含金量的了。不一定对——问题太复杂，对或错不容易判断——但有新意，值得大家考虑。

汤姆逊何许人也？经济本科出自我的母校（UCLA），哈佛博士，回到母校任教职。此君就是我提过的一九六六年五月在会议中反对我的佃农理论最激烈的人。后来改变了，认为我对，大赞我的价格理论。大家很熟，当年争论他和我谁是功力较高的经济学者，互不相让，大家终于同意谁的乒乓球胜出谁的经济学问较高。我一连大胜十多局。当时每局二十一分，最后几局他无法过十。君子一言，快马一鞭，我的经济学问比他高明是那样决定了的（一笑）！

其实我和他之间经济学谁高谁低很难说。我认为他是天才，阿尔钦认为他是天才，据说布坎南也认为他是天才。此君的困难是不买账，不讨好，不留情面，口不择言。我认为这样的品性有其可爱之处，朋友一般不这样看。他的经济思维往往近于发神经，偶尔妙绝，一律创新！这里我要谈的文章也是新意无处不在，一时间我竟然找不到发神经之处。看来汤姆逊也老了。让我分点说。

（一）汤姆逊认为通胀对目前美国的困境有助。这与我三月二十日发表的《伯南克别无选择》说的差不多。可幸以美国时间算我比他早三天，否则读者可能认为我抄他的。他不可能抄我：此君高傲无比，打死也不会抄。可谓英雄所见略同吧。通胀这方面我说得比他大胆，认为美国联储不妨定下一个通胀率目标，刻意地把通胀推上去。另一方面，他可能比我乐观，对通胀的控制看得比我容易。

（二）汤姆逊认为美国联储去年暑期犯了一项大错：银行存进美国联储的储备，美国联储给利息。这导致算是银根（monetary base）的储备上升，误导市场以为货币量会上升，其实适得其反！我真的没有听过这一点，实情如何我没有资料，但逻辑上我找不到错处。

（三）汤姆逊指出，去年美国的 M1（市场的钞票加支票户口）上升是假现象。这是因为市民见形势不对头，把存在金融机构的资产转到银行去。这也是我没有听过的，也不担保是实情，但也找不到逻辑有错。

（四）这点更重要。汤姆逊指出，虽然银根与 M1 皆升，但去年开头十个月，市场的钞票量（即 M0）没有升过，有好几个月是下跌了，要到最后两个月才转为急升。我认为这点重要。通常大家对货币量的衡量，是看银根，看 M1、M2，甚至 M3。美国这次不幸的经验提示，可能最重要是看 M0——市场的钞票量。

（五）汤姆逊指出，美国的无数研究得到的结论，是在不景或萧条下，推出凯恩斯学派的刺激消费的财政政策效果甚微，而减税的效果甚大。这是因为财政花钱只能把资源的使用转移（crowding out），此长彼消，得不偿失也。我去年十一月八日发表的《北京出手四万亿的经济分析》的第八点，正好是指出 crowding out 这一劣着。我当时不反对"四万亿"，是因为（甲）北京投资的是提前及加速既定的项目，与（乙）因为新《劳动合同法》导致失业人多，项目赶工可以协助。如果当时读到汤姆逊这篇文章，我会大声疾呼，提出大手减税。我完全没有理由怀疑汤姆逊的减税远胜财政花钱之说，因为这些日子不少很有分量的经济学者对凯恩斯的乘数效应的估计使人心寒。不知北京的朋友能否在今天转轪一下？

汤姆逊没有分析我着重的美国金融制度出错的问题，也没有讨论我这个微观派掌门关心的美国工会与最低工资的问题。他的文章颇长，一半的文字用于申述他对三十年代大萧条的看法，既有新意，也有水平。央行的朋友不要错过这篇文章。

我老了，汤姆逊不可能不跟着我老起来。昔日的学术争议吵到乒乓球桌上去，今天给我温馨的回忆。四十多年过去，昔日在经济话题上是分歧的多，同意的少，但今天读汤姆逊，思故人，我不由得感到在学问的进取上，他可能胜于我。他是个纯真的学者，不断地追求，我也是。你追我追，四十多年后大家相比一下，不是很有意思吗？

话得说回来，江山易改，本性难移，你道在文章的最后汤姆逊建议奥巴马总统做什么？他建议奥巴马立刻炒伯南克鱿鱼！因为上述，汤姆逊认为伯南克犯错，罪不可赦！我曾经大赞伯南克，虽然在三月十七发表的《无锚货币与金融之灾》一文内，我指出伯南克二〇〇六年二月接掌美国联储后犯错。但我也指出，雷曼兄弟出事后我看不到伯南克有半步差池。汤姆逊也没有指出伯氏在这后期犯错，也显然认为最近美国联储大手购入美国债券的决定——即大手增加货币量的决定——是对的。跟我一样，他也看到美国的经济出现了一丝曙光。

希望有机会汤姆逊能到中国来，让我带他畅游神州。不知要在哪里才能找到乒乓球桌呢？

VIII 人民币国际化的考虑

74

金融中心上海将远胜香港

二〇〇九年四月十四日

不久前北京公布二〇二〇年上海将推出国际金融中心。二十一世纪看天下大势，上海是地球上搞金融中心的最佳地点。其实，上海要推出金融中心不需要等十一年：只要解除外汇管制，搞好人民币，不出两年上海会成为一个重要的国际金融中心了。外间的金融机构，或大或小地早就群集上海，而陆家嘴的商业大厦，不让华尔街，还在建造。从建筑物那方面看，陆家嘴超越华尔街指日可待（地球最高的商厦正在那里兴建）。万事俱备，只欠东风：要搞好人民币，要放开外汇管制。

国际金融中心大斗法，陆家嘴要斗的是华尔街，不是香港中环。不久前北京公布二〇二〇这个时间表，香港的关心人士说不怕不怕，香港不是与上海竞争，只是互相协助。胡说：互助当然；竞争也当然。上海人做生意是不会手下留情的。至于香港认为人才比上海多，商业法律比上海好，等等，我不同意。加上地理，我认为有一面倒的形势，上海应该胜来容易。关键是中国的央行对人民币的处理是否到家。分点说说吧。

（一）说过了，虽然时间一样，上海的太阳比香港早出一个小时。重要的。太阳早出可以早开市,先拔头筹。纽约的太阳比芝加哥早出一个小时,后者的股市搞不起。上海推出金融中心,香港及其他地方的股票及金融交易,可以在上海先开市。

(二)长三角的工业发展胜于珠三角,国际名牌云集于前者。另一方面,十多年来,无论空运、海运、陆运、通讯等发展,到今天,长三角达到的水平,尽属一流,不亚于世界任何地方。

(三)金融人才也是上海胜。这方面,我的判断是经验之谈。香港土生土长的商业及金融人才,不少是我教过的学生,而今天在四十五岁以下的,不是我教过就是我的学生教过,应该达八成吧。他们的水平我知道。不是说香港的学生不够好,不少好得很,但内地人多,淘汰下来能在上海打江山的一般优越。想想吧:内地的人口是香港的二百倍,能打进名校的是很小的一个百分率,其中选修经济或商科的很多。今天内地有不少学子令我见而生畏。可以这样看吧:初出道而又算是良材美质的青年,上海的月薪约五千,香港则要二万。十年前我们可以说内地优质学子的英语水平比不上香港的,今天我们只能说在发音方面香港的还占优,斗识字多则内地的略胜。但内地的懂普通话,中语文笔高出相当多,以电脑打简体字往往快得离奇。还有,在浙江一带的中年工商业人才,甚众,是我见过的最好的一群。

(四)高级的金融人才,今天当然是香港胜。这些专才大可移师上海。看另一面:国际金融危机爆发后,这些专才的命运使我想到杜牧写《金谷园》,落花犹似坠楼人也。正因为这个不幸的发展,陆家嘴与华尔街大比并,前者有机会胜出。那所谓金融衍生工具这个行业，看来日暮黄昏。动不动年入数百万美元的金融工作，不容易继续下去了。有理由相信，美国目前的困境过后，他们会把金融行业管得紧。大家不搞复杂无比的金融运作，上海占了甜头。

（五）搞金融中心，你道上海胜香港最重要是哪一点呢？我赌你猜不中。这是严格地说，港元没有自己的面目。钩着美元或转钩人民币，港元算不上是可以独当一面的货币。多年以来，港元在国际上打出一点名堂，算是了不起，但要搞出一个举足轻重的国际金融中心，自己的货币可以独当一面非常重要。

回顾历史，英镑曾经雄视地球，今天还清楚地有自己的面目。伦敦是世界级的金融中心，有其因也。美元的成功故事不用说，面目得来不易，带起华尔街。七十年代日元呼之欲出，一时间东京红得发紫，可惜政策出了大错，一蹶不振二十多年了。欧洲采用欧元之前有三几只货币有看头，但国际上不成大器。今天的欧元有面目，但金融中心没有国籍名堂。再者，金融危机出现后，欧元能否保得住是问题，因为不同的国家需要有不同的货币政策。当年弗里德曼反对蒙代尔的欧元建议就是为了这一点。

要搞起一个重要的国际金融中心，货币有自己的面目重要。这是说货币需要是一个名牌，有公信力，容易被各方接受为结算单位。弱币不成，强币较好，但太强也不成。与物价水平衡量，币值稳定重要；国家本身的生产力可靠也重要。人民币有十三亿多人口的可靠生产力支持，过了一个难关，而如果依照我多次建议的以一篮子物品为人民币之锚，物价当然稳定，所有难关都过了。这里要说的，是不久前周小川先生提到凯恩斯三十年代建议的以三十种物品为货币之锚，与我建议的方法不同，施行会有困难。我建议的要点，是为锚的一篮子物品要化为任何人可以大约地在市场自由成交的物价指数。这是重点，我解释过多次了。

二〇〇六年五月十六日，我发表《是港元转钩人民币的时候了》。今天看，港方不接受是大错：外汇储备与银行输多了多少是一回事，香港市民这几年买贵米是另一回事。最近转钩人民币之声再起，曾特首说要等到人民币自由兑换才可转钩。不对。在钞票局的制度下，转钩人民币要有足够的人民币储备，不多，而就算是不少北京没有理由不支持。自由兑换搞国际金融中心需要，搞钞票局不需要。一九八三彭励治考虑钞票局时，我参与研讨，是过来人了。

目前看，如果上海推出国际金融中心，香港要比得上是不可能的。不得已而求其次，要作为一个重要的金融辅助中心的机会还好。争取这机会，香港要转用人民币！单是转钩而不转用不足够。这是因为一旦人民币成功地杀出国际市场——这是国际金融中心的一个重要的衡量准则——港币还是依然故我，单从金融这方面看，上海与香港之别，会有点像今天的香港与澳门之别了。

（六）最后要说的是司法或法治的问题。不能否认，从司法的整体看，香港远胜内地，而内地急起直追也要长时日。问题是从金融本身的法治看，范围小很多，我有理由相信上海可以做得好。这一点，读者要细读我去年发表的《中国的经济制度》一文。上海是一个城市，是一个地方，不是一个国家。依照中国的经济制度，作为一个地方，上海搞金融中心会有很大的政策及金融法例的自主权，加上央行的协助，做得有成果北京多半不会插手。这些年我对上海干部的本领打高分。批评永远容易，但上海的成就有目共睹，不可能是无能之辈的作品。

陆家嘴能否与华尔街一较高下，或起码达到地球的第二金融重镇，关键问题不在上海，而是在北京的央行。人民币是央行处理的，面目如何，牌子如何，上海作为国际金融中心也如何。其他条件上海一律足够。这几年我担心央行可能担心得太多了。

75

金融中心：北京还在等什么？

二〇〇九年五月十二日

拙作《金融中心上海将远胜香港》（二〇〇九年四月十四日）发表后，读者差不多一致同意。该文提出的第五点，行内的朋友拍案叫好。我是这样写的：

"搞金融中心，你道上海胜香港最重要是哪一点呢？我赌你猜不中。这是严格地说，港元没有自己的面目。钩着美元或转钩人民币，港元算不上是可以独当一面的货币。多年以来，港元在国际上打出一点名堂，算是了不起，但要搞出一个举足轻重的国际金融中心，自己的货币可以独当一面非常重要。

"回顾历史，英镑曾经雄视地球，今天还清楚地有自己的面目。伦敦是世界级的金融中心，有其因也。美元的成功故事不用说，面目得来不易，带起华尔街。七十年代日元呼之欲出，一时间东京红得发紫，可惜政策出了大错，一蹶不振二十多年了。欧洲采用欧元之前有三几只货币有看头，但国际上不成大器。今天的欧元有面目，但金融中心没有国籍名堂。再者，金融危机出现后，欧元能否保得住是问题，因为不同的国家需要有不同的货币政策。当年弗里德曼反对蒙代尔的欧元建议就是为了这一点。

"要搞起一个重要的国际金融中心,货币有自己的面目重要。这是说货币需要是一只名牌,有公信力,容易被各方接受为结算单位。弱币不成,强币较好,但太强也不成。与物价水平衡量,币值稳定重要;国家本身的生产力可靠也重要。人民币有十三多亿人口的可靠生产力支持,过了一个难关,而如果依照我多次建议的以一篮子物品为人民币之锚,物价当然稳定,所有难关都过了。这里要说的,是不久前周小川先生提到凯恩斯三十年代建议的以三十种物品为货币之锚,与我建议的方法不同,施行会有困难。我建议的要点,是为锚的一篮子物品要化为任何人可以大约地在市场自由成交的物价指数。这是重点,我解释过多次了。"

这里要说的,是北京不久前公布会在二〇二〇年在上海推出国际金融中心。那是十一年后,他们在等什么?不明白北京的朋友怎样想。经济的发展历来千变万化,见一步走一步要反应快,要判断准。搞金融中心可不是搞北京奥运,不是要按着既定的时间表进行的。金融中心早就应该搞,而对中国来说,数千年来,最有机会达大成的时机是今天。夜长梦多,再等是劣着。让我分点说说吧。

(一)搞国际金融中心最重要的条件是没有外汇管制——即是说,外人要多少人民币皆可按市价购买,其进、出口政府一律不管。搞国际金融中心,有汇管不能搞。这里有一个传统的谬误,虽然我认为是维护某些利益团体的藉口。这是有些人认为放开汇管要等到什么时机成熟云云。是大错。已故的香港财政司郭伯伟曾经对我说,二战后,香港有关当局也认为需要有汇管,放开要等时机成熟。但他们当时不知怎样管,于是不管。后来见不管的效果好,就想也不再想了。

二十年前，弗里德曼最执著的是中国立刻解除汇管。他对我举出人类历史无数的汇管为祸的例子。后来北京把汇管放宽了不少，但不少沙石今天还在。要是中国没有放宽汇管，不会有今天。目前看，全部放开是搞国际金融中心的先决条件。

我不要在这里指出哪些团体或机构因为人民币有汇管而获利，但要指出一点北京朋友信奉的，是神话。他们认为汇管可以阻止资金外流。其实不然。汇管可以阻止或妨碍的是生意的正常运作，要把资金搬出国外的人总有办法。几个月前美国的国务院公布的中国投资于美国金融的数字，比中国央行的估计高出一倍！

（二）像中国这么庞大而有经济实力的国家，搞国际金融中心大有可为。但要打出名堂，人民币在国际上要成为名牌，要有自己的面目，不容易。数千年来，中国货币能打出名堂的成功机会最高是今天。这是因为国际金融大乱，人民币推出去会给国际人士在保值上多了一个选择，何况炎黄子孙满布地球，给祖宗一个面子我是相当肯定的。

自由地放人民币到地球云游四方，国家赚钱，有需要时收回就赚了利息。另一方面，放人民币出去不是要在国际上取代美元或其他先进之邦的名牌货币，而是因为我在《人民币的故事》（二〇〇九年三月三日）指出的一个重要观点：

"目前的形势是，因为这些年落后之邦发展得非常快，先进之邦如在梦中，从汇率的角度衡量，前者与后者之间出现了一个很大的断层，连接不上了。上层之间有竞争，下层之间也有竞争，但上层与下层之间的竞争是脱了节的。北京的朋友认为可以容易地打上去，推出腾笼换鸟，失之轻浮。治安转劣，是腾笼换贼乎？回乡归故里是连笼子也换了吗？"

目前看，上述的"断层"很现实，但向前看，这断层早晚会收窄，会平服下来。因为这些年发展中国家的生产力上升得快，而先进之邦的法定最低工资高企不下，需要的过渡期会为时甚久。人民币放出去，其他落后之邦或发展中国家的货币，不直接或间接地跟着人民币走是很愚蠢的。我反对中国做什么发展中国家的一哥，也反对中国要领导世界什么的。但我肯定今天把人民币放出去，会协助发展中国家的发展，从而可以远为容易跟他们贸易而获利。

（三）这就带来另一个重点。自二〇〇三年起我极力反对人民币兑美元升值，同时解释过多次，这反对不是人民币兑美元的本身，而是其他发展中国家的币值跟着美元走，人民币兑美元升值，于是兑其他竞争国家的货币也升值。解除汇管，人民币自由进出，发展中国家多了一个重要的选择，情况会很不相同。

这是说，依照我解释过的，一九九七的亚洲金融风暴之后，发展中国家的币值与人民币达到了一个均衡点，成为一个层面，跟着的发展是这层面与先进之邦的币值层面出现了一个相当大的断层。如果人民币独自在国际上提升，对中国的竞争力会带来灾难性的影响。人民币有外汇管制，不放出去，亚洲的发展中国家没有选择，跟着美元走，人民币兑美元升值是劣着。但如果央行解除汇管，让人民币自由外流，聪明的发展中国家会把其币值跟着人民币走，或起码会重视与人民币汇率的调节，也会考虑以人民币作为他们的一部分外汇储备。读者要知道，任何国家都可以随时选择及调校他们的国际币值。这调校要考虑到自己的竞争力、国际贸易的利益与国民收入的实质享受。这也是汇率在市场浮动的主要功能。如果大有差池，不按经济原则处理自己的货币的国家，执政者是要下台的。

这些年我担心因为中国有汇管，人民币兑美元升值等于兑其他发展中国家的货币升值，在竞争中会中计。解除汇管，让发展中国家多了人民币的选择，他们不按经济原则处理币值，不维护自己的外贸利益，中计的就转到他们那边去。这也是说，只要人民币解除汇管，稳定着自己的货币的购买力，避开了不可以接受的通胀或通缩，美元兑人民币怎样变动中国大可不管。中国要管的是与其他发展中国家的互相得益的竞争，而如果人民币不自由放出，他们的币值老是跟着美元走，中国不能不管人民币兑美元是何价。

上述的道理不浅，但属一等的经济分析。是纯正的价格理论。纵横学问五十年，我认为除了价格理论，可取的经济学没有其他。

（四）人民币解除汇管，有机会带来另一项麻烦。以小人之心度君子之腹，四方君子可以凭炒买炒卖来扰乱人民币在国际市场的运作。机会不高，也不难处理。中国要稳定人民币对物品的购买力，而最简单的方法是用我建议过无数次的、把人民币与一篮子任何人可以在市场直接成交的物品指数为货币之锚，也即是与这篮子物品的价格指数挂钩了。肯定可行，我解释过多次，这里不再说了。人民币下了这个锚，对任何货币的汇率皆自由浮动。这样，在货币的话题上，中国是不怕任何扰乱的。

这里要说的，是如果人民币与一篮子物品为锚，其他发展中国家的币值会跟着人民币走的意向一定激增，而某程度他们选用人民币作储备也可以肯定。这些判断我乐于赌身家。

（五）也说过多次，无锚的货币制（fiat money）不可取。这一点，不少经济学者同意，只是以大国而言，他们想不出怎样把货币下一个固定的锚。十多年前跟进朱镕基的货币政策时，我霍然而悟，想出了可以用一篮子可以在市场成交的物价指数为货币之锚。

八个月来，为了跟进地球金融危机而读到不少美国行内专家的货币言论，更证实了无锚货币不可取之见。这些专家不少是老朋友，他们的学问我历来欣赏。无锚货币的困难他们当然知道，但在美国现有的经济结构下，转用我提出的下锚制不容易。欧元可以采用，而人民币采用是更容易了。

无锚货币的一个无可救药的缺点，是适当地调控货币量难于登天。这些年美国联储用上调控利率的方法，基本上是价格管制，违反了费雪的不可能错的分析，也违反了价格浮动是引导资源使用最重要的功能。我曾经指出，美国的次贷之灾的其中一个主要起因，是美国联储把利率辘上辘落。利息是提前消费或提前投资之价，利率应由市场决定，央行不要管，但这重要的市场利率运作，是要在人民币下了一个可以在市场运作的锚才可以安枕无忧。

我明白如果把人民币下了一个稳定的锚，让利率自由浮动，央行调控经济的权力会大幅下降。这是正着：市场的运作一般可靠，远胜政府的左右。不是说政府不要管经济：应该管的事项多得很，但该管的不管，不该管的却干预频频，出错的机会十之八九也。

上海搞国际金融中心，原则上是前途无限的。要放开汇管才可以搞，而央行的工作会转到另一些重要的事项去。央行还在等什么？北京的朋友还在等什么？国际金融中心是那么重要的工程，有大成可勒碑志之，北京今天的领导人为什么要把这样重要的功绩推到接班人那边去？他们为什么要糊里糊涂地把自己的名字押在新《劳动合同法》这项劣着上？难道将来的历史怎样写对他们不重要吗？

76

复杂的问题要简单地处理
——语周小川先生

二〇〇九年五月十九日

拙作《金融中心：北京还在等什么？》二〇〇九年五月十二日发表后，有头有脑的朋友一致赞赏（一笑），认为很有说服力，而网上客近于一律支持。难得的是一位北京的朋友看得出该文是综合了几年来我对货币与汇率的思维。说"难得"，因为我自己也不知道是作了一个庞大的综合，要得到该友的提点，自己反复推敲，才知道他说得对，没有一点漏网。其实早就要写该文，但认为变化多，恐怕读者不明。最近为了一些事，也为了要赶书展结集成书，赶出该文，无意间把这综合写了出来。朋友说写得清楚。

本来打算以该文作为结集的末篇，但周小川先生于五月十五日发表了一些"放开"言论，两位朋友说是受到我十二日的文章的影响。我细读周先生的言论，认为不是。周先生有他自己的见解，而这次我认为他说得不错，把一块大石放下心头。放开汇管，搞国际金融中心，周小川无疑是中心人物，如果他不懂，或乱来，后果不堪设想。这次周先生的言论，我不同意的是《信报》的大字标题：《周小川：沪港合作建金融中心》。不同意，但认为是政治上的需要才那样说。正确的经济分析是：合作当然，竞争也当然，市场的运作会带动这些行为，政府不用多管，而周先生说的"配合、取长补短"，也是市场会自然而然地处理的。政府多管，扰乱了市场的运作，会有大麻烦。应管的不管，不应管的却管了，是愚蠢的行为，虽然我明白这些行为一般其实不蠢，而是某些利益团体在幕后操作。

纵观这几年周先生的政绩，骂过的不再说，我认为他处理问题是偏于向复杂的层面走。这不对。如下是我对中国处理国际金融中心的简单处理的看法：

（一）放开或解除所有汇管很容易：公布、放开，就是了。连带着这放开要让国际汇率自由浮动，但要先给人民币下一个锚才安全。历史上出现过无数放开汇管而不让汇率浮动的例子，以外汇储备应对，短期可以，长期可以是灾难。

（二）印制面值五百元的人民币钞票，千万不要忘记把一些英文字放上去，只印 RMB 三个字母应该足够。几年前我提出过这两点，央行可能早就办好了。

（三）要先给人民币下一个固定的锚才让所有汇率自由浮动。不要用外币为锚。我提出过的以一篮子物品为锚是最佳的选择。这篮子的物品为何，比重为何，是央行的重要工作。

（四）放开汇管，把人民币无限量地放出去，换回来的是外汇。有了一篮子物品为锚，不仅外间的好事之徒难以兴风作浪，央行的外汇进账会是很可观的。可以赚很多，但央行不要贪图这些，而是要把这些赚（换）来的外汇放在一个独立的储备基金，与央行现有的外汇储备分开。这独立基金的钱是要作投资的，要避开金融或外币的投资。下注要着重于实物，例如矿物或矿藏之类。这独立基金的存在会增加外人对人民币的信任，因为他们知道这基金是用作维护人民币的币值。

（五）容许所有外地的金融机构到中国开业，不要再搞什么关系游戏了。关键问题不是外资的资格够不够，或资本够不够，而是投资者的权利有没有足够的保障。中国搞责任承包搞了那么多年，不可能不知道怎样做，外间怎样处理是外间的事，北京要设计自己的金融责任制。科斯的权利界定的观点重要。他说的是资源使用的权利界定，用之于金融也适宜。记着，处理责任界定与权利界定要简单，要清楚。

（六）人民币要成为一个国际货币名牌，要基于国际人士的信任。所谓面系人哋俾，架系自己丢。与一篮子物品为锚重要，更重要是中国的生产力。二〇〇二年我在南开大学说过，真正支持人民币的本位是刻苦耐劳而又聪明的中国人。这方面我们有十三亿多，冠于地球，要怎样发挥这十三亿多的生产力是北京的重要工作了。

（七）如有需要，北京不妨设立一个外汇对赌基金，赚一些炒家的钱，在国际上做点善事。

（八）听说周小川先生喜欢聘用外地的顾问，这点我是反对的。我认为不熟知中国的经济体制的人没有资格作什么建议。最近的金融危机显示，美国的金融专家很懂得为自己赚钱，但论到重要的金融与经济体制的合并运作，他们近于一无所知！中国的经改有成是中国人自己搞起来的，搞金融中心也要相信自己的智慧。

不少人会羡慕周小川先生的位置。他现有的职位可以替国家做一件很重要的事。国际金融中心做得对,做得好,无疑是中国经济改革的一个里程碑。今天是数千年一遇的大好时机,错过了,将来的历史评价会是很尴尬的。

77

从萨缪尔森与他的中国观说起

二〇〇九年六月三十日

（五常按：此文原文的上半部叙述萨缪尔森的一些有趣典故，篇幅所限，要割爱。）

几天前萧满章传来萨缪尔森最近的一篇专栏，其中提到中国。这一趟轮到他怕（一笑）。这两年中国本身的发展其实不好，但金融风暴对中国的祸害，虽然明显，却没有先进之邦那么大。这使西方的经济学者纷纷对中国在国际上的等级排列改观。萨缪尔森认为在不太长远的将来，领导世界经济美国可能要退居次要的位置，在中国之后，于是建议他认为属一等的奥巴马人马作点准备。这点我不同意：中国的学术与知识水平跟美国还相差甚远，要赶上遥遥无期。历史的经验说，学术水平不足是无从领导世界的。差一点可以，差太多不成。昔日小小的英国，雄视地球逾百年，学术水平了不起是主要原因。这些年我对中国的高级教育发展很失望。

萨缪尔森提到，在国际贸易收支失衡的情况下，美国很可能走上保护主义的路。我认为如果奥巴马的政策成员真的有萨氏说的水平，保护主义是不会出现的。这是因为今天的世界与二十年前的很不相同：开放而又满是廉价劳工的发展中国家无数，在产品的成本上这些国家与先进之邦出现了一个差距很大的断层，"保护"对成本高的国家会带来灾难性的发展。好比如果禁止或约束中国的玩具进口美国，进口商会转到印度等地方购买，就是对所有国家封杀也不容易找到投资者在美国设厂制造玩具。这是说，今天，保护主义的有效施行是要全面性的：国际要全面，制造品也要全面。这样一来，美国的物价大幅上升不会被消费者接受。

我认为先进之邦是做梦做得太久了。工会的势力没有明显地减弱，而美国还打算今年七月再提升最低工资。二十年来，我眼白白地见到美国的电视、音响、冰箱、电脑、钢琴、成衣、洗衣机等，逐步在国际市场上消失。这几年轮到汽车，飞机的不吉日子恐怕不会太远吧。长此下去，先进之邦的学术高士与科技专才也会大量外流。解散工会及撤销最低工资是政治上行不通的好路向，但我还是认为先进之邦真的要考虑在制造业这方面他们需要这样做。

萨氏最关心的一点，我有同感的，是美元的前景不妥。如果美元暴跌，中国会首当其冲地受害。北京的朋友要怎样应对我写过了，不再说。我认为目前美元还算稳定，主要是因为美国的通胀搞不上去。

弗里德曼的货币理论奇怪地遇到一个大麻烦。去年九月雷曼兄弟事发后，联储局反应快，胆够大，把银根（monetary base）推得垂直上升，其升幅之高，之快，是从来没有见过的——相近的也没有。但币量的升幅不怎么样，而消费的升幅是更慢了。看不到有什么"流动性陷阱"，只是银行不大愿意借钱，借贷利率跌得少。我曾经以讯息费用作解释。这是说，金融危机出现后，银行变为惊弓之鸟，借钱倍加谨慎，在此同时，顾客还钱的本领的讯息困难及抵押品的市值的讯息困难是增加了。这解释有经济内容，但在细节上的变化不容易拿得准。很不幸，目前的联储局走上了商业借贷的路。逼于无奈，但长此下去会是灾难性。

我认为百分之八左右的通胀率，对美国目前的经济困境会有很大的帮助。最近的数据显示，通胀推不上去。另一方面，银根升得那么高，长此下去，急剧的通胀早晚会出现。联储局能否及时约束是重要的考验了。今天我认为，通胀对银根暴升的反应沙石愈多，到通胀明显地出现时，能成功地及时约束愈困难。我们因而不能排除恶性通胀，甚于上世纪七十年代的，有机会在美国出现。这会是很大的不幸，因为美元与美国债券一定会暴跌。

几天前，联储前副主席 Alan S. Blinder 教授发表文章，认为未来两年美国不会有通胀，甚至可能有通缩。他聪明地以不同性质的美国债券的孳息利率作比较，认为市场的通胀预期是很低的。然而，追查美国上世纪七十年代的经验，大家会知道市场的通胀预期可以在几天之内甚至一夜之间急变，而孳息率的高企甚至上升可以相当持久地与货币量的收缩及通胀率的下降脱节。当年在美国债券市场上输钱的经济学者无数。另一方面，美元可以因为外围的因素而大跌，而这大跌会促使美国的通胀急升。无锚货币（fiat money）是非常头痛的货币制度。在时间上通胀的调控很难拿得准，何况这次金融危机的性质是以前没有遇到过的。是的，在最近一片对美国审慎乐观的声浪中，我不敢看好。那里的情况变得太复杂，太混乱。我们有理由相信，美国的经济制度开始恶化。

今年一月六日我发表《救金融之灾有三派之别》，指出有宏观派，有货币派，也有区区在下的微观派。跟着一月十三日我给货币派六个月的时间发挥。今天六个月的期限快到了。看来弗老的货币观是要修改一下的。

78

从日本的经验
看地球一体化的不幸形势

二〇〇九年七月七日

上文写《从萨缪尔森与他的中国观说起》，字数超越了篇幅，不想把题材分期，又不愿意少说一点我对萨缪尔森的回忆（按：这回忆太长，本集收存的已删去），以致该文后半部的分析是过于简略了。较为详尽的分析读者大都可从其他文章找到补充，但有一点，重要的，此前我没有写过，行内的众君子也未曾提及，这里补充一下吧。

该文有一段是这样说的：

"萨缪尔森提到，在国际贸易收支失衡的情况下，美国很可能走上保护主义的路。我认为如果奥巴马的政策成员真的有萨氏说的水平，保护主义是不会出现的。这是因为今天的世界与二十年前的很不相同：开放而又满是廉价劳工的发展中国家无数，在产品的成本上这些国家与先进之邦出现了一个差距很大的断层，'保护'对成本高的国家会带来灾难性的发展。好比如果禁止或约束中国的玩具进口美国，进口商会转到印度等地方购买，就是对所有国家封杀也不容易找到投资者在美国设厂制造玩具。这是说，今天，保护主义的有效施行是要全面性的：国际要全面，制造品也要全面。这样一来，美国的物价大幅上升不会被消费者接受。"

让我从日本说起吧。五十年前，日本的制造品在国际上开始发难，价廉，且质量不断改进。先进之邦斗不过，约十年英国输得面目无光，继而美国及西欧。在保护主义的压力下，日元大幅升值。记不清楚时日，也不记得过了多久。记得的是日元从三百六十兑一美元升到八十兑一美元，上升了百分之三百五十！这就带来一个经济奇迹：日元上升了那么多，但日本的产品还在国际上畅销，还是满布地球。日本当时继续有贸易顺差不奇，因为弹性系数有决定性，但出口产量依旧强劲却是奇迹。相比之下，两年前人民币兑美元只上升了百分之十强，中国的厂家就遇到困难，在新《劳动合同法》引进之前好些工厂开始关门了。

日本当年的际遇与中国今天的际遇大为不同，可不是因为中国产品质量的改进速度比不上人家，而是五十年前落后国家的制造品能大量地攻进先进之邦的，只有一个日本。日本的人口一亿多。七十年代加进亚洲三小龙——香港、台湾、新加坡——八十年代再加上第四小龙——韩国。连日本一起算，这些新兴之区的总人口只约二亿。世界人口是五十亿强。

拉丁美洲的际遇历来风风雨雨，这里不说。地球一体化始于三十年前中国开放改革，跟着是印度，再跟着是苏联瓦解，东欧参与国际竞争，又再跟着是越南、非洲及那些"斯坦"之邦。这是说，三十年来，参与国际竞争产出的人口增加了不止三十亿（劳动人口当然较少），比日本与什么亚洲小龙的人口多了十多倍！六年前，美国的商场满是中国货，但当人民币兑美元只升约百分之十，那里的商场不同国家的

从日本的经验看地球一体化的不幸形势

从日本的经验看地球一体化的不幸形势 459 品牌无数。

想当年，日本的国际竞争形势与今天的中国很不相同。在缺少发展中国家的竞争下，日本承受得起先进之邦的保护主义，而他们选择让日元的国际币值大幅提升，换取先进之邦不大加进口税，是明智的选择。可惜跟着的处理出现了问题。是的，跟着而来的日本故事是悲哀而又有趣的学问了。

是经济学博士生也不容易考得及格的问题。当年日元兑美元上升了百分之三百五十，日本货还是销售得好，失业率没有多大变动，经济整体的均衡点要怎样调整才对呢？答案是三方面的合并：提升外汇储备，提升工资，提升租值（是经济租值，见拙作《供应的行为》第二章第三节）。日本的外汇储备无疑是大幅提升了，但从他们经济整体的实力看，微不足道。工资提升得快，而当时的日本，终生雇用的合约安排普及，这提升主要是以分花红的方法处理。当年日本员工的"分红"的夸张，使举世哗然。

是在租值大幅增加的发展中，日本当年的政策闯大祸！他们变本加厉地禁止农产品进口——这是增加租值的一种方法。七十年代后期我路经日本时，在一间高级零销店见到如下的定价：一只番茄五美元，一粒温室葡萄一美元。我带两个孩子到可能是最高档次的花园餐馆进午餐，最相宜的套餐每位美元一百五十。

明治维新之前的德川时代的大地主们的财力，百多年后还存在。他们要地价高，而禁止农产品进口是非常有效的方法。七十年代日本的工资急速提升，主要通过分红制，有需要时下调不困难。然而，房地产的价格（属租值）上升，下调却不容易。有两个原因。其一是在政治压力下，农产品进口不容易解禁。其二是房地产一般押进银行借钱，水涨船高，借贷大幅上升。一九八五年，日本的房地产价格比香港的高出不止一倍。

大约一九八六我发表《日本大势已去》，年多后，我见中国的发展有看头，接受邀请在日本的《朝日新闻》的头版发表了一篇对日本经济前景不看好的文章。由他们翻作日语，而据说《朝日新闻》是当时日本的第一大报。好些日本朋友读后不开心。

这就带来另一个有趣的经济现象。日元兑美元大升了好几倍，以美元及先进之邦的币值算，日本的人均收入很快就与先进之邦打成平手。但因为工资与租值跟着大幅上升，在禁止农产品进口的局限下，日本人的实质生活水平其实升得远没有那么高。这个发展，促使七十年代至大约一九八七年，日本人大手调动资金到外地做房地产投资，到泰国等地投资设厂的也无数。这些投资一般不是那么理想——日本要到九十年代初期开始进军中国才算是有所斩获。美国的朋友应该记得，七十年代后期与八十年代初期，美国的国际机场满是日本学生及小孩子。这是日元大幅上升给日本人民带来的利益了。

一九八六年底或八七年初，日本的房地产市场终于崩溃，不到一年大城市的高级商业楼宇下跌了百分之八十以上。这导致那里的银行纷纷步入困境。通缩出现，经济不景大致上持续到今天。这个日本不景现象连带着的，是那里的货币量推不上去。弗里德曼很关心这个发展，他谢世前数年几次跟我谈及日本的货币政策问题。日本有关当局不放宽银根困扰着他。到二〇〇一，弗老说日本可能有转机。我的看法不同，但没有向弗老提出自己当时还是有点模糊的见解。

我认为德川时代的地主演变成为后来的资本家的后代，不少是日本的国会议员。他们反对日元贬值。这个意向与放宽银根及搞起通胀是背道而驰的。另一方面，经过那么多年的向外投资的发展，维护日元的强势是需要的。君不见，几年前日本的舆论就出现了"日日贸易"之说：日本输出物品到中国去给那里的日本人及厂家，日本在中国的厂家的产品输出到日本去。这个有趣的舆论是正面的，大有感谢中国之意。

这就带来本文要说的重点。日本的经验，是日元大幅升值，以先进之邦的币值衡量，日本的人均收入水平很快就追上先进之邦（实质生活水平是另一回事）。但日本只有一亿多人口，先进之邦可以不困难地把他们的国民收入拉上去。香港昔日只五百万人，七十年代工业起飞，一九八二年初港元兑美元升至五兑一，也同样地把香港的人均收入拉上去。差一点的有台湾，有新加坡，到了八十年代再差一点的有韩国。说过了，连日本在内，这些算得上是有成就的发展中地区的总人口只约二亿，先进之邦可以维护自己的工会与最低工资而在某程度上把这二亿人的人均收入拉上去。

今天的地球局限有了大变。自中国开放改革以还，新兴的发展中国家的人口不止三十亿。增加了那么多的穷人参与国际产出竞争，先进之邦是拉不上去的。拉不上去，先进之邦不能不面对下面由无数廉价劳力组成的低成本断层。上层不撤销工会与最低工资，早晚会被下层拉下去。撤销工会及最低工资会使上层的租值上升，原则上可以稳守。这是因为依照比较优势定理，先进之邦在没有工会及最低工资的约束下，大量廉价劳力参与国际竞争会使他们的知识租值大幅提升。这是经济学，可惜今天失传了。

我希望读者明白，今时不同往日，先进之邦再推出保护政策是愚蠢的，因为一定要很全面才有效，而这样做会无可避免地带来他们不可以接受的物价大升，知识租值会消散得快。另一方面，六年前我坚决反对人民币兑美元升值，主要是因为我看到中国要面对的世界，与日本当年面对的很不相同。

（按：本文引用的所有资料皆凭记忆，错漏难免，但大致上应该对。）

79

美国的近况与伯南克的货币观

二〇〇九年八月十一日

美国的金融危机事发近一年，那里的经济发展怎样了？近来"见底"与"复苏"之声不绝于耳，然而，从萧老弟满章传来的几篇名家评论看，我还是看不到有突破性的转机。评论多，观察众，老人家一文难尽。其实发展到今天，我的感受是这次金融危机早就成为一个沉闷的话题，是个闷局，失却了十个月前的紧张刺激。

首先要说一下七月二十三日 Alan S. Blinder 在《华尔街日报》发表的评论，有点新意。此君是普林斯顿大学的经济教授，曾经是美联储的副主席，来头不小。该评论题为《The Economy Has Hit Bottom》，看来是好消息。文中的新意，是好消息与坏消息其实一样！作者说美国的房地产发展、汽车工业、商业投资等重要项目，一年来下降了大约百分之四十，跌得惊人，只要不继续下跌，在统计数字上国民收入会止跌回升。逻辑简而明：经济数字可以不断地上升，但不可以无止境地下跌——跌到零也是个止境。如果几项重要数据一起止跌，以他们的按季算法经济回升在所必然。该文有一段文字可圈可点：

"现在要说到重点了。上述的事（止跌）不是一种可能，而是肯定的必然。唯一问题是时间,这一点我们只能猜测。如果上述几项与国民收入有重要关联的数字巧合地一起止跌,我们会见到有一两季大幅的经济增长。"

作者在评论的最后提到,美国七十年代的大不景于一九八二终结时,该国一连出现了六季每季的国民收入平均增长百分之七点七的复苏现象。这是有名的里根总统掌政下的经济奇迹,先进之邦的经验似乎只这一次。Blinder 跟着说:"今天没有谁认为这样的历史会重演。"无可置疑,这次因为金融体制出现了大问题而带来的经济困境,比七十年代因为越战及尼克松推出价格管制带来的经济困境来得严重。另一方面,一九八○上任的里根,弗里德曼认为是美国历史上的最佳总统。今天奥巴马只上任了几个月,作判断还太早。当年的里根是一个坚守原则及信念的人,在重要的政治人物中百年难得一见。但这不一定是挽救经济危机需要的条件。

转谈目前的联储主席伯南克。此君最近(七月二十日)发表的《联储的退出战略》(The Fed's Exit Strategy)是一篇触目的文章,显然是为了回应无数担心他的货币大放政策会使通胀重来的学者。论功过,我认为几年前伯氏上任后继续几次把利率提升,跟着持久不下,是做错了。虽然我认为当时不提升甚至减低利率,两年前的次贷之灾多半不会出现,然而,美国的金融制度有很大的问题,或大或小的麻烦早晚会出现。另一方面,去年九月雷曼兄弟事发后,我认为伯南克的反应快,够勇,放宽银根做到尽,也应该那样做。再跟着伯氏决定由联储局提供某情况下的商业借贷,可以争议,但形势所迫,出于无奈,难以厚非,问题是要怎样善后才对。

伯南克最近提出的为了回应不少人认为将会出现的通胀的"退出战略",基本上我是不同意的。我认为在目前的情况下,美国需要有适当的通胀。更重要的,是美国的市场需要有某程度的通胀预期(inflationary expectation)的再形成。要压制通胀不易,也不太难,但要鼓励通胀重来,鼓励由通胀预期引起的行为,能适可而止地处理是非常困难的事。是的,我认为在目前的困境下,美国要搞起经济而没有通胀近于不可能。某程度的通胀他们应该接受,而更重要的是那里的市场需要有某程度的通胀预期。此预期也,一旦形成,"退出"谈何容易!要适当地操控,操控得准,是大难题。我曾经说过,今天的美国应该接受百分之八左右的通胀,但怎样推上去才对与怎样操控通胀预期是深不可测的学问。

不要再管宏观分析吧。从微观的价格理论看经济整体,有关的主要变数来来去去都是那几个:工资、租值、资产价格、经济增长率、利率、币值等。息息相关,动其一不可能不牵动其他。怎样处理要讲经济学的功力了。我同意格林斯潘的看法,美国目前需要的是提升房地产的市价,即是资产价格的一种,但因为我提及过的讯息问题,联储减息不容易生效。再者,因为三年前定了下来,今年七月二十四日美国的最低工资再提升百分之十一左右。这是雪上加霜,虽然有些地区的最低工资超越了国定的,不受影响。

在上述的情况下,最容易提升资产价值及抵消最低工资上升的方法是让通胀上升。明显的升幅会导致美元币值下降,债券下跌,利率上升。这些不幸近于无可避免。这方面,中国的人民币再紧钩美元是帮美国一个大忙。也帮中国自己一个小忙(读者猜一下吧),虽然长此下去,紧钩美元对中国是不利的。

几天前美国传来一项重要的消息：美国的房地产市场开始明显地复苏，势头很不错。了不起，因为这现象与最低工资的提升是合不来的。这现象显然起于联储大手放宽银根终于有了回应。这点重要，因为楼价上升会减低银行借贷的讯息费用，从而鼓励银行借钱出去的意向。市场利率与联储利率的差距是会加速收窄的。

美国的楼价上升重要，因为会协助减低毒资产的"毒"性，从而使那里的金融制度比较容易修改。这方面，从年来读到的美国数据衡量，我恐怕那里的楼价要上升百分之二十以上才有作为。是简单的数字游戏：如果楼价下跌了百分之五十，回升百分之二十还是下跌了百分之四十。

我不知要到何年何日美国的经济学行内的众君子才能同意我今天之见：无锚的货币制度（fiat money）不可取。弗里德曼当年支持这制度，主要因为：一、他认为一个大国的货币不可以下一个固定的锚；二、他反对财政政策（fiscal policy），支持货币政策（monetary policy），而有锚的货币制度是没有多大动用货币政策的空间。我解释过多次，用一篮子可以直接地在市场成交的物品的物价指数作为货币之锚，是可行的，政府本身不需要有该篮子物品的储备。这样下锚，政府也没有多大的运用货币政策的空间。

我反对采用货币政策。美国多年来的货币政策带来的多次不幸，有力地支持着我的观点。我也反对政府采用财政政策——这方面，我完全同意弗里德曼的观点。是的，我认为货币政策与财政政策，二者可以不用都不要用。我坚信货币的用途是协助市场交易及财富累积，不应该涉及其他。我支持的政策，是政府以修改的方法来搞好经济制度的运作。这要把市场的运作与政府的职责分清楚，基本原则是务求减低我认为是社会费用的交易费用。这是与亚当·斯密一脉相承的经济学传统。北京的朋友不要拜今天的西方经济学者为师了。

80

美国金融难关已过乎?

二〇〇九年八月十八日

让我继续评论萧老弟传来的美国几位大师对金融危机之见吧。历来不评论他家之见,但分析这次金融危机不能不这样做。我手头上没有一手资料,要靠读到的他家之言。不是无法取得一手资料,而是在地球的另一边写专栏,不能花太多时间。我察觉到,虽然美国的大师们提供的资料一般可靠,但不一定对,而有时他们彼此之间用上的资料有出入。这次金融危机传来的讯息相当混乱,事实与道理究竟为何恐怕一百年后还有争议。我姑妄读之,姑妄论之,读者就姑妄考虑吧。

先说 Martin Feldstein(此君早应获诺贝尔经济学奖)八月七日的文章。这位里根时代的政府首席经济顾问今天老当益壮,观察力强。他说目前美国有超过三百万间楼房"断供"超过九十天,比一年前上升了近一倍,而今年五六月间的楼房出售,有三分之一是被迫放弃或被拍卖的。这些属天文数字,而强制性或无可奈何的贱卖对市场楼价的不良影响历来明显。Feldstein 指出,奥巴马内阁推出的协助政策,目前只协助着大约二十万户,与需要协助的三百万户相去甚远。

从上述我们可以看到几个重要的不利含意。其一，最近我们听到美国的楼市有复苏迹象，某些地区甚至有抢购的行为，但 Feldstein 教授提供的资料显示，这升市是脆弱的。昙花一现的上升可以因为某些琐事而回复跌势，而楼价再下跌则头痛万分。君不见，中国今天的经济复苏无疑是地球上最强劲的，但几天前央行说有点过热，要微调，股市立刻出现跌势，央行要赶着安抚一下。一言兴邦，一言丧邦，央行应该一言不说，静静地收回一部分钞票就是了。（另一方面，纵观天下大势，目前的中国还是宁要通胀，不要通缩。）

其二，据说美国的楼价平均下降了大约百分之四十。以香港及内地而言，这样的跌幅司空见惯，没有什么大不了。香港的楼价暴跌一半以上出现过无数次，而内地在九十年代后期，跌幅达四分之三，但经济增长还能保八。美国的情况大为不同。这是因为在格林斯潘时期，他们以低息甚至免首期的方法来鼓励市民购买房子，不是学香港那样由政府廉价提供居屋，而是以"次贷"从事，促成楼价大升，种下了今天的毒资产。不少美国市民购进房子后，见到升了值，算进自己的退休大计。Feldstein 在另一文章（七月二十五日）指出，二〇〇五至二〇〇七年，美国市民的储蓄率不到收入的百分之一，而今天则升为百分之六点九！这可见楼价对美国市民有远比中国为甚的一般重要性。这样看，鼓励居者有其屋是蠢政策。

其三，可能最重要，是在目前美国的经济不景下，我们看不到那里的经济实力可以支持楼价的大幅回升。推高楼价的政策有的是，但说到底，楼价升后稳企要有经济实力的支持。在这样的情况下，搞起通胀是我可以想到的唯一可行的

美国金融难关已过乎？

办法。

这其中有一个重要的先后次序的约束。我同意格林斯潘的看法，美国的经济复苏要靠房产市场的复苏。不知格老怎样想，我认为搞起楼价会替毒资产减"毒"，此关一过，经济复苏可以预期。以通胀搞起楼价不是实质性的，但对重要的减毒会见效。我认为美国今天面对的困难是不可以先搞起经济然后让经济推动楼价。我曾提出的微观方案——例如撤销最低工资——政治上不可行。纵观上述，余下来的办法就是先搞起通胀。后患当然有，善后不易，但博得过。既然没有其他选择，非博不可。

转谈卢卡斯（Robert Lucas）八月八日的文章，是为回击七月十八日《经济学人》（The Economist）对宏观经济学的大肆批评而写的。卢兄是古往今来最杰出的宏观经济学者。然而，宏观经济今天有两个主流，他可能误中副车。传统的主流是凯恩斯学派的，那环绕着"乘数效应"（multiplier effect）的政府花钱会使国民收入以乘数上升之说。近来哈佛的 Robert Barro 及其他学者骂过多次了。这传统有一个卖点：街上的人往往认为他们明白。我没有机会读到《经济学人》对宏观经济学及经济学整体的批评，但认为卢卡斯不应该为传统的宏观辩护，也不应该为这些日子大家读到的好些经济言论辩护。他应该为自己及一小撮可取的分析辩护。

虽然我对卢卡斯的智慧历来欣赏，但对美国目前的经济我可没有他看得那么乐观。他不是很乐观，但认为劣境已受到控制，难关已过也。我认为难关未过，也认为再出现大灾难的机会虽然不高，但仍然存在。卢兄提出的一个要点我不同意：他认为经济学无从预测金融资产的价值忽然暴跌。他举出 Eugene Fama（芝大同事，此君也早应获诺贝尔经济学奖）多年前提出的"市场效率假说"(efficient-market hypothesis)。这个大名鼎鼎的假说有颇大的争议性，说资产之价是通过市场利用所有有关讯息而厘定的。有点套套逻辑（tautology）的味道，因为理所当然，逻辑上有"定义"性，但验证起来倒要讲点真功夫。问题是，这次起自美国的金融危机，那里的市场根本不知道他们的金融制度是怎么一回事！最具关键性的讯息，市场的参与者不知道，"效率假说"无从引进这讯息，于是定义性地对，但以之作投资指引则非失灵不可。

我坚信经济学可以解释任何因为人为而产生的现象，也即是说在原则上金融资产价值的暴跌可以推测。不是可以推测而让经济学者大发其达的那种，而是如果我们能事前详尽而清楚地知道美国金融制度的结构及其运作，我们可以在事前推断那些局限条件的转变会导致怎么样的效果。不容易，但原则上可以推得万无一失。实际上，除了碰巧，没有谁可以因为这种推断而大发其达，因为可能的局限转变太多，事前没有谁拿得准，所以没有谁敢赌身家。然而，事发后我们可以追溯事前的局限转变作解释，可以调查验证。这解释也算是推断，因为同样的制度，在同样局限的转变下，历史必会重演。

这就带来我最后要谈的 Kenneth E. Scott 与 John B. Taylor 的一篇文章（大约七月二十发表）。前者是斯坦福的法律教授，后者是斯坦福的经济教授。他们的文章题目是《为什么毒资产那么难清理？》。两位大师双管齐下，他们的论点是美国的金融制度复杂无比，要清理必须大幅增加其透明度。这点我早就意识到，但细读该文我还是感到天旋地转。大致上去年雷曼兄弟事发后我的猜测没有错：借贷与抵押的比率（我称为浮沙指数）太高，衍生工具与保险合约纵横织合，纠缠在一起，是以为难。

读者不妨找该文细读，读得精神错乱可不要怪我。这里要说的，是美国的曾经被认为是伟大的金融制度不容易修改挽救，基本上不应该保留。然而，拆除然后重建会损害很多金融专才的利益，而在这大事改革的过程中可能出现不少麻烦。这制度不可能出自市场的自由演进，也不可能出自政府的悉心策划，而是二者混合的惊世败笔。我恐怕将来美国的经济史学家要为之而感到此恨绵绵无尽期。

我敢说，任何金融制度，需要一个法律学者与一个经济学者联手才能大略解通的，皆不可取。

81

中国的宏观调控

二〇〇九年八月二十五日

中国的宏观调控起自一九九三年七月朱镕基执掌人民银行（一九九五改为中央银行性质，今天简称央行）。当时中国的通胀率高逾百分之二十。朱老一方面收紧借贷与货币量，另一方面直接约束消费与投资。我批评过他的直接约束，但后来几次公开说他对，我错。

当时国内的银行仿佛出粮机构，高干及他们的子弟要"借钱"是"关系"之劳，贪污情况严重。一九九三年五月二十一日我发表了重要的《权力引起的通货膨胀》。于今回顾，权力借贷这回事，除了直接约束，没有其他好办法。有效，一九九七年中国的通胀率下降为零，而跟着就有好几年的通缩了。我解释过，这近于奇迹的迅速控制通胀，使亚洲钩着美元的发展中国家的币值变为偏高，脱离了国际竞争的均衡点，是一九九七年七月出现亚洲金融风暴的原因。所有外地的专家解释都错。这可见经济解释是不可以靠一些片面的理论或观察，而是要对有关的经济整体有大概的掌握，也要考虑到多方面的局限转变。可取的解释通常是浅的，困难是要在经济的整体中找出一些关键因素。经济学的可靠理论就是那么多，简而论之几个小时可以教完。困难是要掌握得通透，而在需要的多年操练过程中，学子要懂得眼观六路，对世事的各方面要有大概的认识。

感谢朱老，他给昔日头痛万分的"权力借贷"划上句号。这"历史"今天在一些发展中国家重演，但他们可没有一个朱镕基。看来要靠上帝祝福了。朱老之后，北京久不久推出"宏观调控"。局限早就改变了，朱老的手法再也用不着。其实处理手法也有了改变，只是这里那里还有朱老的影子。在中国投资的人，每次听到"宏观调控"都如临大敌，仿佛大难将至，叫起救命来。不是没有道理的，因为北京每次宏观调控，资产之价下跌是必然的后果！只这一点，中国的宏观调控有不少需要商榷的地方。

我要先处理经济"过热"这个话题。这话题神州独有。这些年不少西方的行家朋友问我"过热"何解。我的意识，是先进之邦有百分之三的增长率算是可观，发展中国家有百分之六七左右的增长率算是了不起。相比起来，中国如果出现百分之九以上的增长率，北京就认为是过热了，要考虑宏观调控。另一个相关的看法，是中国的投资额在国民收入的比例上比外地为高，而此额上升得多北京也认为是过热。再另一方面，楼价升得快，升得多，也被算进"过热"之账。

最近为《中国的经济制度》作最后一稿修订时，我加进了四段重要的。其中一段说，中国经济制度的合约组织自成一家，县与上头政府及下面的投资者的分账方程式，显示县干部的收入是与发展的速度直接而又正面地联系着。增长愈快，干部的收入一定愈高。因此，在激烈的县际竞争下，干部们不断地催促及协助投资者动工建造及产出。这是中国的增长率比其他发展得好的发展中国家高出几个百分点的主要原因。形势大好,是一个近于奇迹的经济制度使然,北京动不动就说是过热,要以宏观调控压制。这是不智的。

当然,通胀也是北京要调控的一个原因。这方面,我认为那里的朋友对通胀没有足够的理解。如下数点是最常见的谬误。

一、通货膨胀与物价上升是两回事。举个例,如果大家一觉醒来,发现物价一律上升了一倍,自己的身家以金钱算也上升了一倍,但没有谁预料会继续上升。这是物价上升,不是通胀,因为没有谁会采取任何防守行动,行为是不会因为这种物价上升而改变的。通胀要有一个持续不断的"率"才算:A rate of inflation 是也。重点是那个 rate 字。通胀一定要有一个时间度(a time dimension),即是要有 a rate per period of time。这个"率"的出现,往往导致通胀预期(inflationary expectation)的形成。这预期一旦形成了,要修改不容易,而人的行为会因为这预期而改变。通胀预期是通胀持续的一个原因。有多种不同的因素会促成通胀预期的形成,经济学到今天还拿不准。历来最流行的看法是货币量增加得太快。无疑对,但我认为这看法过于狭窄,过于重视货币,漠视了控制通胀往往还有其他比控制币量较为可取的方法。

二、上述带来一个重要问题。这些年因为发展中国家的工业发展得快,而中国是一个庞大的原料进口国,原料(包括石油)价格好几年的急升与去年的急跌,是物价的急升及急跌,原则上是不应该算进通胀或通缩去的:国际原料价格的变动,算进中国的通胀或通缩,可以不幸地误导。这就带来一个难题:原料价格的变动,会否影响通胀或通缩的预期呢？第一个答案是不会的，因为有期货市场处理原料价格，期货之价通过折现今天决定，其变动是没有一个有时间度的"率"的。第二个答案是可能会：如果像几年前那样，原料的期市价格不断地低估了这些价格的继续上升，可能带来一个有时间度的上升率，从而影响通胀预期。

三、希望北京的朋友不要随便地拜西方之见为师。经济上今天时逢乱世，他们要想出自己的通胀及通缩的算法。我认为北京公布的通胀及通缩指数应该减除受到国际影响的原料价格，或起码在通胀或通缩的调控中要减除这些原料价格来考虑。换言之，北京要算出一个不受国际原料价格影响的物价指数来作为调控的指引。再换言之，中国不要管自己无法控制的国际物价变动。如果国际的原料价格大上大落，不减除，依照算出的物价指数来调控经济，闯祸的机会容易出现。

记得年多前中国的通胀率达百分之八时，我说不严重。这是因为主要的物价上升是农产品之价，是好现象：农产品相对非农产品的价格上升是反映着大量农民转到工业去的必然后果，而如果这相对价格不升我们无从协助农民的生活改进。另一方面，当时非农产品之价的升幅只是年率百分之二左右，减除国际原料价格的升幅，其实是下降了，反映着中国本身的生产力有了可观的改进。

四、希望北京的朋友能从今天的金融危机中看到，以美国为例，银根的宽紧与货币量的增减对物价变动的关系是不容易掌握的。无锚货币的困难我说过多次，而西方的币量理论出现了问题不始自今天。一九九五年，师兄艾伦·麦萨尔（Alan Meltzer）对我直言感到困扰，而弗里德曼谢世前两年也直言自己可能错了。这两位大智大慧,学富五车,衷心直说的大师风范令人敬仰。他们认为货币政策很难处理。央行的朋友看来是把问题看得太简单了。

还有两个问题需要澄清或解释的,篇幅所限,下期再谈吧。一个问题是通胀何害之有?另一个问题是房地产之价大升何害之有?此二题也,北京的朋友往往误解,要澄清。

82

通胀何害?

二〇〇九年九月一日

前文论及,通货膨胀含意着物价上升,但物价上升不一定含意着通货膨胀。这里先谈说过的。货币的用途是协助市场贸易及协助财富累积。这是说货币的主要用途是作为一个计算单位(unit of account),不应该牵涉到其他方面去。如果有通胀或通缩的物价变动——不是前文提到的一次过的变动——货币作为计算单位的功能一定会受到影响。货币的存在是为了减低交易费用。通胀或通缩会扰乱货币的运作,使交易费用增加,严重的扰乱可以是灾难。昔日国民党在大陆时的经验,是市场拒用信不过的关金、银圆券、金圆券等国家货币,转为使用港元、美元、黄金白银,甚至以物品换物品的途径成交。这是悲剧。

无锚货币(fiat money)是指货币没有用上一些有价值的实物作为货币的本位。这制度今天盛行,很头痛,因为要频频调控货币的发行量,经验说很难持久地调控得恰当。我多次建议采用一篮子物品的可以在市场成交的物价指数为货币之锚。此法也,今天的一些先进国家不容易改用。中国可以,为什么不采用我不知道。

在无锚制度下,调控货币量的困难是愈来愈严重了。有三个相关的原因。其一是在无锚制度下,今天没有谁可以肯定货币量要怎样算才对!其二是地球一体化,一个国家的货币如果大量外流,其行踪与用场皆无定案,币值可以变幻莫测,对这个国家的物价变动的影响难以捉摸。其三是无锚制度需要的币量调控远甚于有锚的,导致的经济波动需要频频采用货币政策来调控经济。管理货币对操控经济的权力于是大升。今天,货币政策再不限于稳定物价,而是涉及经济整体的多方面。货币政策再不限于维护货币作为计算单位的用场,而是变为经济政策了。权力大升,有谁不喜欢权力呢?我们今天听到的美国联储及中国央行的言论,有理由相信他们忘记了货币的存在是为了什么。

更头痛是从目前美国的金融危机衡量,传统的货币政策观失灵。去年雷曼兄弟事发后,美国的联储局反应快,够狠。我当时给他们的大手放宽银根八个月时间生效,是弗里德曼的六个月时间表加一点。今天十一个多月过去了,效果使人失望。我不怀疑坚持下去早晚会有明显的效果,但时间差那么远,弗老如果还健在不知会怎样想。

货币政策一方面要稳定物价,另一方面要调控经济,价格理论的逻辑说是不容易两全其美的。我建议的下锚制度(解释过多次)可以解决这些困难——我也相信有朝一日会被采用。然而,货币政策的权力扩散得那么大,政治游戏变得那么复杂,好些国家的经济结构因而改变了,要回头可真不易。希望还在中国。如果北京采用以实物为锚的货币制度,有很大机会带动其他发展中国家跟随,地球一体化会有一个新面目。

上述可视为我要向读者浅谈通胀何害的引言。首先,大家要记着两个不可能错的经济原则。一、物品与物品之间的相对价格及其变动，是通过市场引导资源使用的重要法则。这是市场经济的本质重点，历史的经验说是经济效率不可或缺的，而价格管制——即干预市场的相对价格——是犯了经济运作的大忌。二、市场是为了减低社会的交易费用而存在，然而，市场的交易还是费用不菲的。物品换物品也是市场，二战时我在广西的农村遇到过，牵涉到的麻烦不难想象。作为计算单位来协助交易的货币有数千年的历史，其减低交易费用的功能不言而喻。

今天的社会，没有货币一定出现灾难。有货币，但有急剧的通胀，也属灾难。通胀是货币本身贬值，处理不当会严重地扰乱市场物品的相对价格。恶性通胀（hyper-inflation）近于废除货币的功能。这类通胀在国民党时期的神州出现过好些年，货币品种转来转去，但因为官员腐败怎样也压不住。恶性通胀的基本困难，是市民花钱的速度（velocity）太高，钱一到手就立刻花掉。最严重的情况，是市场无从决定一个可靠的高利率来约束这立刻花钱的行为。到了这一点，货币的功能全废，物品换物品的情况会普遍地出现。

弗里德曼当年认为，百分之二至五的通胀年率对社会的经济有助，但再高就不应该接受了。我同意通缩不妥，因为会减少消费与投资，而工资是易加不易减的。说百分之二至五的通胀率有助，不仅是给需求增加一点活力，可能更重要是给工资的调整多了一点空间。弗老可没有察觉到中国九十年代后期的经验。那时的神州通缩达百分之三，加上产品及服务质量的急升，真实的通缩率应达两位数字，而楼价下降了四分之三,但经济增长保八,失业率徘徊于百分之四左右。这个奇迹的主要解释,是当时中国市场的合约选择——尤其是员工合约——有西方见不到的弹性。走计划经济路线的朱镕基,知道市场可以处理的他一律不管。二〇〇七年十月读到新《劳动合同法》,我立刻破口大骂。懂经济的学者不会支持该法,而我骂个不停,是因为认为如果该法严厉执行,大幅地增加了合约选择的约束,中国的县际竞争制度会毁于一旦。

上述含意着一个颇为重要的张氏定律:凡是市场的合约选择较为自由——尤其是生产要素的租用或雇用合约较为自由——通胀或通缩的波幅可以较大而对经济没有明显的不良影响。这定律可以倒转过来:通胀或通缩对经济的不良影响,是与市场合约的自由度负面联系的。这是价格理论的伸延了。

弗里德曼认为百分之二至五的通胀率对经济有助,是指美国而言,不一定适用于中国。我没有作过深入的调查及分析,不敢武断。我说过,年多前中国的百分之八强的通胀不严重:一则我喜见农产品之价上升是主要的通胀因素,二则我认为原料进口价的大升大跌,不应该算进中国本身的通胀或通缩率。

还有另一点我举棋不定。这就是我认为在目前的中国,某程度的通胀对农民实质收入的增长会高于城市的居民,从而加速收窄这二者的差距。这是因为农民的土地分配大约以人头算,在住房与食品这两方面农民占了甜头,而流动人口的结构含意着的,是通胀会加快农产品相对非农产品的价格上升。我喜欢为农民说话,但举棋不定,因为通胀过高会给经济整体带来不容易处理的麻烦。我只能说，个人认为，中国应该接受的通胀率，可以安全地比弗里德曼说的高出两个百分点。这不是说中国应该搞起通胀，而是如果有此需要中国的通胀容忍度可以比美国的高一点。

上文提到的恶性通胀当然不可以接受。但远不及恶性的、百分之十左右的通胀率，有害吗？我不要在这里重复同学们可以在书本读到的答案，而是要申述书本奇怪地忽略了的重要话题。篇幅所限，只能略说。

我认为非恶性但相当高的通胀带来的最大麻烦，是利率的处理。通胀是说货币会随着时间贬值，市场的利息率一定要提升。利息是购买消费或投资的时间提前之价。如果币值随着时间下降，这个价的提升理所当然。但利率要怎样提升才对呢？正确的做法是由市场处理。然而，在有交易费用的情况下，一个市民借钱的利率一般高于贷款出去或存款于银行的利率。这差距往往相当大，导致市民不愿意或不能以贷款出去的方法来维护自己的财富，转向以改变消费或投资来保护自己。这改变是违反了有效率资源使用的基本原则。同学们不要忘记，利息是一个价，一个把时间提前之价。通胀无可避免地会影响这个价。如果交易费用不存在，借钱的利率与贷款（或存款）的利率永远相等，通胀为祸不大。但交易费用存在，二者有了不能漠视的分离。通胀率愈高，货币作为计算单位的交易费用也愈高，借钱与贷款的利率分离跟着愈大。这样，通胀就会导致一种近于价格管制的效果，而又因为有很大的一般性，可以严重地损害了有效率的资源使用。这也是价格理论的伸延。

不让市场调整通胀下的利率，以政府有形之手的联储或央行调控利率，属货币政策，头痛问题是增加了的。我说过，美国次贷出事的一个起因，是联储局不断地把利率辘上辘落。不是他们喜欢这样做，而是不知道怎样以有形之手操控利率持久不变。费雪的分析半点不错：利息率与投资的回报率相等是市场均衡的规律。今天国际上的货币政策是把这重要的规律漠视了。

83

从金融危机看人民币困境

二〇〇九年十月十七日

（五常按：二〇〇九年十月十七日我在昆明以《金融危机与中国前景》为题讲话，内容不少在其他文章发表过，事后读报，一般没有误解，可能因为讲得够清晰。细想之下，这清晰应该源自我把题材的先后安排改变了，于是要凭记忆把这次讲话写下来，作为将要出版的《货币战略论》的压轴文章。

正要动笔，三位朋友不约而同地传来克鲁格曼（Paul Krugman）十月二十三日在《纽约时报》发表的专栏，题为《中国格格不入》（The Chinese Disconnect，《信报》按内容翻为《中国策动人民币大贬值》）。克大师之文措辞刻薄，态度轻浮，颠倒是非，敌意明确，看不出是学者之笔，而其中所谓经济分析我没有半点同意。因为克大师之文与区区在下的昆明之说息息相关，遂决定把二者混合起来潇洒一番。君子和而不同，读者不要向今天盛行的经济学者骂战那方面想。）

雷曼兄弟事发一年多了，但经济学行内还没有明确地解释发生了些什么事。事实上，半个世纪以来，我没有见过学者之间吵得那么厉害，互相对骂无日无之。我隔岸观火，对资料与实情的掌握当然比不上美国的行家君子。然而，我们的苏东坡曾经说:"不识庐山真面目,只缘身在此山中。"在起自美国的金融危机这话题上,我远看庐山,可能有旁观者清的方便了。

货币国际化难算货币量

我认为美国的金融危机起自他们的货币制度与金融制度一起出现了问题。美国的货币是无锚的,学术上的称呼是"法币"制度,fiat money 是也。这是说货币或钞票的本身没有实物本位或外币本位的支持。历久以来,在这制度下,稳定物价的调控主要是调控货币量,有几种方法,都不容易。一九六三年,我的师兄艾伦·麦萨尔(Alan Meltzer)提出单以调控银根(monetary base,有几部分,其中大家最熟知的是钞票的发行量)的方法来调控币量。币量是包括钞票之外的支票及其他银行存款了。那所谓 M1、M2、M3 的计算方法本科生知道,他们不知道的是要按哪一量作为币量调控这个话题,有了数十年的大争议。师兄一九六三的贡献,是有说服力地指出,单是调控银根,货币量就会得到适当的操控,因而可以稳定物价。然而,需要的调整时日通常要六个月至十多个月才见效果,所以不管怎样算币量,币量的调控与物价的反应是有着不容易处理的困难。货币理论的大争议起自六十年代,到一九八二我离开美国时还是争论不休,虽然那时行内一般同意弗里德曼(Milton Friedman)的货币观是胜出了的。

大致上,师兄的鸿文发表后几年,欧洲与美国都接纳他提出的以调控银根的方法来调控币量,从而调控物价。问题是一九九五师兄访港,在雅谷跟我进午餐时,对我坦言感到困扰。那是因为美国的货币量——不管用哪种算法——相当急速地上升了好几年，但通胀却没有出现。他当时提出的解释，是美元奇怪地强劲，而强劲的货币是不容易有通胀的。我当时的看法跟师兄的差不多。一九九一波斯湾之战后，美国显示的军力举世无匹，苏联解体，各国争持美元作为储备，而这样促成的美国币量上升是不会导致通货膨胀的。换言之，币量理论（quantity theory of money）的困难，是当一种货币在大量国际化、电汇神速的情况下，调控物价的变动我们不知以哪种币量算才对。

调控利率终于闯祸

可能是这原因，格林斯潘一九九〇年起转用调控利率的方法来调控美国的经济。他对多方面的经济数据掌握得充分，于该年七月把联储局的利率下调，二十六个月内一连下调了十八次，跟着是调上七次，调落三次，调上一次，调落三次，调上六次，调落十三次，调上十四次——二〇〇六年二月退休。

虽然联储调控的利率不是市民跟银行借钱的利率，但有直接的关系。读者可能记得我说过几次，这样把利率辘上辘落早晚会辘出祸来。市场的利率应该由投资的回报率决定，而投资的回报率与市场的利率打平是均衡。利息是一个重要的价，刻意地把利率辘上辘落是价格管制，会扰乱市场的运作。当然，市场的投资者会看着利率的升升降降而做出一个平均利率的预期。事实上，为了赚钱，市场的金融机构利用各种富于想象力的工具，包括国家债券的买卖，来向借款者提供一些几年甚至多年利率不变的合约安排。问题是，如果市场一般对联储利率调控的预期大幅地猜错了,灾难不容易避免。

灾难终于出现。二〇〇六年二月格林斯潘调高利率第十四次后退休,伯南克接掌联储,再调高利率三次,然后坚持不下,直至二〇〇七年的秋天次贷出事才把利率下调。当时大家知道,美国的房价上升了很多,那里的居民很多以几年不变的利率购买了房子。这使我推断,次贷出事起于利率辘上辘落终于使市场的利率预期大幅地出错,闯大祸。当时我立刻通知了一位北京朋友,但恐怕市场对这样的观点敏感,没有写出来。

我可没有想到,我认为是严重的其实是低估了。我要到雷曼兄弟出事后,才知道通过那些所谓衍生工具,借贷与抵押的比率竟然远高于一;才知道保险的安排把金融合约纵横织合,纠缠在一起;才知道这种复杂无比的金融体制,竟然有政府批准的评级机构维护着。无锚的货币制度失败,在于有关当局逼着要用调整利率的方法来调控经济。金融制度的失败,在于贪婪的众君子把它弄得复杂无比,就是经济专家也搞不清楚如何运作。君不见,金融风暴事发后,美国数百位经济学者签名说是伟大的金融制度。那不是复杂难明的证据吗?

雄风不再的理由

美国的经济前途怎样了?复苏的机会是有的,但重振雄风的机会,在可见的将来不会出现。这两点,经济学者一般同意,但彼此之间的理由可不一样。我自己对雄风不再的理由有二。其一是可以大手挽救的政策,看来没有机会引进。

撤销最低工资会解困,但政治不容许,而今年七月二十二日,因为三年前定了下来,美国的最低工资还提升了百分之十一。搞起通胀会有大助,好些美国学者知道,但从伯南克的言论猜测,政治上也不容许。其二是财政赤字的问题。目前美国的财赤只是近于纪录,但各方面的估计,说未来的财赤会破纪录很多倍!有不同的估计,但所有估计都高得发神经。

弗里德曼当年认为财赤不是好事,但如果国家负担得起,对经济不会有大影响。他可能没有想到今天美国面对的未来财赤会是那么庞大的吧。未来的庞大财赤,会使市民担心抽税会增加,或债券之价会下跌,使联储无从约束利率上升,或政府负债的利息增加,早晚要在税收打主意,或美元会暴跌,导致通胀与利率上升。无论哪一项,市民采取防守策略在所必然,没有一项防守对经济是有利的。

人民币稳定美元

十月二十四日,九十四岁的大师萨缪尔森(Paul Samuelson)在《纽约时报》为文,重复了他不久前说过的观点。主要提到两方面。一方面他认为他的孙子那一代会见到中国的实质总国民收入超于美国,成为地球上的经济一哥;另一方面他恐怕不出十年美元的国际币值会暴跌,导致灾难。我不认为中国当上地球上的经济一哥是好事:这几年北京已经未富先骄,树大招风可免则免吧。客观地看,中国的人口比美国多出那么多,物价调整后的实质总国民收入超过美国指日可待,但人均收入超过美国则遥遥无期矣。北京的朋友要客气地指出"人均无期"这一点。在美元可能暴跌这话题上，萨前辈似乎忽略了一件重要的事：美元在今天还没有呈现大弱势，主要因为人民币钩着美元！

后者的经济逻辑是简单的，用不着多说。我的本领是可以提出证据。有经济触觉的人，如果跟踪人民币的国际汇率转变，会察觉到二〇〇五年七月二十一日人民币从单钩美元转钩一篮子外币之初，该篮子内的美元含量应该还在百分之九十以上。这比重其后逐步下降，而每次下降美元兑人民币的汇率也下降，即是人民币兑美元升值。近年来，我的观察是人民币再加重以美元为锚的成分，有时甚至全钩美元。有重要的经济原因，过后再说，但绝对不是因为什么阴谋或什么"格格不入"。是的，我认为人民币加重钩着美元是帮着美国一个大忙，克鲁格曼的恶意言论是浅见。他在专栏的最后说："一个大国向邻国行乞的行为不能被容忍，必定要对中国的货币做点事。"说得潇洒，但要对人民币做点什么事，才有利于美国呢？此君在国际贸易的分析上拿得诺贝尔奖，堪称奇迹！

克鲁格曼认为美元下跌对美国的经济有利，因为可减少美国的贸易逆差，不知是何方神圣的经济学了。弹性系数与贸易逆差这个话题是本科三年级的学问，而美元暴跌会使美国债券之价暴跌，等于美国利率暴升。与债券之价下跌是同一回事的利率上升，联储局无技可施，如果不让通胀暴升，房价不知会跌到哪里去。美国上世纪七十年代后期的经验——债券挛息高逾十九厘的经验——怎会这么快就忘记了？

欲加之罪何患无辞

在同一文内，克氏提出一些其他美国经济学者的看法：

因为中国购买外地的资产，促成美国的楼市泡沫，带来金融危机。欲加之罪，何患无辞？这些年外资涌进中国，比中国投资到美国去的钱，多出很多，北京可没有哭出来。另一方面，如果需要行乞的炎黄子孙能投资一点钱而把美国的经济搞垮，将来的历史学者怎会不哗然大叫，心脏病发呢？

这里顺便一提。不久前一位哈佛教授认为北京蠢，购买了那么多美国债券。这可能又是克鲁格曼认为中国扰乱美国经济的原因。我不会为北京朋友的智商辩护，但他们多买美债是源于不好写出来的政治压力，神州大地一些担瓜卖菜的人也知道。蠢到死！

我要再说一次今年三月三日我回应贝克尔（Gary Becker）指责中国操控人民币汇率的谬误。人民币从一九九四至二〇〇五这十一个年头紧钩美元，不可能有操控汇率的空间。其后人民币转钩一篮子外币，是美国的议员逼出来。不知是谁在操控了？不知世事的大师们，少说几句不是较好吗？要向克鲁格曼指出的，是一九九三年六月人民币兑美元的黑市汇率是十一元七角兑一美元，今天没有黑市，白市是六元八角兑一。这反映着些什么？反映着这些年中国的生产力增长，远超美国的。虽然伊拉克之战对美国不利，但人民币兑美元的大强势始于二〇〇三年初，在伊战之前。

除非是蠢材，没有谁不希望美国的经济继续强劲，但事实是在地球一体化这个严重关头上，美国的经济结构的确是出现了不少问题。他们不应该向往着昔日的雄风，漠视了落后之邦的人也有头有脑，有手有脚。这一点，一九九一年在斯德哥尔摩我跟弗里德曼解释得清楚。今天回想，弗老当时也有点轻敌。但我深信，如果弗老还健在，他会支持我的看法。

人民币需要处理

　　回头说人民币的困境（是的，人民币也在困境中），是在目前的形势下，还要钩着美元或不要大幅地提升兑美元的汇率。这不是要向美国行乞，而是因为中国的工业产出外销主要还是用美元结算。说过了，基本上中国的产出不是与先进之邦竞争，而是与其他发展中国家竞争。这后者竞争大致上达到了一个均衡点。如果中国的产出外销以美元结算，人民币兑美元升值会让其他发展中国家把中国杀下马来。千夫指着骂中国，只因为中国是发展中国家的一哥。所谓树大招风也。

　　要脱离使用美元结算是重要的。方法多多，但只有一种费用最低，麻烦最少。这是撤销还余下来的不成气候的外汇管制，把人民币自由外放，从而使中国的厂家可以方便地跟外商以人民币结算。这简单的处理有复杂的一面。解释过多次，撤销汇管给中国带来的利益数之不尽，这里不再说。这里要说的一个重要的复杂点，是撤销汇管后让人民币兑所有外币自由浮动，人家要搞你，或联手来搞你，有得搞。这就是自二〇〇三年起我坚持人民币要下一个固定的锚的其中一个原因。

　　周小川先生的经验应该教训了大家，以任何外币为锚，或以一篮子外币为锚，皆非善策。中国的央行要选货币以外的实物为锚，然后让人民币兑所有外币自由浮动。我建议的下锚制度说过无数次了，这里只再说其中一点：依我的建议，央行是完全不需要有实物储备的。转用一篮子物品的可以在市场成交的物价指数为人民币之锚，对央行的君子们只有一个不利之处。那就是他们用货币政策来调控经济的权力会大减。但货币政策是不应该用作调控经济的。每次我听到周小川先生说他的货币政策是多目标的，必摇头兴叹。货币的基本用场是什么我解释过多次，而高明如格林斯潘，少目标也闯大祸。

放开汇管，采用我建议的下锚之法，聪明的发展中国家会知道怎样做才能发挥他们的比较优势条件。这对中国有利。先进之邦呢？他们会考虑作为人民币之锚的一篮子物品来选择他们的策略。北京不用管这些。富有的老大哥们要怎样做是他们的选择。

我很欣赏萨缪尔森十月二十四日说的两句话："当一个工资低、可以学习的民族能仿效先进之邦的科技时，他们会仿效。这是为什么保护主义像疱疹毒素，我们一定要预防染上。"这才是经济学。

84

人民币：再与大师们商榷

二○○九年十二月八日

先说两件事。其一是琐事。本来打算多写几篇类似《打假货》及《炒黄牛》的文章，用以加强《新卖桔者言》的阵容。但经过一星期的细心挑选，文章足够有余，用不着多写了。不是说以后不会写这类读者爱读的街头巷尾之作，而是不用急着写。其实我最喜欢写这类文章，表演功夫最容易也（一笑）。这样说，是要同学们知道有趣的经济话题俯拾即是，而这类题材是写学术论文的金矿所在。深入一点地调查，成功地把论点一般化的，有机会成为重要的贡献。当年我写座位票价，问为何优质座位的票价偏低，也是街头巷尾之作。据说今天盛行的"效率工资理论"的思维出自该文，可惜大师们误解了我。说真话，如果我还年轻，要在学府升职，像《打假货》及《炒黄牛》那类文章，每篇只要多花几个晚上，扩展一下，修饰一下，是不愁没有国际名牌学报收容的。

第二件事是比较重要了。不少读者关心通胀会否在神州卷土重来，北京一些朋友也如此关心，而央行的退市或微调言论导致有害无益的股市波动。我的观点是目前的中国还不是要防范通胀的时候，还是宁要通胀不要通缩。理由有二。一、只要人民币在国际上持续有强势，通胀不易重临，而就是重临我们可以接受较高的通胀率。二、国际的经济形势还是不妥,虽然外间的报喜消息屡有所闻,我认为去年金融危机惹来的祸,地球整体看还没有过关。这里牵涉到的币值强劲的通胀理论很复杂,我要多想一些日子才有胆动笔。我担心的是一些对货币理论与宏观现象一知半解的人,把二十世纪货币大师弗里德曼提出的流行观点看得太简单,从而影响了北京做出错误的判断。

二〇〇八年十一月四日,我发表的文章说:

"不久前说六个月后中国可能出现通缩,这推断今天不变。最近的观察,认为北京刚公布的百分之四点六通胀率是比实际偏高了。要强调的,是在目前的国际灾难形势下,通胀率回头上升一点不是坏事。赌他一手吧:央行要设法把通胀率推到百分之五至七之间。试行推高此率,在今天的形势下,央行会发现不是那么容易。"

央行的朋友当时可能读到,若如是他们今天应该同意经济学推断的准确性跟自然科学没有两样。说过了,经济学是浅的,但往往复杂及难以处理。大师弗里德曼当年的币量理论在基础上没有错,但复杂的国际情况与金融局限的演变使他的理论无从墨守成规。九十年代初期起他的货币理论就遇到国际复杂演变的蹉跎,谢世前两年他知道这蹉跎不容易解拆。要是弗老活到今天,见到雷曼兄弟之后的风暴与联储局的应对,他可能同意我的观点:他支持的无锚货币(fiat money)制度可以不用不要用。

这就带来本文要说的话题。萧老弟满章传来两篇最近发表的博客文章,都是关于人民币值偏低、应否调高这个老话题。作者皆师级人马：贝克尔（G. Becker）及波斯纳（Richard Posner）——后者之文是回应前者的。两位我都认识，前者很熟，后者不很熟，一九七六年时大家在一件庞大的反托拉斯案中共事过一段短日子。首先要说的，是这两位老朋友对中国没有敌意，论调客观。比不上克鲁格曼，他们没有资格拿得诺贝尔政治学奖（一笑）。

篇幅所限，不容许我详述贝、波二师提出的观点。简述一下吧。贝大师认为人民币是刻意地偏低了，而这偏低是因为钩着美元。他认为对美国有利，因为美国的平民能廉价享受中国货。他认为这享受的利益是远高于美国因而减少就业机会的害处。他认为中国不智，尤其是二万亿美元的外汇储备主要是美国资产。他也认为持有那么多的美国债券作为政治武器可以适得其反，因为美国出现通胀及美元下跌，人民币钩着美元中国会受到损害。波斯纳大师之见有不同之处。他认为偏低的人民币增加中国廉价劳力的就业机会，提升人民币值会导致中国转向自己的市场发展，这调整要付出失业的大代价。他也认为中国购买那么多的美国债券，使美国的财赤增加，早晚会害了美国的经济，而美国欠中国那么多钱，在政治买卖的游戏中会输一着。

上述的大师之见当然不俗，我的投诉是他们对实情知得不多。让我分点简说，其中不少此前说过，这里加点补充吧。

（一）人民币从一九九四到二〇〇五这十一个年头紧钩美元，二者的汇率不变，中国不可能有刻意地贬低币值的空间，其后转钩一篮子外币是美国的政治压力逼出来的。我们要注意的，是一九九三年六月，人民币兑美元的黑市汇率是十一元七角兑一，今天是六元八角兑一，而如果兑美元自由浮动，人民币会升到哪里无从猜测。这反映着十多年间，中国工人的生产力大升，而美国则裹足不前。

我认为美国的朋友要反省一下，为什么在国际竞争下，自己的生产力增长会是如斯不济呢？没有谁不希望可以廉价买到美国货，而我主张中国撤销进口税不止一次了。贝、波二师懂经济，不会反对美国撤销最低工资及撤销工会约束工人自由竞争的权利。我敢赌十对一，只要撤销这两项，美元的国际币值会急升，美国的失业率会急降，而目前还存在的金融困扰，会有很大的转机。

（二）美国目前的最低工资，大约是中国的十三倍，而中国的却比其他较弱的发展中国家高出约一倍。地球于是出现了一个很阔的断层。美国与其他先进之邦是一层，中国及其他发展中国家是另一层。贝克尔提出的国际汇率变动显示，人民币钩着美元，其币值兑先进之邦的货币是下降了。他可没有指出，人民币兑其他发展中国家的货币可没有下跌。这断层明显地存在，而中国作为发展中国家的一哥，人民币的币值是断层的分水岭。

（三）今天的世界，与三十多年前的很不相同。当年美国施压逼日元升值，日本当时用不着跟那么多的廉价劳力国家竞争，日元升值几倍其产品在国际上还卖得好。日本的经济于是被先进之邦拉上去，虽然到了八十年代中后期，被拉坏了，一蹶不振，以迄于今。也是当年，香港、新加坡、台湾、韩国等人口不多的地方，某程度也被拉上去。今天的中国是人口太多了，加上印度及其他落后之邦皆参与国际贸易竞争，人口约三十亿，先进之邦是拉不上去的。

（四）说过多次，中国的贸易产出不是跟上层的先进之邦竞争，而是与其他发展中国家竞争。这几年的经验，是人民币兑美元上升百分之十左右，神州大地的工业订单就跑到越南等地区去。今天先进之邦的商场，再不是中国货的天下。不要误会，我不是说中国要把发展中国家都杀下马来。我曾经指出，一九九七发生的亚洲金融风暴，起于朱镕基迅速而又成功地把通胀从百分之二十以上调控为零，跟着出现通缩。这风暴后几年，发展中国家之间的币值大致上找到了自己那一层的贸易竞争均衡点。中国发展得比它们快，占了甜头，主要因为中国的县际竞争制度有过人之处。如果人民币被迫大幅升值，下面的断层会再断，变为三层！

目前的断层是不可以持久地永远不变的。上层不能把下层拉上去，我们的希望是下层能发愤图强，逐步爬上去。我们没有任何理由希望下层把上层拉下来，虽然个人认为今天先进之邦的经济结构，很不适合大家面对的大时代的地球一体化的转变，被拉下来的机会不小。一九九一年十二月，在瑞典，我对弗里德曼解释清楚我对世界大变的推断。他当时不是不同意，而是有点轻敌。

（五）贝、波二师和我都是弗里德曼的好朋友，大家都受到弗老的货币分析的影响。因为两件事我跟弗老在货币上的研讨得到的观点，贝、波二师可能不知道。其一是一九八三年十月，香港的财政司考虑用货币局制钩美元，我做中间人与弗老及去年谢世的 A. Walters 研讨。其二是八十年代后期起，人民币有困难，我跟弗老谈了多次关于货币的事。支持无锚货币的弗老，不反对货币先下一个固定的锚才让汇率自由浮动。他当时认为中国太大，人民币不可以下一个固定的锚。我是后来跟进朱镕基的货币政策，才想到人民币可以下一个以一篮子物品的可以在市场成交的物价指数为锚，然后兑所有外币的汇率自由浮动。中国的央行是不需要储存篮子内的物品的。这个下锚方法我建议过多次，也解释过多次，不再说。要说的是如果央行不这样处理，纵观今天的地球局限变化，将来的历史可能说是大错。今天的欧美，因为制度的局限有别，不可以采用这制度，但中国是可以的。

（六）人民币兑美元升值，可以（甲）调升人民币，或（乙）让美元下跌。二者不是同一回事。前者我反对，因为对下层的其他币值也调升了。后者我不反对，但坚持人民币要先以一篮子物品的市场成交指数下一个固定的锚。

这次贝克尔写的文章，显示他做过功课。他知道人民币兑美元二〇〇五开始脱钩上升，跟着逐步上升，今天又再紧钩美元。他可能不知道，他说的逐步上升是因为人民币逐步减少钩着的一篮子外币的美元成分。这也是说，人民币今天紧钩美元是保护着美元不大幅下泻的主要原因。好人真的是难做了。客观地看，人民币脱离美元而与所有外币自由浮动是需要的，早晚都要做。政治上需要，上海搞国际金融中心需要，而加上放开所有外汇管制，中国的厂家可以容易地在外贸上用人民币结算。重要是要先以一篮子物品下一个固定的锚。

（七）一个头痛问题。人民币兑美元脱钩而转钩一篮子物品的物价成交指数，让美元下跌，中国持有的美国债券可能输很多钱！解决的办法是先将美债沽出，或先在市场沽空美债。这一点，不仅在政治上有困难，而如果处理不慎，会导致美债暴跌，孳息率暴升，楼房的借贷利率跟着暴升，再跟着的可怕效应我不好写下去了。

波大师似乎不知道，中国购入那么多的美债，主要是政治压力促成的。不少外人以为北京傻，购买了那么多的美债。六年前我就建议北京要把外汇进账多购外地的矿场、油田、森林，总之多购国家需要的原料或实物为上。北京不傻，不需要我教。可惜国在江湖，身不由己。中国持有的美债不是二万亿美元那么多。前几年是六千亿左右，后来减至四千亿，今天在政治压力下又升至八千多亿。这些不是秘密。

（八）最后一点，是波大师说人民币升值会害了中国工业的发展，导致失业上升。我的观点，是只要人民币能维持着目前与发展中国家之间的币值均衡，美元下跌对中国的工业影响不大。另一方面，人民币升值。不管升到哪个价位，美国的贸易与就业情况不会有大改善。这是因为那里的订单会转到其他发展中国家那边去。目前的断层是有着那么大的分离，我的判断是人民币独自升值，美国的贸易逆差会再上升。

最后顺便一提。波大师看来不大理解炎黄子孙的能耐。中国人挨得：他们吃得苦、抵得冷、顶得饿，只要北京不引进西方的什么劳动法或福利经济等蠢政策，这些人是不会失业的。

85

货币分析余波未了

二〇〇九年十二月十五日

这些日子整理自己的论著，动工只几个月就感到天旋地转了。写下的文章实在多，要整理得有规有矩不容易，加上这里用繁体那里用简体、鬼子佬人名的翻译等，是艰巨工程了。

上期写《人民币：再与大师们商榷》，本来很满意，但有些读者提问，要澄清。跟着到广州讲话，因为不习惯对着数十张圆桌讲，不称意，虽然听众客气地放我一马。也要再澄清。分点说吧。

（一）一种货币在国际上有强势，通胀大幅复苏不容易，而就是出现为祸是远为轻微的。严谨的理论分析很复杂，还有没想好怎样动笔。这里要作补充的，是通胀可以在货币强劲的情况下出现，而此现也，如果遇到这货币在国际上转弱，可以是灾难。从目前的国际形势看，人民币转弱的机会不大，但北京的朋友还是要未雨绸缪，小心一点。

一个头痛问题。这些年中国的投资者对调控很敏感，就是"微调"的言论也可以导致股市及楼市的暴跌。在神州，这类消息的泄漏历来如家常便饭，炒"内幕"者众。北京要处理好这个问题。

（二）目前央行的处理手法，是走上格林斯潘的路，动不动以利率调控经济。基本上这是劣着，劣得很。然而，除非采用以一篮子物品的可以在市场成交的指数为锚，可靠的好办法不多。今天，远为富有的先进之邦也承受不起货币政策的蹂躏，何况中国没有他们的丰富经验。

（三）很难说目前的楼价是否偏高了。一般看，中国的楼市是回复到两年前政府刻意地"打死"楼市的水平，间有不及，间有过之。两年前看，与先进之邦相比，我不认为神州的楼价是偏高的。目前楼市大幅回升，主要因为三点：一、新《劳动合同法》的放宽导致厂房的租金收复了一半失地；二、央行把利率大幅下调了；三、不少外资到中国来找避难所。我的直觉是明年上海推出的世博可能搞得很大，有声有色，为期长达六个月，对楼市会有支持，但这类推断有好几方面的假设，我拿不准。

（四）新《劳动合同法》导致的大量工人回乡，今天很多不回头，使工业区再出现民工荒。我认为这很可能是政府"四万亿"工程的推出所致，应验了我说过的挤走（crowding out）现象。北京的朋友要记住，挤走之外，那所谓财政政策（fiscal policy）一般只增加暂时性的收入（transitory income），对重要的固定收入（permanent income）帮助甚微。另一方面，这类政策容易促成大政府的发展，埋没市场的运作。我认为如果北京恐惧通胀重来，减慢或减低四万亿的大花钱是正着。九个月前我发表了《伯南克别无选择；温家宝大可煞掣》。

（五）上文提到先进之邦与发展中国家之间出现了一个很大的断层，也提到如果逼使人民币再大幅升值，发展中国家这下一层会再断，变为三层。有读者要求澄清。我的意思，是如果人民币兑美元升至四或五兑一左右，先进之邦是上层，中国是中层，其他发展中国家则属下层了。这会是一个灾难性的发展：先进之邦把较为富有的或有学识的炎黄子孙拉上去，而落后的发展中国家会把中国的劳苦大众拉下去，结果的贫富两极化无可救药！今天墨西哥是这样的悲剧。

无可置疑，人民币兑美元大幅上升对某些中国人是有利的——对区区在下也有利！我们要问：国家是为了谁而改革的呢？当然不是为我，也应该不是为那些穿得好、住得妥、游得起欧洲的神州君子士女们。国家的改革是为劳苦大众而改的，为什么这么快那么多人忘记了？

（六）最后一点要说的，是当一个国家的资产持有者大量地到外地投资下注，这个国家的货币在国际上升值对这些人有助。这些投资外地的"资本家"，在自己本土往往有很大的政治影响力，货币在国际上升值容易受到自己政府的支持。这是日本当年的不幸经验，而今天看，韩国出外投资多，也选走自己货币升值的路。看来韩国的发展是走向一个死胡同了。

人类历史的经验，满是因为一小撮人的利益而损害了劳苦大众的例子。到今天，虽然可以批评的还多，北京的朋友还是以大局为重。鼓吹、鼓吹，炒、炒、炒之风冒起，不知他们还可坚持多久。